Feuerwehr Augsburg

Ltd. BD a.D. Josef Korschinsky
Ltd. BD Frank Habermaier
Reinhard Springer
Dr. Matthias Nöllke

Feuerwehr Augsburg

150 Jahre Freiwillige Feuerwehr Augsburg
100 Jahre Berufsfeuerwehr Augsburg

Inhalt

Belagerung und Bombardierung der Stadt Augsburg am 7. Dezember 1703 vor ihrer Einnahme am 13. Dezember. Zeitgenössischer Kupferstich von Johann Philipp Steudner (Ausschnitt)

Die Augsburger Feuerwehr vor dem Stadttheater im Jahre 1899.

Als förmliche Anerkennung für langjährigen freiwilligen Feuerwehrdienst wurden um die Jahrhundertwende aufwändig gestaltete dekorative Ehrendiplome verliehen.

Die Werk- und Betriebsfeuerwehren   130

Die Augsburger Feuerwehr heute   146

Als Luftschutzort I. Ordnung erhielt Augsburg ab Mitte der dreißiger Jahre zur Ergänzung des stadteigenen Fuhrparks eine ganze Reihe nach einheitlichen Baurichtlinien gefertigte, vom Deutschen Reich beschaffte Fahrzeuge zugewiesen (hier eine Kraftfahrspritze KS 25 Bauart Magirus).

Grußwort
des Bayerischen Ministerpräsidenten
Dr. Edmund Stoiber

150 Jahre freiwillige Feuerwehr
100 Jahre Berufsfeuerwehr in Augsburg
Jubiläumsjahr 1999

Zum Jubiläumsjahr der Feuerwehren in Augsburg richte ich meinen herzlichen Gruß an die Bürger der Stadt.

Sowohl die freiwillige Feuerwehr als auch die Berufsfeuerwehr können auf eine stolze Bilanz ihres Dienstes zurückblicken. Deren Höhepunkte wird die vorliegende Chronik aufführen. An ihrem Anfang steht das Engagement einzelner Bürger, unter denen sich besonders die Turner hervortaten, dann ging es bemerkenswert schnell: Bereits im April 1849 stand ein Augsburger Rettungsverein bei Feuergefahr mit zehn Zügen. Das war die erste freiwillige Feuerwehr in Bayern – nach ihrem Vorbild entstanden im gesamten Königreich ähnliche Wehren. Selbst die Landeshauptstadt entsandte eine Kommission nach Augsburg, als man (zehn Jahre später) in München daran ging, eine eigene Feuerwehr zu organisieren.

Die erste spektakuläre Bewährungsprobe bestand die Augsburger Wehr im Jahr 1878 bei einem Großbrand. 1899 wurde ihr dann eine – anfangs noch sehr kleine – Berufsfeuerwehr unterstellt. Im Jahr 1909 erhielt sie, man beachte den technischen Fortschritt, ein Elektrofahrzeug, das eine Drehleiter trug. In den folgenden Jahren blieb Augsburg führend auf dem Gebiet der Brandabwehr, während der Weimarer Republik konnte es sogar stolz für sich in Anspruch nehmen, die größte Wehr Deutschlands zu stellen. Gegen die Bombenangriffe vom 25. und 26. Februar 1944 erwies sich jedoch auch sie als chancenlos – allen Mutes ungeachtet und trotz der Verstärkung durch mehr als 300 Feuerwehren von nah und fern: 730 Menschen starben, 90 000 wurden obdachlos.

Heute stehen freiwillge Feuerwehr und Berufsfeuerwehr, ausgerüstet mit modernstem Gerät, einsatzbereit, um jeden Schutz zu leisten, der technisch möglich ist. Das Engagement ihrer Mitglieder, ihr Mut, ihre Disziplin und ihr Ausbildungsstand verdienen höchste Anerkennung. Dabei zeigt sich immer wieder, dass auch die Männer und Frauen der freiwilligen Feuerwehr professionell vorgehen, wenn es darum geht, ihren gefahrvollen Dienst mit seinem breiten Einsatzbereich zu erfüllen – von der berühmten Katze auf dem Baum bis zum Katastrophenschutz.

So weiß ich die Sicherheit der Stadt Augsburg bei ihrer Berufsfeuerwehr und bei ihrer freiwilligen Feuerwehr in guten Händen. Dafür danke ich beiden. Meine guten Wünsche sind mit ihnen.

Dr. Edmund Stoiber
Bayerischer Ministerpräsident

Grußwort

Zum stolzen Gerburtstag gratuliere ich sehr herzlich.

Generationen von Feuerwehrmännern haben mit ihren Verantwortlichen, Vorgesetzten und den Werk- und freiwilligen Feuerwehren gemeinsam die Sicherheit in unserer Stadt in einem gemeinsamen Brandschutzkonzept garantiert.

Ich danke, stellvertretend für alle, die seit dem Gründungsjahr Dienst getan haben, allen Kolleginnen und Kollegen, allen Kameradinnen und Kameraden, die heute im Dienste der Berufs- und freiwilligen Feuerwehr stehen.

Herausragend im Jubiläumsjahr ist natürlich die Inbetriebnahme der Wache II, die in der drittgrößten Stadt Bayerns modern und zukunftsorientiert Präsenz und Erreichbarkeit ermöglicht.

Alles Gute, das Quentchen Glück, das selbst der Tüchtigste braucht, Gesundheit und Unverletztsein bei all den Einsätzen, das wünsche ich weiter für die kommenden Jahre und schließe mit dem Wort aller Feuerwehren: »Gott zur Ehr, dem Nächsten zur Wehr!«

Bernd Kränzle, MdL
Staatssekretär a.D.
Pfleger der Berufsfeuerwehr

Der Oberbürgermeister der Stadt Augsburg

anlässlich 150 Jahre Augsburger Feuerwehr
und 100 Jahre Berufsfeuerwehr Augsburg

»Wohltätig ist des Feuers Macht, wenn sie der Mensch bezähmt, bewacht, und was er bildet, was er schafft, das dankt er dieser Himmelskraft«, heißt es bei Schiller. Spätestens seit Prometheus den Göttern das Feuer entwendet hat, hat es als wärmende und erhellende Kraft wesentlichen Anteil an der kulturellen Entwicklung des Menschen. Noch älter als der Gebrauch des Feuers aber ist für den Menschen die bedrohende Macht des Feuers durch Blitzeinschläge. Feuer im heimischen Herd sowie Kultfeuer auf der einen und Brandfeuer auf der anderen Seite: Es kam und kommt darauf an, wie weit der Mensch diese Kraft, die er schon zum bloßen Überleben brauchte, zu bändigen und unter Kontrolle zu bringen, ja auch zu besiegen vermag.

Es ist naheliegend, dass der Feuerschutz dort begann, wo Brände sich am verheerendsten auswirken konnten – und es auch taten: in den Städten, deren Häuser ja bis in die letzten Jahrhunderte hinein noch vorwiegend aus Holz gebaut waren. Und so ist es auch fast selbstverständlich, dass Augsburg, als eine der ältesten deutschen Städte, neben Lübeck, die erste war, die eine Feuerordnung erlassen hat, dies schon im Jahr 1276.

Brandschutz war, bei der engen Bebauung, Gemeinschaftsschutz, und solche alten Verordnungen zeigen, wie hier partnerschaftliches Denken und Handeln längst Fuß gefasst hat, wie städtisches Leben als Miteinander begriffen wurde – zwangsläufig vielleicht, weil Bedrohung des Nachbarn eine eigene Bedrohung war.

Im November 1849 schlossen sich der aus dem Turnverein 1847 Schwaben Augsburg hervorgegangene Rettungsverein und ein durch angesehene Bürger gegründeter Löschverein zum »Augsburger Lösch- und Rettungsverein bei Feuersgefahr« zusammen. Dies war die Geburtsstunde der ersten Feuerwehr in Bayern rechts des Rheins. Und sie umfasste bereits 654 Mitglieder. Zehn Jahre später wurde der Verein in »Augsburger Feuerwehr« umbenannt und hatte bereits über 1400 Mitglieder. 1899 schließlich wurde die Berufsfeuerwehr Augsburg gegründet. Ein Vierteljahrhundert später, 1924, war sie mit 1787 Mitgliedern die größte Feuerwehr Deutschland.

Ob älteste, ob größte: Wir alle sind stolz auf unsere Feuerwehr – und damit meine ich die Berufsfeuerwehr wie auch die »eingemeindeten« oder nach dem letzten Krieg wiederbelebten freiwilligen Feuerwehren in unserem Stadtgebiet und unsere Werks- und Betriebsfeuerwehren sowie die Wehren des Landkreises: Wie das Feuer Gemeindegrenzen nicht immer achtet, so kennen auch Zusammenarbeit, Partnerschaft und Kameradschaft unserer Wehren keine Grenzen. Und auch das Aufgabenfeld hat sich ausgeweitet: Es geht um weit mehr als ums Feuerlöschen, es geht um Hilfe und Schutz in vielen Notfällen.

150 Jahre Augsburger Feuerwehr und 100 Jahre Berufsfeuerwehr Augsburg: Diese beiden Jubiläen sind für mich willkommener Anlass, allen Feuerwehrmännern in Vergangenheit und Gegenwart zu danken: für ihre Einsätze und für ihre selbstlose Einsatzbereitschaft. Die Tatsache, dass Augsburg im Jahr 2000 Gastgeber des 27. Deutschen Feuerwehrtages und der Weltleitmesse Interschutz sein darf und dass dann hier auch die CTIF, die Weltorganisation der Feuerwehren, ihr 100-jähriges Bestehen feiern wird, ist durchaus auch als Kompliment an unsere Augsburger Feuerwehr anzusehen. Uns allen wünsche ich, dass die Einsatzkraft unserer Augsburger Feuerwehr in Zukunft nicht allzu sehr gefordert ist· Bewährt hat sie sich längst. Dafür sage ich herzlichen Dank.

Dr. Peter Menacher
Oberbürgermeister der Stadt Augsburg

Von den Anfängen
bis zur Gründung der Feuerwehr

Es kann eigentlich kein Zufall sein: Die Geburtsstunde der Feuerwehr steht in engem Zusammenhang mit der Geburtsstunde der Stadt Augsburg. Der römische Kaiser Augustus (63 v.Chr.–14 n.Chr.) rief um Christi Geburt die ersten systematisch organisierten Feuerlöschverbände ins Leben, eine Löschmannschaft von 600 Sklaven. Einige Jahre zuvor hatten die Römer die germanische Provinz Rätien erobert und das Militärlager »Augusta Vindelicum« gegründet, das spätere Augsburg. Der römische Kaiser Augustus ist also gleichzeitig (Stamm-)Vater der Feuerwehr und Namenspatron von Augsburg.

Über die Römerzeit in Augsburg ist wenig bekannt. Die Häuser waren aus Holz, erst im zweiten Jahrhundert entstanden einige Gebäude aus Stein. Viele römische Städte verfügten über ein ausgeklügeltes System der Wasserversorgung. Ob es ein solches System allerdings auch in Augsburg gegeben hat, wissen wir heute nicht.

Über die Brandbekämpfung lässt sich ebenfalls wenig sagen. Zumindest können wir vermuten, dass es häufig in Augsburg gebrannt hat und diese Brände äußerst heftig gewesen sein müssen. Allein für das erste Jahrhundert haben die Archäologen drei Brandschichten entdeckt, die zeigen, dass ausgedehnte Flächen der Stadt niedergebrannt sein müssen.

Großbrände im Mittelalter

Im Mittelalter gab es keine organisierte Brandbekämpfung. Brach in einer Stadt ein Feuer aus, läuteten die Kirchenglocken Sturm und die Stadttore wurden von der Stadtwache geschlossen, damit niemand flüchten konnte. Jeder war aufgerufen, das Nötige zu tun, um die Flammen einzudämmen. Oft gelang dies jedoch nicht. Ganze Städte brannten nieder. Wie die Chroniken berichten, wüteten

solch verheerende Großbrände in Köln (881), in Bremen (913), in Essen (944), in Hamburg (1072), in München (1227) und in Dortmund (1244). Augsburg ist in dieser Zeit von so einer Katastrophe verschont geblieben, doch auch hier brannten mehrmals ganze Häuserzeilen ab.

Dass die Flammen in den mittelalterlichen Städten so heftig wüten konnten, lag an drei Faktoren:

Zunächst begünstigte die Anlage der mittelalterlichen Stadt eine schnelle Ausbreitung von Bränden. Die Häuser standen dicht beieinander, die meisten von ihnen waren aus Holz. Bauwerke aus Stein waren rar; in der Regel wurden nur Kirchen, Repräsentationsbauten, Befestigungsanlagen und so genannte Kemenaten aus Stein errichtet, wobei letztere auch als Schutzräume bei Feuersbrunst dienten. Die Dächer waren mit Holzschindeln und Stroh gedeckt; das Feuer konnte sich daher durch Funkenflug besonders leicht ausbreiten. In den Häusern selbst befanden sich viele ungesicherte Feuerstellen, die zum Kochen oder als Arbeitsstätte für viele Handwerksbetriebe dienten. Diese offenen Feuerstellen waren oft Auslöser verheerender Brände.

Zweitens waren die Mittel, das Feuer einzudämmen, äußerst beschränkt. Zum Löschen standen nur nasse Tücher, Holzkübel und Ledereimer zu Verfügung; erst im 15. Jahrhundert kamen Stock- und Handspritzen hinzu. Leitern waren zwar vorhanden, doch waren sie oft sehr schwer und umständlich zu handhaben; der Aufbau einer solchen Leiter kostete wertvolle Zeit, in der sich das Feuer weiter ausbreiten konnte. Der Gebrauch der Leitern war zudem nicht ungefährlich: Hakenleitern rutschten häufig ab oder stürzten gar um. Wie zeitgenössische Quellen berichten, gab es bei solchen Unfällen häufig Verletzte.

Drittens war die Brandbekämpfung bis weit ins 13. Jahrhundert hinein vollkommen unorganisiert.

Eigendtliche Abbildung / der erschröcklichen Feürsbrunst / welche Anno 1633.
den 2 Merken zu Augspurg in der Metzig entstanden / wodurch 5. Häuser
in die aschen gelegt. Gott wolle üns noch ferner vor Feürsbrunst und anderm Unheil in gna,
den bewahren.

Brand der Stadtmetzg am 3. März 1634, Kupferstich von Raphael Custos

Am 2. März 1633 (nach anderen Quellen 3. März 1634) brannten das von Stadtbaumeister Elias Holl 1606–1609 erbaute Zunftgebäude der Metzger und mehrere benachbarte Häuser vollkommen aus. Große in der Metzg gelagerte Fleisch- und Getreidemengen wurden vernichtet; die berühmte Vorderfassade des Gebäudes jedoch blieb dabei erhalten.

Der unter der Metzg durchgeleitete Stadtbach diente der Kühlung des Fleisches und galt zur damaligen Zeit als Sensation. Ein Großaufgebot der Einwohnerschaft müht sich verzweifelt, mit den zur Verfügung stehenden unzureichenden Mitteln, dem Feuer Einhalt zu gebieten. Wasser wird in Holzzubern auf Kufen und mit Wasserfässern herangekarrt. Über eine Menschenkette wird das Wasser in Ledereimern, teilweise über tragbare Leitern zur Brandstelle weitergereicht. Die bewaffnete Stadtwache im Vordergrund wacht offensichtlich sorgsam darüber, dass die Einwohner auch ihrer Löschpflicht nachkommen.

Allenfalls gab es Stafetten, bei denen Ledereimer an einem Brunnen oder einem Teich gefüllt, bis zur Brandstelle weitergereicht, geleert und leer wieder zurückgereicht wurden. Dazu benötigte man viele, viele Helfer und der Effekt war eher gering. Weil aber meist alle planlos durcheinanderliefen, ging wichtige Zeit verloren. Eine weitere Ausbreitung der Flammen konnten die Menschen oftmals nur dadurch verhindern, dass sie die benachbarten Häuser niederlegten.

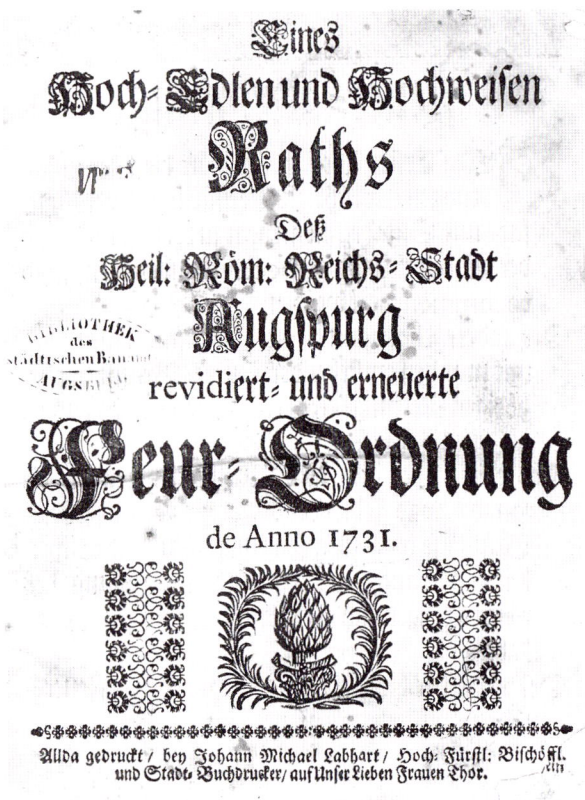

Die Gassen waren recht eng, die Außenwände und die Dachdeckung aus brennbarem Material. So blieb als letzte Möglichkeit oftmals nur die gewaltsame Schaffung von Schneisen.

Feuerordnungen

Obwohl die Feuergefahr in den mittelalterlichen Städten sehr groß war, ging man erst im ausgehenden Mittelalter planmäßig daran, sie zu bekämpfen. Die Stadtväter erließen so genannte Feuerordnungen, in denen mehr oder weniger ausführlich festgelegt war, was die Bürger bei einem Brand zu tun

und zu unterlassen hatten. Die beiden ältesten Feuerordnungen in Deutschland wurden 1276 erlassen, in Lübeck und in Augsburg.

Die Augsburger Feuerlöschordnung regelte die Turmwache und die Löschpflicht. Sie forderte, nach Ausbruch eines Brandes das Gebäude schnellstens zu räumen und die Nachbarhäuser durch übergehängte nasse Tücher und Löschdecken vor Funkenflug zu schützen. Von einem wirksamen Brandschutz konnte zwar noch immer keine Rede sein, doch immerhin, ein Anfang war gemacht.

Im Laufe der Zeit wurden die Feuerordnungen immer wieder überarbeitet und ergänzt. Sie wurden präziser, ausgefeilter und zielten stärker darauf ab, Brände systematisch zu bekämpfen. Die Angehörigen bestimmter Berufsgruppen und Zünfte wurden zu festgelegten Hilfeleistungen verpflichtet, so etwa die Bader für Sanitätsdienste oder die Bauhandwerker für das Einreißen gefährdeter Gebäudeteile. Die Bürger wurden in die Pflicht genommen, sich nach ihren Möglichkeiten an der Bekämpfung der Brände zu beteiligen und Löschgeräte zu stellen. Aber auch für »Frauensleute« und Mönche gab es detaillierte Anweisungen, wie sie sich zu verhalten hatten.

Die Hilfsmaßnahmen wurden besser koordiniert. Mit der Leitung wurden meist Mitglieder des Stadtrats beauftragt. Diese kümmerten sich auch um die Lagerung der städtischen Feuerlöschgeräte. Dafür gab es festgelegte Orte, was die Beschaffung im Brandfall erheblich beschleunigte. In den Häusern mussten für erste Löscharbeiten Wasservorräte bereitgehalten werden, in manchen Gebäuden auch Leitern. Im 16. Jahrhundert entstanden Wasserleitungssysteme mit besonderen »Notbrunnen«, die als Entnahmestellen für Löschwasser vorgesehen waren.

Auch das Alarmsystem wurde nach und nach verbessert. Wenn es brannte, gaben die Wächter von den Türmen sofort Horn-, Fahnen- oder Leuchtsignale; durch die Straßen eilten Trommler und schlugen Alarm. Diese Art der Alarmierung wurde noch bis ins 19. Jahrhundert gepflegt. Den entscheidenden Nachteil dieses Meldesystems beklagt Ende des 19. Jahrhunderts der damalige Kommandant der Augsburger Feuerwehr Georg Brach: »Es konnte deswegen nicht ausbleiben, dass selbst beim geringsten Brand die ganze Stadt in Aufregung versetzt wurde.«

Eintragungen in den Augsburger Baumeisterbüchern

29.11.1517
Item 15 guldin Anthonien Blatner goldschmid zu Fridberg auf gut rechnung des wercks so er aim erbern Rat zum wasser machen sol.

24.01.1518
Item 10 guldin Anthonien Plattner Mitburger gelihen auff 1 guldin clainat was der Ritter sandt Jeorig, die sol er wider abziehen wann man im das Innstrument zu den Brunsten gehorig abzücht.

27.03.1518
Item 2 guldin Anthonien Blattner goldschmid von wegen der Wasserspritzen zum Fewr dienstlich, abermals auf rechnung.

03.04.1518
*Item 2 guldin 2 Pfd. 11 Sch. 2 H., dem Hansen Windenmacher umb röder und stanngen maister Anthonien Blatner zu der Wasserspritzen gemacht. Item 21 guldin 1 Pfd. 4 Sch. 3 H. Lienharten Kesselschmid auff 3 Zentner Kupffersabscnitts, Im an nachgemeltem Kuppfer abzogen, umb das er ain Zuber und was darzu gehört zu der Fewr oder Wasserspritzen gemacht.
Nota: ains Rats Kupffer was 2 Zentner 35 Pfd., tet sein lon vom Pfd. 3 crutzer und het er hergeben 4 Zentner 21 Pfd. Und _, dauo gab man im für Kupffer und arbait vom Pfd. 6 crutzer.*

06.06.1518
Item 12 guldin 3 Pfd. 5 Sch. 1 H. umb messine Ror zu der Fewrspritzen Sebolten Schienmacher.

Schließlich versuchten die Stadtväter systematisch Brandvorsorge zu treffen. Ab dem 16. Jahrhundert finden sich in den Feuerordnungen auch Anweisungen für bauliche Brandschutzmaßnahmen sowie Arbeits- und Verhaltensregeln für Handwerksbetriebe. So durften neu errichtete Trennwände zwischen den Gebäuden nicht mehr nur aus Holz bestehen.

Auch wurden Strohdächer, wenigstens im Stadtkern, verboten. Schießpulver, Teer, Öl und andere gefährliche Stoffe durften nur noch außerhalb dicht bebauter Stadtteile gelagert werden. Schornsteine mussten aus Stein gemauert und regelmäßig von Ruß gereinigt werden.

Einigen Bürgern ging diese obrigkeitliche Fürsorge allerdings zu weit. Sie empfanden vor allem die Bauvorschriften als Einschränkung ihrer bürgerlichen Freiheit, manche protestierten lautstark dagegen, andere hielten sich schlichtweg nicht an die behördlichen Bestimmungen.

So sahen die Eintragungen in den Augsburger Baumeisterbüchern im frühen 16. Jahrhundert aus.

So könnte die von Anton Plattner gebaute Feuerspritze ausgesehen haben – Skizze des Feuerwehrhistorikers Wolfgang Hornung, Arnegg (um 1960).

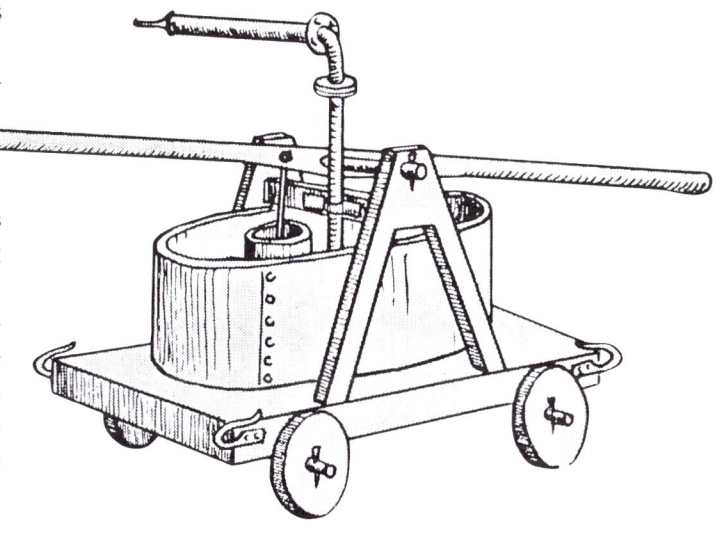

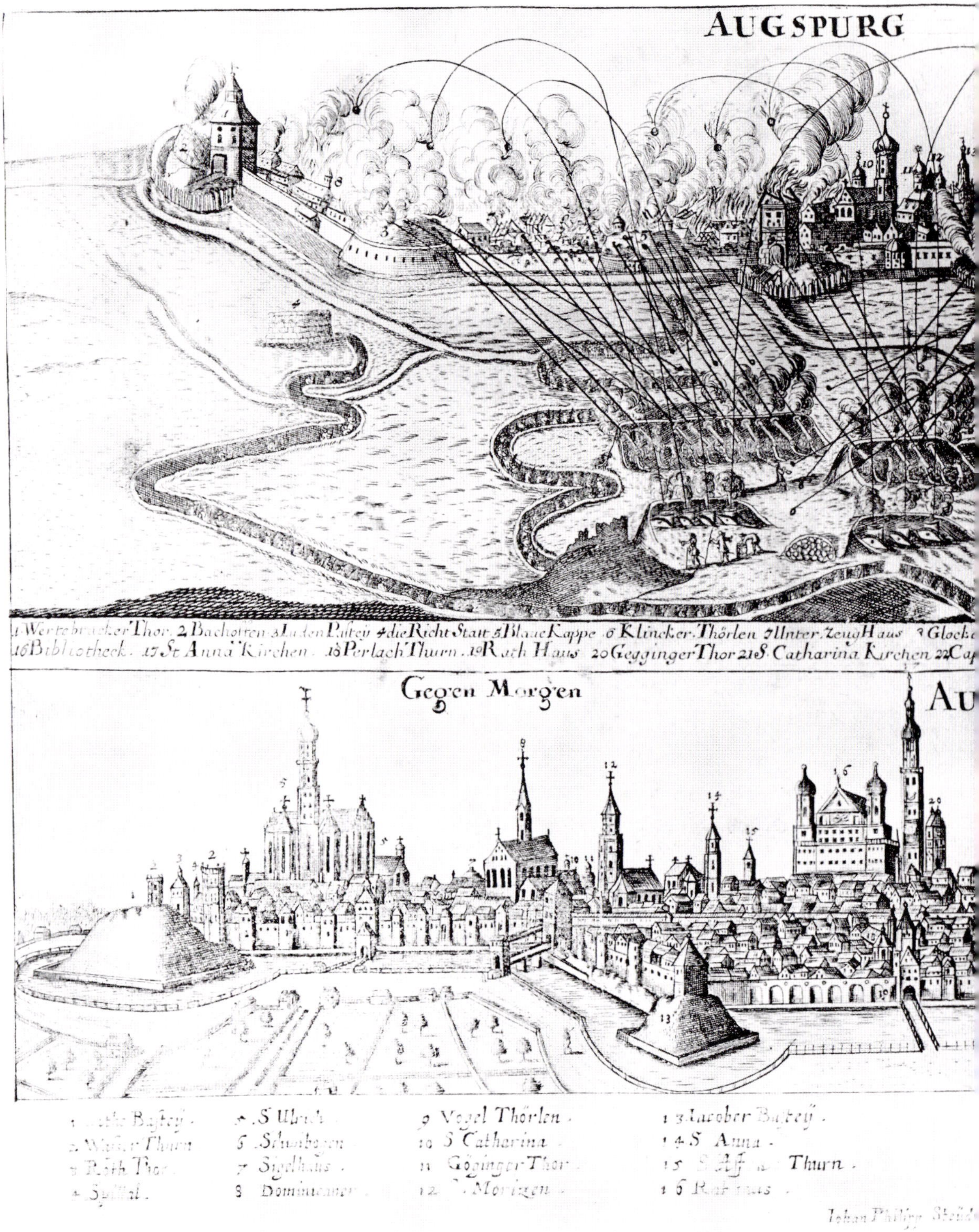

AUGSPURG

1 Wertebracker Thor. 2 Bachatten 3 Laden Putey 4 die Richt Statt 5 Blaue Kappe 6 Klincker Thörlen 7 Unter Zeug Haus 8 Glocke
16 Bibliotheck. 17 St Anna Kirchen 18 Perlach Thurn 19 Rath Haus 20 Gegginger Thor 21 S. Catharina Kirchen 22 Cap

Gegen Morgen   Au

1 .... Batey .   4 . S Ulrich .   9 . Vogel Thörlen .   13 Jacober Batey .
2 . Water Thurn   5 . Schonberen   10 S Catharina   14 S. Anna .
3 . Rath Thor .   7 . Sigelhaus .   11 . Göginger Thor .   15 . S Af ... Thurn .
4 . Spittal .   8 . Dominicaner .   12 . Morigen .   16 . Rat haus .

Johan Philipp Steud...

Belagerung und Bombardierung der Stadt Augsburg am 7. Dezember 1703 vor ihrer Einnahme am 13. Dezember. Zeitgenössischer Kupferstich von Johann Philipp Steudner. Der wirtschaftliche Aufschwung Augsburgs nach dem Dreißigjährigen Krieg erfuhr 1703 eine jähe Unterbrechung. Mit schweren Geschützen schossen Bayern und Franzosen von der Rosenau im Westen auf die seit 5. September von den Kaiserlichen besetzte Stadt, die bei

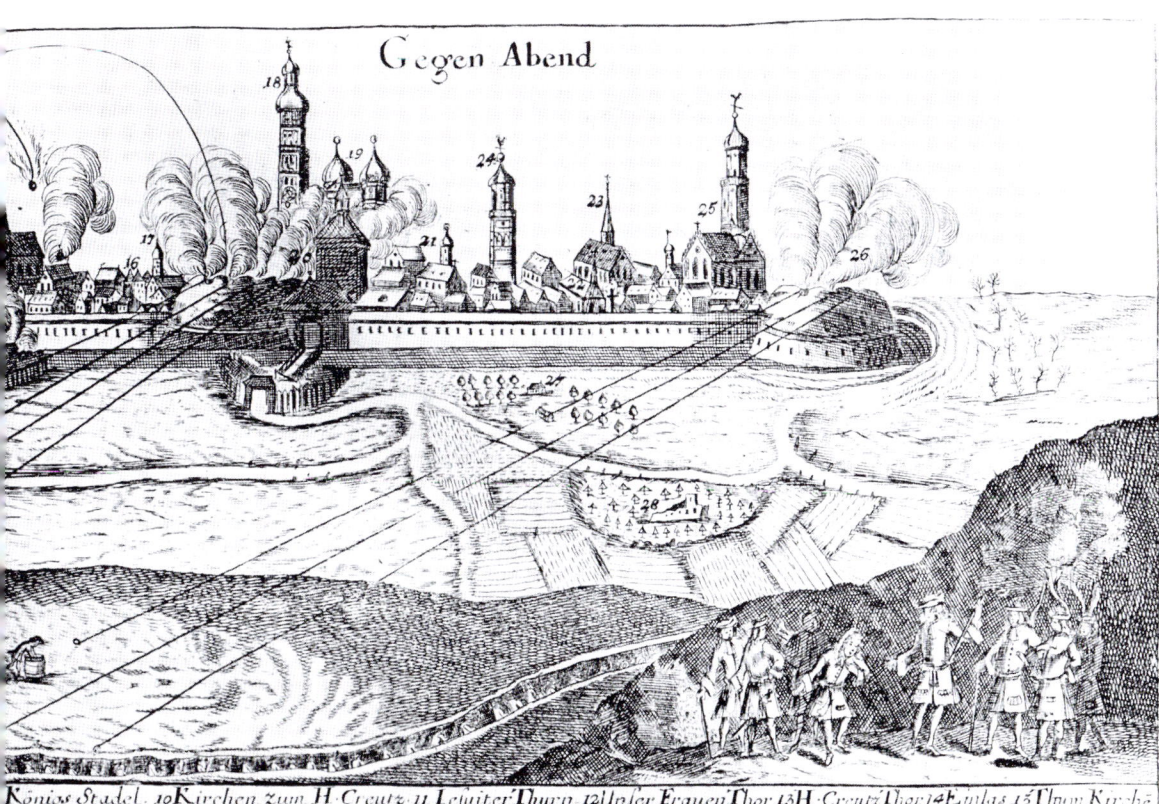

Gegen Abend

König Stadel. 10 Kirchen zum H·Creutz 11 Jesuiter Thurn 12 Unser FrauenThor 13 H·Creutz Thor 14 Einlas 15 Thom Kirche
rchen 23 Prediger Closter 24 S·Mauritzen 25 Kirche zu S·Ulrich 26 Einser Pastey 27 SchiesGraben 28 Catholischer Gotts Acker

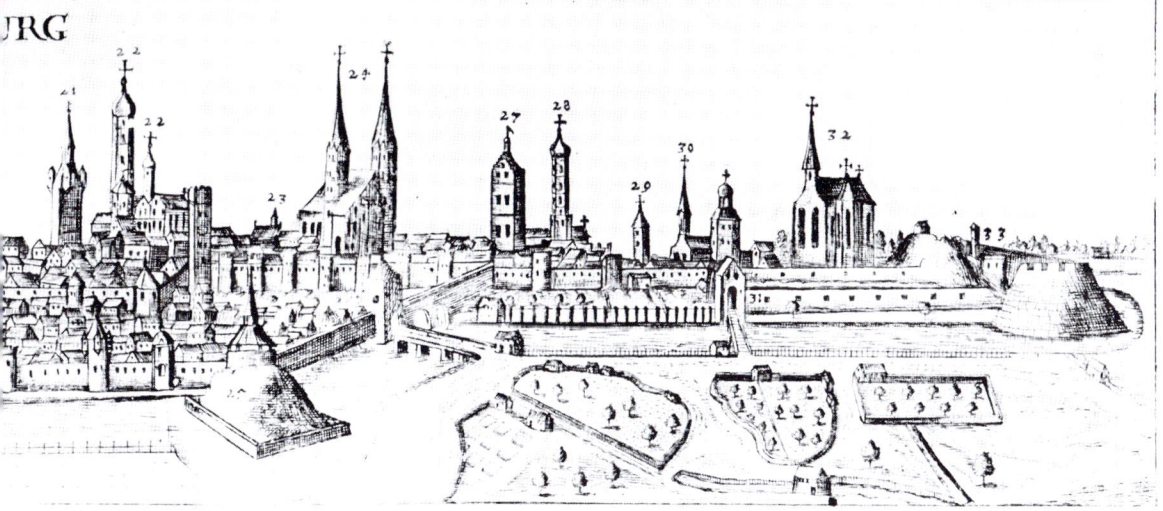

JRG

17 Berlach Thurn .   Thor .   2 5 · Blatter Bastey   2 9 · S · Gorgen
18 · S · Jacob .   ischen .   2 6 · Holblatter Thörlin   3 0 · S · Steffin
                         Johann .   2 7 · Unser Frauen Thor   3 1 · St · finger Tho
Barfusser Thor .   Dom .   2 8 · Jesuiter .   3 2 · Unir Gotts Acher
                                                              3 3 · Lug ins Land

Beginn des Spanischen Erbfolgekrieges ihre Neutralität erklärt hatte, sie setzten sie in Brand und zerstörten
sie schwer. Die eindrucksvolle Darstellung zeigt im Vordergrund in Stellung gegangene Artillerie mit Schutzwällen
und besetzten Laufgräben, im Hintergrund die Stadtmauer vom Vogeltor über das Jakobertor in Richtung
Oblattertor und viele brennende Gebäude.

Eigentliche Abbildung einer zwar kleinen, jedoch sehr starcken Feuer-Spritze.

Selbige hält 80 Maaß Wasser, und am comod zugerichtet, daß sie von 2 Persohnē flig Stiegen auf und ab, wie nicht weniger in kan bequemlich gebraucht ü getragē wer. Treibt die Machine das Wasser in ausge das man 2. bey dem auf der Machine ste bey Lit: B. dē Schlauch ebenfals allein 4. bey de de auf 50. Schuh hoch unaußgesetz gebrauchen Lit: D. mit beyden Wassern auf einmal gesper.

Inv: et fecit Philip Abraha Brandmeyr Statt Stuck und Glo ckengießer in Augspurg

Gewicht 170 Pfund. Ist anbey dermaßen so wohl außer dem Hauß, als auch innen Zimern, und denē allerhöchsten Böden den, und thut folgende höchst nützliche Dienst setz 50 Werck-Schuh hoch, ü zwar also hende Lit: A das wend Rohr alleing ū über Lit: C das wend Rohr u Schlauch zugleich ber kan, endlichen und ū, Kan diese Machine bey ret werden.

Gottfried Pfautz sculpsit et v.

Die Feuerordnungen wurden den Bürgern zu festgesetzten Terminen vor den Rathäusern bekannt gemacht. Vielerorts wurden sie auch nach dem Gottesdienst von den Kanzeln der Kirchen verlesen.

Die Augsburger »Feuermaschine«

Auch die Mittel zur Brandbekämpfung wurden im Laufe der Jahrhunderte vielfältiger und vor allem wirkungsvoller. Zu den erwähnten Hakenleitern, Ledereimern, Löschzubern und den Einreißhaken kamen Steckleitern, Stock- und Handspritzen hinzu und schließlich auch fahrbare Spritzen mit einem Wenderohr. Eine solche »Feuermaschine« wurde erstmalig in Augsburg gebaut, wenigstens sind bis heute keine älteren Quellen bekannt geworden, die davon berichtet hätten, dass eine vergleichbare Feuerspritze hergestellt worden wäre.

Ersonnen hatte sie der Goldschmied Anton Plattner aus dem benachbarten Friedberg. Gebaut wurde sie 1518. Plattner bekam seine recht kostspielige Erfindung von der Stadt komplett finanziert: 27 Gulden Vorschuss für den Erfinder und 35 Gulden für die beteiligten Handwerker. Außerdem erhielt Plattner das Bürgerrecht in Augsburg; dies zeigt, welcher Stellenwert einer wirkungsvollen Brandbekämpfung schon damals zukam.

Leider wissen wir nur sehr ungenau, wie die Augsburger »Feuermaschine« ausgesehen hat, Bilder von dieser wegweisenden Konstruktion existieren nämlich nicht. Erhalten geblieben ist nur die Rechnung, aus der man immerhin schließen kann, dass die Maschine aus einem großen Messingspritzrohr und einem voluminösen Wasserkasten aus Kupfer bestand. Allein dieser Tank soll sechs Zentner gewogen haben.

Betrieben wurde die Spritze mit Hebelkraft. Die Konstruktion war auf einen vierrädrigen Wagen montiert und damit mobil. Es ist aber anzunehmen, dass die Geschwindigkeit, mit der die Feuermaschine durch die Straßen bewegt wurde, bei ihrem ungeheuren Gewicht nicht sehr hoch gewesen sein dürfte.

Feuerspritze des Stuck- und Glockengießers Philipp Abraham Brandmeier 1731. Kupferstich von Gottfried Pfaunz

Der Löschschlauch

Ein enormer Fortschritt für die Brandbekämpfung war der Einsatz des Löschschlauchs. Als sein Erfinder gilt der holländische Maler und spätere Generalbrandmeister von Amsterdam Jan van der Heyden, der nicht nur Schläuche aus Lederstreifen zusammennieten ließ, sondern sich auch Gedanken darüber machte, wie sie im Brandfall einzusetzen waren. Die Schläuche, die man anfänglich »Schlangen« nannte, erlaubten eine erheblich größere Beweglichkeit und machten es möglich, Löschwasser leichter an den Brandherd heranzubringen. Mit den fahrbaren Feuerspritzen, die bis dahin in Gebrauch waren, konnte nur durch die offenen Fenster oder bereits durchgebrannte Dächer gelöscht werden.

Jan van der Heyden veröffentlichte 1690 ein Buch über den Brandschutz, das er mit anschaulichen Holzschnitten versah. Er trug damit wesentlich dazu bei, dass sich der Löschschlauch für damalige Verhältnisse relativ schnell verbreitete. Doch ob van der Heyden tatsächlich der Erfinder des Löschschlauchs gewesen ist, ist mittlerweile zweifelhaft. Die älteste Erwähnung von Lederschläuchen findet sich nämlich in Augsburg; ein weiteres Mal sind sie auf einer Rechnung aus dem Jahre 1558 verzeichnet. Aber auch aus Nürnberg wird berichtet, dass bereits Mitte des 17. Jahrhunderts Lederschläuche für die Brandbekämpfung gefertigt wurden.

Der Löschschlauch ist aber nur die eine Seite der Brandbekämpfung, wie sie von van der Heyden konzipiert wurde. Die andere ist der Saugschlauch, in dem das Wasser von der Wasserentnahmestelle zur Spritze gelangen konnte. Und diese Erfindung hat, wenigstens bis jetzt, noch keiner van der Heyden streitig gemacht.

Die ersten Schläuche bestanden wie gesagt aus Leder. Sie waren nicht nur sehr teuer, sondern auch sehr schwer: Ein halber Meter Schlauch wog ungefüllt etwa einen Zentner. Die Lederschläuche mussten sorgfältig gepflegt und regelmäßig eingefettet werden; dann aber konnten sie sehr lange halten. Lederschläuche waren bis Ende des 19. Jahrhunderts in Gebrauch; allerdings nicht in Augsburg. Dort bevorzugte man bald den Hanfschlauch, der preiswerter und handlicher war.

Der handgewebte Hanfschlauch tauchte erstmals im 18. Jahrhundert auf und verdrängte nach und nach den Lederschlauch. Karl August von Weimar,

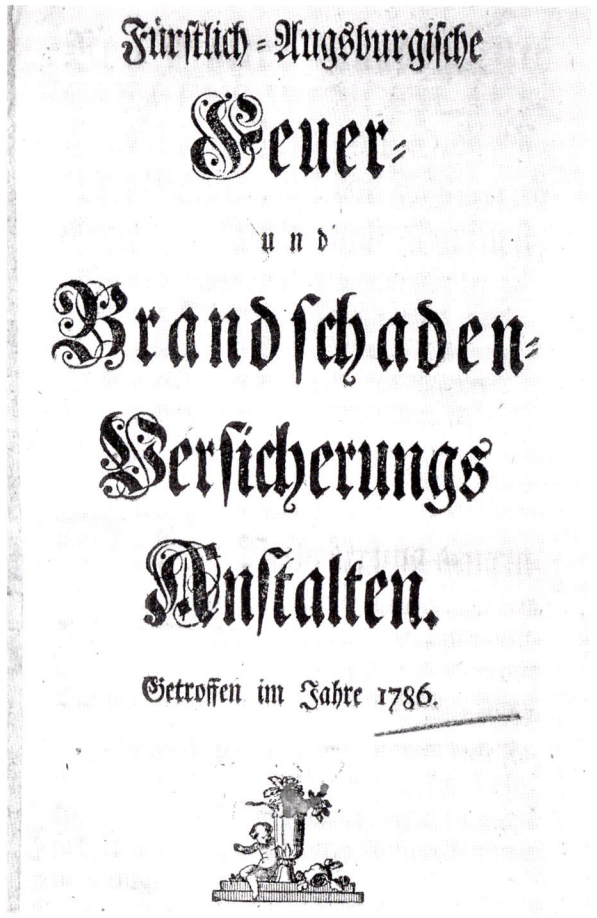

Fürstlich-Augsburgische Feuer- und Brandschadenversicherungsanstalten 1786

Feuerversicherungen

Es ging jedoch nicht nur darum, die Brandbekämpfung im engeren Sinne zu verbessern, also das Löschen und das Retten, sondern man kümmerte sich zusehends auch um das Davor und das Danach. Man wollte zum einen (durch Brandschutz, Bauvorschriften und Verhaltensmaßregeln) verhindern, dass Brände überhaupt entstehen konnten. Zum andern sollten aber auch die schlimmen Folgen eines Brandes wirksamer gelindert werden, denn wer aus den Flammen gerettet werden konnte, der hatte häufig fast alles verloren. Ein Brand kostete nicht nur vielen Menschen das Leben; für diejenigen, die ihn überlebten, bedeutete er nicht selten den wirtschaftlichen und gesellschaftlichen Ruin. Zwar wurde den Geschädigten gelegentlich etwas Bauholz oder etwas Geld geschenkt; eine wirksame Hilfe war das allerdings nicht, sondern eher ein Almosen.

Ein Brand war nicht nur für den Einzelnen eine Katastrophe, sondern auch für das ganze Gemeinwesen. Vormals gutsituierte Bürger konnten über Nacht zu mittellosen Bettlern werden. Die Folgen für die Sozialstruktur und den Wohlstand der betreffenden Stadt kann sich jeder ausmalen. So lag es nicht nur im Interesse der Bürger, sondern auch der Stadtverwaltungen und der Magistrate, den Brandschutz in den Städten zu verbessern.

»Brandcassa Hamburg«

Eine erste Maßnahme, die Folgeschäden zu begrenzen, waren Brandgilden, die um 1442 in Schleswig-Holstein gegründet wurden und deren Mitglieder sich zu gegenseitiger Hilfe verpflichteten. In Hamburg schlossen Hausbesitzer im 16. Jahrhundert so genannte »Feuerkontrakte« ab. Dabei verpflichtete sich jeder einem geschädigten Partner zehn Taler für den Wiederaufbau seines Hauses zu zahlen. Aus diesen Feuerkontrakten entstand die erste Feuerversicherung auf Gegenseitigkeit, die »Brandcassa Hamburg«, die 1676 gegründet wurde und die als Vorbild für alle nachfolgenden Landesbrandkassen gilt.

Die technischen Mittel zur Brandbekämpfung wurden mit der Zeit immer besser, das Sprungtuch wurde erfunden, die Leitern wurden leichter, sicherer und wendiger. Die Verbesserung der Geräte

der Förderer und Freund Goethes, erkannte die Bedeutung des neuen Produkts und baute eine Schlauchmanufaktur auf. Um unliebsame Konkurrenz abzuwehren, mussten sich die Weber verpflichten, die Technik des Schlauchwebens geheimzuhalten. Doch es nützte nichts: Schon bald verbreiteten sich weitere Schlauchmanufakturen.

Der Hanfschlauch hatte einen entscheidenden Nachteil: Er war nicht ganz dicht, wenigstens solange er trocken war. Das Gewebe musste erst aufquellen, sodass stets mit nassen Schläuchen gelöscht werden musste.

Erst Mitte des 19. Jahrhunderts fand sich die Lösung des Problems: Der Hanfschlauch wurde mit einer Gummieinlage präpariert und war nunmehr dicht. Solche Schläuche waren bei der Augsburger Feuerwehr bis Mitte dieses Jahrhunderts in Gebrauch.

führte aber dazu, dass die Bürger immer weniger in der Lage waren, die komplizierteren Löschgeräte sachgerecht zu bedienen und damit bei der Brandbekämpfung hilfreich zu sein. Der Stettiner Senator Pauli schreibt 1782 an Friedrich den Großen: »Die außerordentliche Verwirrung auf der Brandstelle kann weniger befremden, wenn man erwägt, dass die Hilfe von Leuten ohne Erziehung geschehen muss und diese ihre Tätigkeit gemeiniglich mit einer Gemütsbewegung tun, die einer Wildheit gleichkommt.«

Gaffer, Helfer und Helden

Auch in Augsburg waren solche Probleme nicht unbekannt. Zudem wurde man bereits sehr früh auf ein Phänomen aufmerksam, das der Feuerwehr auch heute zu schaffen macht: Die Behinderung der Löscharbeiten durch sensationshungrige Gaffer. Schon sehr früh, nämlich 1403, wurde das erste so genannte Platzverbot erlassen. Wer die Löscharbeiten behinderte, konnte des Platzes verwiesen werden. Und in der Augsburger Feuerordnung von 1731 wurde die Stadtgarde angewiesen, sie solle bei einer Feuersbrunst das »unnütze nur Zuschauens, nicht aber des Löschens halber zulaufende Volk, sonderlich Weibsleute und Kinder anfänglich mit aller Bescheidenheit, da aber guter Worte nicht verfangen willen, mit Ernst auch wohl mit Schlägen zurückhalten und wegweisen«.

Die Vorläufer der freiwilligen Feuerwehr

Aber nicht nur die Obrigkeit zeigte sich unzufrieden mit den Bürgern, auch die Bürger klagten zunehmend über die schlechte Organisation der Brandbekämpfung durch die Obrigkeit. Zu Beginn des 19. Jahrhunderts schlossen sich daher vielerorts Männer in Rettungs- und Löschvereinen oder nach französischem Vorbild zu Pompiercorps zusammen, um bei Bränden freiwillig zu helfen. Die Obrigkeit beäugte solche Aktivitäten häufig mit Misstrauen und weigerte sich mitunter, solche Hilfe anzunehmen, weil sie den Verdacht hegte, das Ganze könnte eine politische, ja revolutionäre Angelegenheit sein.

Im Brandfall leisteten diese Vereine aber oftmals Erstaunliches. Sie bereiteten den Boden für die freiwilligen Feuerwehren, die wesentlich besser organisiert und vor allem mit mehr Kompetenzen ausgestattet die Brandbekämpfung alleinverantwortlich übernehmen sollten.

Zu Beginn des 19. Jahrhunderts gab es oftmals noch heftige Kompetenzstreitigkeiten, wer bei größeren Löscharbeiten das Kommando übernehmen sollte. Die Leiter der Feuerlöschkräfte stritten sich mit den Polizeidirektoren, den Baudirektoren oder auch mit Mitgliedern des Magistrats.

Dies sollte sich jedoch durch die Gründung der freiwilligen Feuerwehren vollkommen ändern.

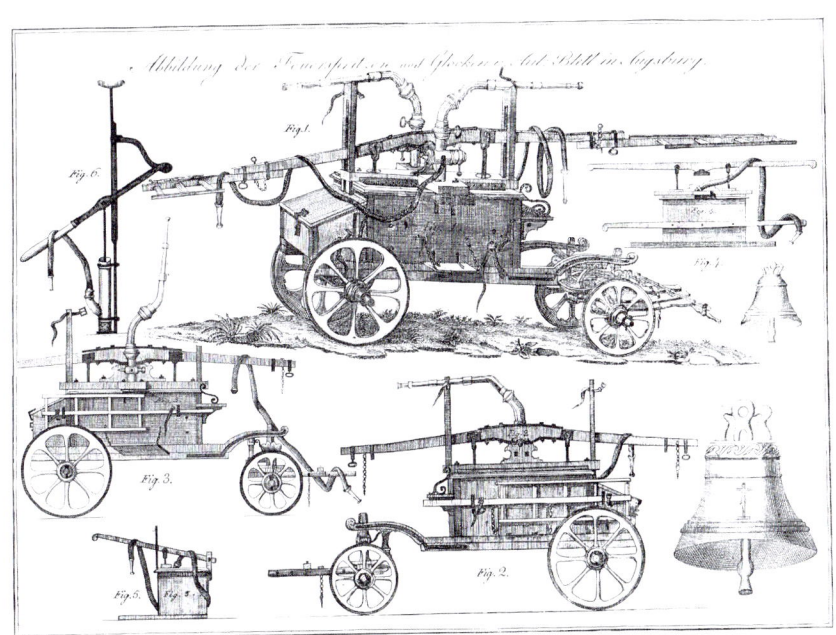

Feuerspritzen von Anton Bletl in Augsburg, um 1800
Als lukrativen Nebenerwerb entdecken metallverarbeitende Berufe gegen Ende des 18. Jahrhunderts den Bau von Feuerspritzen. Neben kleinen, tragbaren Kastenspritzen werden auch zunehmend große fahrbare Feuerspritzen für Hand- und Pferdezug in handwerklicher Fertigung hergestellt. Zur Bedienung einer derartigen Spritze werden ca. 16 bis 20 Personen benötigt.

Chronik
der Feuerwehrgeschichte

um 400 000 v. Chr.	Der Mensch macht sich das Feuer zunutze
um 850 v. Chr.	Älteste Darstellung des Feuerlöschens auf einem Alabasterrelief aus dem Königspalast von Ninive
um 560 v. Chr.	Erste nachweisbare Feuerschutzeinheit in China
ca. 15 v. Chr.	Gründung der Stadt Augsburg als »Augusta Vindelicum«
um Christi Geburt	Kaiser Augustus gründet in Rom die ersten systematisch organisierten Feuerlöschverbände
1276 n. Chr.	Die ältesten Feuerordnungen Deutschlands in Lübeck und in Augsburg
1403	Erstes »Platzverbot«, um die Löscharbeiten nicht zu behindern
um 1430	Der Ulmer Brunnenmeister Hans Felber baut in Augsburg den ersten Wasserturm mit Wasserhebewerk
1442	Zum Schutz gegen Feuerschäden werden in Schleswig-Holstein die ersten »Brandgilden« gegründet
1518	Anton Plattner baut in Augsburg die erste »Feuermaschine«, das erste fahrbare Löschgerät
1558	In Augsburg Lederschläuche erstmalig erwähnt
um 1570	Das Sprungtuch kommt in Gebrauch
1666	Der »Große Brand« in London
1672	Der Holländer Jan van der Heyden entwickelt Löschschläuche und systematisiert die Brandbekämpfung

1676	Erste Feuerversicherung die »Brandcassa Hamburg«
1731	Augsburger »Feur-Ordnung«
1785	Pilatre de Roziers fertigt das erste Saugschlauch-Atem-Gerät
ab 1800	In Deutschland werden vielerorts Lösch- und Rettungsvereine gegründet
1802	Edouard Regnier führt in Paris die erste Drehleiter vor
1818	Erste Hydranten Deutschlands, in Bremen
1822	Erstmalig wird Dampf zum Antrieb von Feuerspritzen benutzt
1828	Der schwedische Ingenieur Eriksson entwickelt die erste fahrbare Dampfspritze
1831	Erste freiwillige Werkfeuerwehr in der k.u.k. Tabakfabrik in Schwaz (Tirol) gegründet
1841	Erste freiwillige Feuerwehr Deutschlands in Meißen gegründet
1847	Karlsruher Theaterbrand

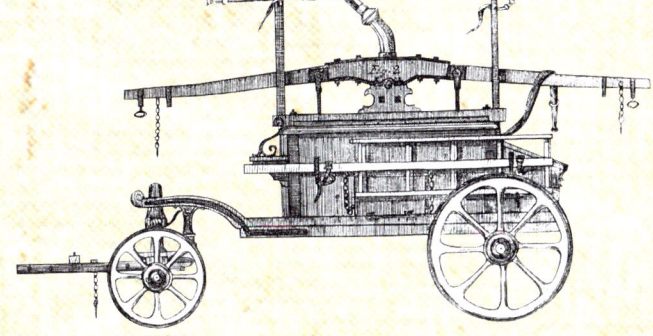

Die Gründung der freiwilligen Feuerwehr

Die ausgehenden vierziger Jahre des 19. Jahrhunderts waren eine turbulente Zeit: Die Bürger forderten mehr Mitsprache in politischen und öffentlichen Angelegenheiten. Dieses immer stärker werdende Selbstbewusstsein des Bürgertums führte zu Revolutionen in Frankreich, Deutschland und Österreich.

Nicht zuletzt beim Brandschutz wollten engagierte Bürger stärker mitreden, da sie die Feuerbekämpfung besser organisiert sehen wollten. Anlass war ein Ereignis, das die Öffentlichkeit damals sehr stark beunruhigte: der verheerende Brand des Karlsruher Hoftheaters am 28. Februar 1847, bei dem 63 Menschen starben. In vielen Städten wurde darüber nachgedacht, wie man derartige Katastrophen in Zukunft verhindern könnte.

So auch in Augsburg. Am 30. April 1847 wandte sich Carl Lettenbauer im Augsburger Anzeigenblatt an »Augsburgs Bürger-Söhne, die sich noch von keinem edlen Zweck ausgeschlossen haben«, und rief sie in wohlgesetzten, weitschweifigen Worten dazu auf, an der Gründung einer freiwilligen Feuerwehr – oder wie man damals sagte eines »Pompier Corps« – teilzunehmen. »Dabei können wir nicht unterlassen«, mahnte Lettenbauer abschließend, »auch eine Ermunterung an die jungen Leute zu richten, sich dem Turnen mehr zu widmen, indem die dadurch erzielte Kräftigung des Körpers Hilfeleistungen und Vermeidung von Gefahren bedeutend erleichtern und Mut und Entschlossenheit im Augenblick der Gefahr gewährt.«

Der gut gemeinte Appell, der auch die Turnbegeisterung jener Jahre dokumentiert, hatte indessen nicht die erhoffte Wirkung. Auch der Aufruf eines Turnlehrers namens Heiß im März 1848 blieb zunächst ohne Widerhall. Doch vielleicht musste sich das Thema erst einmal in den Köpfen festsetzen, denn es dauerte nicht lange, da unternahmen die Turner selbst die ersten entscheidenden Schritte.

Im Juli 1848 versammelte sich ihr Verein, der heutige TSV 1847 Schwaben Augsburg, im Gartenlokal »Frohsinn« und pflanzte gewissermaßen die Keimzelle der Freiwilligen Feuerwehr Augsburg. Denn die 18 anwesenden Mitglieder gaben sich gegenseitig das Versprechen, bei Feueralarm stets am Brandort zu erscheinen und zusammenzuarbeiten.

Ein vielversprechendes Signal, das da von der kleinen Schar ausging. Mehrere angesehene Bürger erklärten sich bereit, die Bestrebungen der Turner zu unterstützen. Vor allem der Buchhändler Peter Himmer erkannte die Chance, dem idealistischen, locker gefügten Engagement einer Gruppe von Turnern Form und Dauerhaftigkeit zu geben. Damit die Sache Hand und Fuß bekam, sollte ein eigener Verein gegründet werden. Die Gründung eines Vereins ist jedoch eine Sache, die – zumal in deutschen Landen – mit Gründlichkeit zu geschehen hat. Also verging noch einige Zeit, ehe die erste Freiwillige Feuerwehr in Bayern (rechts des Rheins) aus der Taufe gehoben wurde.

Am 3. September veranlasste Himmer eine Versammlung »zu einer Beratung über die Bildung eines Rettungs-Vereins bei Feuersgefahr«. In dieser Versammlung wurde ein Komitee gebildet, dessen Aufgabe es war, Statuten und Instruktionen für den Verein zu erarbeiten. Diese Vorschläge wurden mehrfach beraten, ehe dann am 9. Januar 1849 eine Generalversammlung einberufen wurde. Auf dieser Versammlung wurde ein Verwaltungsausschuss gewählt, der drei Wochen später zusammentrat, um sich eine Geschäftsordnung zu geben. Auch Positionen waren zu besetzen: Dabei wurde der städtische Baurat Kollmann zum Vorstand ernannt, während sich Himmer als »Kassier« um die Finanzen kümmern sollte.

Aber natürlich formierte sich nicht nur die Führungsebene. Den 18 Turnern schlossen sich bald

hundert weitere Freiwillige an. Im Februar und März 1849 wurden die ersten beiden Züge gebildet. Das erste Mitgliederverzeichnis enthielt bereits 195 Namen. Ein ermutigender Anfang, vor allem wenn man bedenkt, dass die Mitglieder ihre Ausrüstung selbst bezahlen mussten.

Wer Mitglied werden durfte und wer nicht, das war durch die Satzung geregelt: Aufgenommen werden konnte »jeder unbescholtene Mann« (Frauen waren nicht zugelassen), »welcher hier wohnt, hiezu körperlich befähigt und geneigt ist, die erforderlichen Geräthschaften sich anzuschaffen, oder die nöthige Gewandtheit sich zu erwerben, und den bestehenden Statuten und Instruktionen zu gehorchen«.

Die Aufnahme musste durch den Verwaltungsausschuss genehmigt werden, wobei ausdrücklich festgelegt wurde, dass die Zahl der Mitglieder »unbeschränkt« sei.

Der Augsburger Rettungs- und Löschverein bei Feuersgefahr

Der Rettungsverein war noch keineswegs eine komplette freiwillige Feuerwehr. Er hatte sich vielmehr zur Aufgabe gemacht, Menschen, Tiere und »Besitzgegenstände aller Art« in Sicherheit zu bringen. Im Laufe des Jahres 1849 wurde zusätzlich ein Löschverein gegründet. Auch hier wurde erst ein Komitee gebildet, das die Statuten und Instruktionen ausarbeitete. Am 24. August wurden sie dem Magistrat zur Genehmigung überreicht. Als auch die königlich bayerische Regierung der Genehmigung zugestimmt hatte, war der Löschverein anerkannt.

Am 24. November erfuhren die Augsburger hochoffiziell vom Bestehen des »Löschvereins bei Feuersgefahr« und wurden um Hilfe und Unterstützung gebeten. Am gleichen Tag schlossen sich Rettungs- und Löschverein zusammen. Damit war die erste freiwillige Feuerwehr in Bayern (rechts des Rheins) entstanden. Ihr etwas umständlicher Geburtsname, »Augsburger Rettungs- und Lösch-Verein bei Feuersgefahr«, hatte nicht lange Bestand. Er wurde zehn Jahre später in »Augsburger Feuerwehr« und schließlich in »Freiwillige Feuerwehr Augsburg« geändert.

Dem Verein wurde das Recht übertragen, das Retten und Löschen im Brandfall »ausschließend zu

Als förmliche Anerkennung für langjährigen freiwilligen Feuerwehrdienst wurden um die Jahrhundertwende aufwändig gestaltete dekorative Ehrendiplome verliehen.

besorgen« und von Beteiligten und Unbeteiligten »willigen Gehorsam zu verlangen«. Was uns heute selbstverständlich scheint, das wurde damals verbindlich festgelegt: Die Feuerwehr übernimmt eigenverantwortlich die Brandbekämpfung. Sie entscheidet, was zu tun ist, nicht das Militär, nicht die Polizei und auch keine Behörde. Die Obrigkeit hatte also ein Stück Macht an die Bürger oder vielmehr an einen ihrer Vereine abgegeben. So gesehen war die Feuerwehr eine der ersten Bürgerinitiativen. Und eine erfolgreiche dazu.

Vorbild mit königlichem Segen

Die Bedachtsamkeit und Sorgfalt, mit der die Gründungsväter bei der Ausarbeitung der Statuten vorgegangen waren, sollte sich als günstig erweisen: Von Beginn an galt die Augsburger Feuerwehr als Orientierungsmaßstab, und kein Geringerer als der bayerische König Maximilian II. empfand es als »höchst wünschenswerth«, dass »nach dem Vorbilde des Augsburger Rettungsvereines ähnliche Vereine auch in andern größeren Städten des Königreichs gebildet werden«.

Der Wunsch des Königs wurde gewissermaßen übererfüllt, denn in den kommenden zehn, fünfzehn Jahren entstanden überall – und nicht nur in den großen Städten – weit über hundert Freiwillige Feuerwehren. Dabei waren die Augsburger bei vielen Gründungen behilflich, so etwa in Günzburg, Krumbach, Lauingen – und in München. Im Herbst 1859, also zehn Jahre nach Gründung der Feuerwehr, erschien eine Abordnung des Münchner Magistrats in Augsburg, um sich vor Ort über die Organisation und Einrichtungen der Feuerwehr zu informieren.

Organisation

»Der Rettungsverein hat sich militärisch organisirt und verpflichtet sich, dem Commando des Hauptmanns oder sonstigen Offiziers strenge Folge zu geben«, heißt es gleich im ersten Paragraf der Instruktionen des Rettungsvereins. Das Prinzip von Befehl und Gehorsam sollte den reibungslosen Ablauf bei der Brandbekämpfung sicherstellen. Das war eine sehr sinnvolle Entscheidung, denn bis dahin waren die Lösch- und Rettungsarbeiten – ohne klare Verantwortung und Zuständigkeit – nicht selten chaotisch verlaufen.

Was den Aufbau der Feuerwehr betrifft, so orientierten sich die Augsburger aber keineswegs am Militär, sondern am bürgerlichen Verein. Und das hieß: Jeder, der ein Amt innehatte, wurde gewählt und musste Rechenschaft ablegen.

An der Spitze des Vereins stand der Verwaltungsausschuss, zu dem neben dem Hauptmann, seinem Adjutanten und den Zugführern acht weitere Mitglieder gehörten, die auf der Vollversammlung von allen Angehörigen des Vereins gewählt wurden. Dieser Ausschuss vertrat den Verein in allen Ange-

legenheiten nach außen und übernahm, wie sein Name bereits vermuten lässt, die »ganze verwaltende Leitung«, also Anschaffung von Geräten, Aufnahme von Mitgliedern und die finanziellen Angelegenheiten.

Die Schlüsselposition im Verein hatte der Hauptmann inne; er war der eigentliche Leiter. Er teilte die Mitglieder in Züge und Sektionen ein, ordnete die Übungen an und leitete die Einsätze, das heißt, er war es, der das höchste Kommando hatte. Ihm wurde ein Stellvertreter zur Seite gestellt und ein Adjutant, den er selbst bestimmen konnte.

Der Hauptmann und sein Stellvertreter wurden gewählt – und zwar auf zwei Jahre von allen Vereinsmitgliedern. Die Amtszeit eines Hauptmanns konnte natürlich erheblich länger währen, doch musste er sich alle zwei Jahre zur Wahl stellen und eine Mehrheit bekommen. Ähnlich lag der Fall bei den Zug- und Sektionsführern, die allerdings von den Angehörigen ihres Zuges gewählt wurden.

Züge und Sektionen

Von Anfang an bildeten die Mitglieder des Rettungsvereins Sektionen, die etwa 25 bis 30 Personen umfassten. Jede Sektion war für einen bestimmten Stadtteil zuständig. Die Mitglieder jeder Sektion sollten nach Möglichkeit in den betreffenden Vierteln wohnen. Die Einteilung der Sektionen stand allerdings im Ermessen des Hauptmanns. Zu jeder Sektion gehörten außer den eigentlichen Rettern ein Arzt sowie mehrere Schlosser und Schreiner. Geleitet wurde die Sektion vom Sektionsführer. Zwei Sektionen bildeten einen Zug, der ebenfalls einen Chef hatte: den Zugführer.

Bei den Löscheinheiten wurde im Prinzip genauso verfahren, auch wenn sie personell etwas stärker besetzt waren. Anders lag der Fall bei den sogenannten »Turnern«: Sie bildeten den 1. Zug der Retter, für den es keine zahlenmäßige Begrenzung gab. Mit anderen Worten, alle Turner gehörten diesem einen Zug an.

Turner, Retter und Löscher

Wer damals Mitglied bei der Feuerwehr wurde, musste sich entscheiden, ob er Turner, Retter oder Löscher sein wollte, denn es gab nicht einfach den »Allround«-Feuerwehrmann, sondern diese drei

Gruppen, die bei der Brandbekämpfung jeweils unterschiedliche Aufgaben übernahmen und dementsprechend ausgebildet wurden.

Die Turner, später wurden sie »Steiger« genannt, waren diejenigen, die es am unmittelbarsten mit dem Feuer zu tun bekamen. Sie bedienten und erklommen die Rettungsleitern, richteten von dort den Löschstrahl in die Flammen, spannten die Rettungstücher, befestigten und erstiegen die Haken- und die Strickleitern. Sie waren die einzigen, die Uniformen und spiegelblanke Messinghelme trugen. Um den Körper hatten sie einen Strick mit einem Haken geschlungen, außerdem führte jeder von ihnen ein kleines Beil und einen Sack bei sich. Als Turner durfte man nicht zu alt sein, musste über eine gute Konstitution verfügen und bereit sein, sich besonderen Gefahren auszusetzen. Die Turner erhielten zu der Grundausbildung der Retter noch

ein spezielles Training. Die Turner bildeten einen eigenen Zug, nämlich den 1. Zug der Retter.

Die übrigen Retter hatten hauptsächlich dafür Sorge zu tragen, dass wichtige und wertvolle Gegenstände aus den brennenden Gebäuden in Sicherheit gebracht wurden. Sie passten auf, dass aus den brennenden Häusern nichts gestohlen wurde. Außerdem war es ihre Aufgabe darauf zu achten, dass sich keine gefährlichen oder leicht entzündlichen Stoffe wie Schießpulver, Öl, Terpentin oder Baumwolle in der Nähe des Feuers befanden. In einem solchen Fall brachten sie diese Gefahrgüter als erstes in Sicherheit. Die Retter waren an ihren rot-grün-weißen Armbinden (die Augsburger Stadtfarben) zu erkennen, die sie um den linken Arm trugen. Wie die Turner waren sie mit Säcken ausgestattet. In diesen trugen Sie die Gegenstände, die sie retten sollten, aus den brennenden Häusern.

Die Feuerwehr

Was drängt sich durch die Straßen
das Volk in finstrer Nacht?
Der Thürmer hat geblasen,
die Trommel hat Lärm gemacht.

Aus jenes Hauses Zinnen
eine Flamme steigt empor.
Das Feuer wütet innen,
schwarz quillt Rauch hervor.

Doch in des Volkes Mitte
von Männern eine Schar
zieht hin mit schnellem Schritte
zur Stelle der Gefahr.

Die blanken Helme blitzen
im hellen Flammenschein,
die Wucht der Feuerspritzen
beschließt die langen Reihn.

Schon schwingt in hohem Bogen
die aufgejagte Fluth
und zischen Wasserwogen
im Kampf mit Feuers Gluth.

Laut jammert mit ihrem Kinde
ein Weib am Fensterstab,
sie klettern hinauf geschwinde
und holen sie herab.

Die Axt bedrängt die Flammen,
daß das Gebälk erkracht.
Nun bricht der First zusammen,
da sinket Feuers Macht.

Kein Lärmen ist und Stören,
sie löschen ruhig fort,
Signal nur läßt sich hören
und das Kommandowort.

Und wie sich vor dem Morgen
allmählich neigt die Nacht,
da ist ein Ziel der Sorgen
und Alles wohl vollbracht.

Wer hat so unermüdet
mit Arbeit ernst und schwer
die Stadt vor Noth behütet?
Es war die Feuerwehr.

(Augsburger Anzeigenblatt, 4. August 1861, unbekannter Verfasser)

Die Feuerwehr im Einsatz

Feueralarm

Brach irgendwo ein Feuer aus, wurde wie in alter Zeit Alarm geschlagen. Die Türmer vom Perlach-, Ulrichs-, Georgen- und Jakobsturm betätigten die Glocken für den so genannten »Feuerruf«. Zur groben Orientierung gab es drei unterschiedliche Signale: Zwei kurze Glockenschläge bedeuteten »Feuer in der oberen Stadt«, drei Schläge »Feuer in der unteren Stadt« und vier Schläge »Feuer in der Jakober Vorstadt«. Bei Nacht wurden diese Signale durch die Signalhörner der Feuerwehr, namentlich der Zugführer, unterstützt. Durch die entsprechende Zahl kurzer Hornstöße wurde der Brandort bezeichnet.

Zusätzlich liefen sechs Soldaten nach einer festgelegten Route durch die Stadt und schlugen mit Trommeln Alarm. Weil bei jedem noch so kleinen und abgelegenen Feuer häufig die ganze Stadt in Panik versetzt wurde, plante der Magistrat wenigstens das Trommeln einzuschränken oder sogar zu verbieten – eine Maßnahme, die sich aber als undurchführbar erwies. »Wenn allarmirt wird, kann man platterdings nicht mit der Maultrommel herumlaufen«, beschied das örtliche Militärkommando den Mitgliedern des Magistrats.

So sahen die Leiterwagen der Steiger um 1851 aus. Auf ihnen waren vor allem Hakenleitern verladen, mit denen man an den Außenwänden von Stockwerk zu Stockwerk hinaufkletterte.

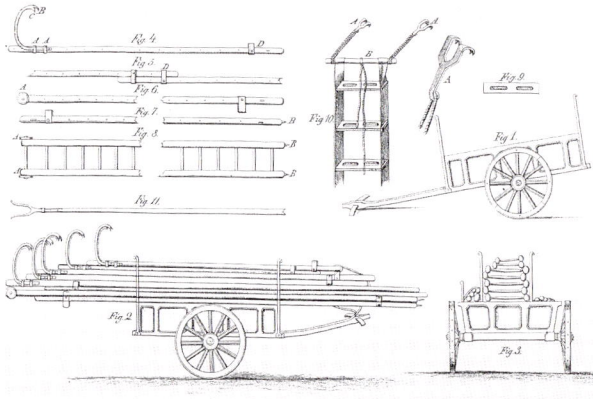

Die Feuerwehr eilt zum Brandort

Die Angehörigen der Feuerwehr liefen so schnell wie möglich zu ihrem Sammelplatz (meist an der Schrannenhalle) oder direkt zum Brandort, wobei sie ihre Ausrüstung und ihre Abzeichen nicht vergessen durften. Jeder war verpflichtet zu kommen. War jemand krank oder verhindert, so musste er sich vorher bei seinem Rotten- oder Zugführer abmelden – und zwar schriftlich.

Es kam darauf an, dass die Retter möglichst früh am Brandort waren, denn sie konnten sofort damit anfangen, Menschen, Tiere und Wertsachen in Sicherheit zu bringen. Das war auch das vordringlichste, was zu geschehen hatte, denn bevor mit der eigentlichen Brandbekämpfung, dem Löschen, begonnen werden konnte, mussten die nötigen Geräte von der alten Schrannenhalle am Moritzplatz zum Brandort befördert werden. Und das konnte dauern, vor allem wenn das Feuer irgendwo am Stadtrand ausbrach.

Prämien für Pferdebesitzer

Die Feuerwehr besaß keine eigenen Pferde. Immerhin gab es aber einen Vertrag mit dem königlichen Poststallmeister, die Feuerlöschmaschinen und den Requisitenwagen zu bespannen. Außerdem waren alle Bierbrauer, Lohnkutscher und Müller verpflichtet, bei Feueralarm ihre Pferde zum Gerätehaus zu bringen. Wer als erster erschien, bekam eine Prämie von drei Kronentalern, der zweite erhielt zwei, der dritte einen Kronentaler.

Vier Turner waren dazu eingeteilt, einen zweirädrigen Karren mit der Rettungsleiter und einem Rettungssack zum Brandort zu bringen. Außer einer Anzahl von Spritzen für die Löscher musste der so genannte Deckelwagen für die Retter herbeigeschafft werden. In diesem Deckelwagen befanden sich die wichtigsten »Requisiten«, nämlich ein Rettungssack, eine Tragbahre, eine Strickleiter, 50 Säcke, Stroh- und Bastmatten, Papier und Bleistifte, Kreide und Stecknadeln sowie die »Feuerfahne«.

Die Feuerfahne

Die Feuerfahne in den Stadtfarben Rot-Grün-Weiß markierte den wichtigsten Orientierungspunkt für die Feuerwehrleute; sozusagen die Einsatzleitstelle. Bei Dunkelheit wurde sie weithin sichtbar von einer Laterne erleuchtet. An der Feuerfahne befand sich derjenige, der den Einsatz leitete: der »Kommandierende«, wie man damals sagte. In der Regel war dies der Hauptmann oder sein Stellvertreter. Solange weder Hauptmann noch Stellvertreter erschienen waren, konnte ein Zug- oder Sektionsführer das Kommando übernehmen.

Die Retter

Diejenigen Retter, die noch vor dem ersten Kommandierenden den Brandort erreichten, blieben allerdings nicht untätig. Sie wussten, was sie zu tun hatten und brachten als erstes alle gefährdeten Personen in Sicherheit. War dies geschehen, konnten sie sich darum kümmern, Wertgegenstände aus den gefährdeten Gebäuden zu schaffen.

Wohnungen wurden geräumt, die Einrichtung auf die Straße getragen. Dokumente, Geld, wichtige Papiere, Uhren und Schmuck wurden zuerst in Sicherheit gebracht. Danach Wäsche, Geschirr, Bettzeug und kleinere Möbel. Schränke und schwere Möbel zuletzt. Ganz anders als heute stand das Bemühen im Vordergrund, möglichst viel aus dem brennenden Haus zu retten. Man musste damals nämlich viel eher damit rechnen, dass ein Gebäude tatsächlich niederbrannte, denn ehe der erste Wassertropfen aus dem Löschschlauch kam, konnten manchmal zwei oder drei Stunden vergehen.

Rettungsplatz und Sicherung am Brandort

Die erste Handlung des Kommandierenden bestand darin, den Rettungsplatz zu bestimmen und Wachen an den Ausgängen der Häuser, die zu räumen waren, zu postieren. Die Wachen sollten dafür sorgen, dass nur die Feuerwehr und ihre Helfer passieren konnten und keine ungebetenen freiwilligen Helfer oder gar Diebe in das Haus gelangten – oder auch bereits Gerettete, die sich selbst in Gefahr gebracht hätten, um ihre Habe zu retten. Bei größeren Bränden wurde der Brandort zusätzlich dadurch gesichert, dass Soldaten und Angehörige der

Bergen von Mobiliar und Hausrat
Von links: durch Abseilen, unter Zuhilfenahme einer tragbaren Leiter, über einen Rutschschlauch

Schutzmannschaft eine Absperrung bildeten, die niemand außer der Feuerwehr passieren durfte.

Die Wahl des Rettungsplatzes war von großer Bedeutung. Er durfte nicht zu nah an der Brandstelle sein, aber auch nicht zu weit weg. Die Wege für die Retter sollten ja nach Möglichkeit kurz sein. Auch musste der Rettungsplatz groß genug sein, dass alle geretteten Gegenstände dort untergebracht werden konnten. Um keine Zeit zu verlieren, musste der Platz so schnell wie möglich bestimmt werden. Deshalb hatte die Feuerwehr vorsorglich eine ganze Reihe von geeigneten Rettungsplätzen aufgelistet: Das Rathaus, die Börse, den Dom, Höfe, Kirchen, Militäreinrichtungen und eine Reihe weiterer Orte.

Am Rettungsplatz blieb eine Sektion zurück, um alle geretteten Gegenstände in Empfang zu nehmen, sie schriftlich zu verzeichnen und zu bewachen. Damit es später kein Durcheinander gab, wurden alle Gegenstände durchnummeriert. Außerdem bekam die Sektion von den Löschern ein Wasserfass, einige Wassereimer und eine Handspritze. Es konnte nämlich durchaus vorkommen, dass die geretteten Gegenstände noch brannten oder sich plötzlich wieder entzündeten.

Die Löscher

Für die Spritzenmannschaft gab es drei unterschiedliche Sammelplätze, je nachdem, wo der Brand aus-

Mitglieder der Spritzenrotte IV 1874.

Glocker, Boneberg, Maagg, Kraus, Kohler, Felschle, Hartmann, Lichtenauer, Eberle, Müller, Stöhr, Dolge, Hirschmann, Gendner, Kohler, Scheufele, Burger.

Mitglieder der Spritzenrotte IV 1874

gebrochen war: An der Schrannenhalle (bei Feuer in der oberen Stadt), am Domplatz (untere Stadt) oder am Rossmarkt beim Barfüßertor (Vorstadt). Sobald eine Rotte von 15 bis 20 Mann beisammen war, begab sie sich zum Brandort. Wer jedoch in dem Stadtteil wohnte, in dem das Feuer ausgebrochen war, eilte direkt dorthin. Gleiches galt auch für die Löscher, die nicht Teil der Spritzenmannschaft waren. Denn zu den Löschern gehörten auch die Einreißer und die Schlauchführer.

Traf die Spritze am Brandort ein, musste zunächst die Wasserversorgung hergestellt werden. Vor allem im Winter war das manchmal ein Problem. Deshalb waren Brauer und Branntweinbrenner bei frostigen Temperaturen dazu verpflichtet, warmes Wasser zum Brandort zu bringen.

Die Schlauchführer verlegten die Löschschläuche von den Feuerspritzen zu den Rohrführern. Diese sollten geeignete Stellen ausfindig machen, von wo gelöscht werden konnte und dann natürlich den vollen Wasserstrahl in die Flammen richten. Unter Umständen mussten sie den Rettern und Einreißern mit dem Löschschlauch Deckung geben. In den meisten Fällen war es nötig, auch von den Leitern aus zu löschen, dann übergaben die Schlauchführer den Löschschlauch an die Steiger.Die Pumpmannschaften lösten einander in schneller Folge ab. Wer nicht im Einsatz war, hielt sich an Sammelplätzen etwas abseits vom Brandort bereit.

Der Brandort

Am Brandort sollten so viele Helfer wie nötig anwesend sein, aber nicht mehr, denn das Kommando musste den Überblick behalten. Die Mannschaft sammelte sich bei der Feuerfahne, hier erhielt sie nicht nur die nötigen Anweisungen, sondern auch die benötigten Gerätschaften.

Neben Rettern, Löschern und Turnern waren auch Schlosser und Schreiner im Einsatz. Ihre Aufgabe bestand darin, verschlossene Räume und Schränke aufzubrechen, um den Rettern Zugang zu verschaffen. Jeder Sektion der Retter war ein Arzt zugeteilt, der sich um die Verletzten kümmerte. Erste Hilfe konnten allerdings auch die Retter leisten.

Die Turner

Die Turner legten die Leitern an, erkletterten das brennende Gebäude und führten die Schlauchleitungen. Sie waren mit Gurten und Seilen gesichert. Es sollten immer zwei Turner beisammen sein, um sich gegenseitig zu unterstützen. Wenn sie höhere Stockwerke erkletterten und ihre Hakenleiter neu anlegten, wurde von unten eine neue Leiter an der alten Stelle befestigt, damit den Turnern nicht der Rückweg abgeschnitten wurde. Sobald sich die Turner in größere Höhen begaben, wurde unten zur Sicherheit das Rettungstuch aufgespannt. Dieses Rettungstuch diente natürlich auch dazu, Bewohner aufzunehmen, die aus dem Fenster sprangen. Außerdem fing man darin Wertgegenstände auf, die von Turnern oder Rettern zugeworfen wurden.

Befanden sich Turner im Gebäude, so musste in jedem Stockwerk einer von ihnen am Fenster bleiben, um die Verständigung nach draußen, mit dem Kommandierenden zu halten. Untereinander verständigten sich die Turner auch mit Signalpfeifen:

Ein kurzer Pfiff hieß »Achtung!« Oder als Antwort »Fertig!«

Ein langer Pfiff hieß »Ruhe«. Zum Beispiel für eine Mitteilung. Oder »Halt«: »Wir brauchen keine weiteren Leute«, oder »Es sind keine weiteren Leute/Gegenstände zu retten.«

Zwei kurze Pfiffe bedeuteten »Wir brauchen Hilfe!«

Zwei lange Pfiffe: »Wir brauchen eine Mannschaft mit Schlauch/Sprungtuch«.

Drei kurze Pfiffe: »Wir brauchen einen Schlauch mit Rahm und Hacken«.

Drei kurze Pfiffe (hoch-tief-hoch): »Wir brauchen einen Schlauch mit Stangen«.

Drei lange Pfiffe: »Wir brauchen das Sprungtuch«.

Im Übrigen war »alles unnöthige Rufen und Schreien« am Brandort »verboten«, um der Feuerwehr ihren Einsatz nicht zu erschweren.

Brand gelöscht

War der Brand gelöscht, versammelte sich die Mannschaft um die Feuerfahne. Hier wurde sie vom Hauptmann entlassen, die Feuerwehrmänner durften also nach Hause zurückkehren, sofern sie nicht als Brandwache oder als Wache am Rettungsplatz eingeteilt wurden. Wer sich ohne Erlaubnis des Hauptmanns davonmachte, musste damit rechnen, aus dem Feuerwehrverein ausgeschlossen zu werden. Die Brandwache blieb am Brandort zurück. Wenn das Feuer noch einmal auflodern sollte, konnte sie es sofort löschen oder schnellstens Alarm geben. Je nach der Schwere des Brandes konnte sich eine Brandwache über mehrere Tage hinziehen. Daher musste geregelt werden, wann und von wem die Wache abgelöst wurde.

Die Wache am Rettungsplatz hatte die Aufgabe, die geretteten Gegenstände vor Dieben zu schüt-zen. Bevor der Hauptmann nicht seine Genehmigung dazu erteilt hatte, durfte nichts von den geretteten Gegenständen zurückgegeben werden.

Nach Bränden bestand immer die Gefahr, dass Leute Wertgegenstände beanspruchten, die ihnen gar nicht gehörten. Um das zu verhindern, hatte die Augsburger Feuerwehr ein ausgeklügeltes System entwickelt: Bevor ein Objekt auf dem Rettungsplatz deponiert wurde, teilte der Retter mit, wer der Eigentümer war oder zumindest aus welchem Raum es geholt worden war. Jeder Gegenstand wurde mit einer Kreidenummer markiert. Die Rückgabe wurde sehr genau überwacht. So mussten Helfer, die im Auftrag eines Eigentümers Gegenstände abholten, mit einem farbigen Billett gekennzeichnet werden. Dadurch sollte verhindert werden, dass sich ein Betrüger einschleichen konnte.

»Menschenrettung geht vor Brandbekämpfung«
Diesen bis heute gültigen Grundsatz der Feuerwehrarbeit illustriert anschaulich die zeitgenössische Darstellung von 1851. (Von links: Vornahme eines Rutschtuchs, Aufrichten einer tragbaren Leiter, Instellungbringen eines Sprungtuchs, Abseilen einer Person aus dem zweiten Obergeschoss in einem Rettungssack)

Schrannenhalle am Moritzplatz.
Von 1849 bis 1899 war sie das Domizil der Augsburger Feuerwehr.

Die Löscher, die im Bedarfsfall noch durch Hilfsmannschaften verstärkt wurden, hatten die Aufgabe, die Feuerspritzen zu bedienen. Sie kümmerten sich vor allem um die große städtische Spritze, die einzige, die ein Wenderohr hatte. Die Löscher mussten die Wasserversorgung herstellen, die Schläuche führen und pumpen. Diese Pumpleistung verlangte eine ganz außerordentliche körperliche Anstrengung, denn der Bedarf an Wasser war groß und es gab kein flächendeckendes Leitungssystem. Das Wasser musste vielfach über beträchtliche Entfernungen aus Brunnen oder offenen Gewässern gepumpt werden. Je nach Größe der Spritze pumpten bis zu acht Männer mit voller Kraft. Wegen der großen Kraftanstrengung mussten sie meist schon nach wenigen Minuten abgelöst werden. Daher war der Bedarf an Löschkräften ungemein groß.

Zu den Löschern gehörte auch die so genannte technische Abteilung. Das waren Bauhandwerker, Maurer oder Zimmerer, die als »Einreißer« dafür sorgten, dass sich das Feuer nicht weiter ausbreiten konnte. Die Einreißer bildeten bei den Löschern den 1. Zug. Wie die Retter trugen die Löscher nur die Armbinde.

Obwohl die Arbeit der Turner, Retter und Löscher anstrengend und häufig nicht ganz ungefährlich war, bekam der Verein regen Zulauf. Ein Mitgliederverzeichnis vom 2. November 1849 listet bereits 654 Namen auf; 1850 kamen noch etliche dazu, nun waren es 890 Mitglieder, wobei 270 der Rettungsmannschaft, 470 der Löschmannschaft und 150 der Hilfsmannschaft zugerechnet werden.

Die Schrannenhalle

Als erste Feuerwache bezog der Verein die alte Schrannenhalle bei der St. Moritzkirche. In dem Renaissancebau fanden schon lange keine Märkte mehr statt (eine Schrannenhalle ist nichts anderes als eine Markthalle), sondern hier wurden bereits seit vierzig Jahren die Feuerlöschgeräte untergebracht, so dass nur wenig umgestaltet werden musste. Im Gebäude befand sich eine Gerätehalle, eine Reparaturwerkstatt, ein kleiner Raum für den Nacht-Wachdienst, ein Zimmer für die Brandwächter und eines für die Verwaltung. Fünfzig Jahre lang diente die 1545 erbaute Schrannenhalle als Zentralfeuerhaus. Dann wurde sie abgerissen.

Die ersten Einsätze

Die frischgebackenen Feuerwehrmänner hatten Glück: In den ersten Jahren, als sie noch wenig Erfahrung in der Brandbekämpfung hatten, brachen keine größeren Brände aus. Allerdings gab es eine Reihe von kleineren Bränden, bei denen sie ihr Können unter Beweis stellten. Aber nicht nur durch das Abwenden von Feuergefahr, sondern auch durch ihr ruhiges und besonnenes Vorgehen erwarben sie sich auf Anhieb große Sympathien bei Bürgern und Behörden.

Auch wenn die Feuerwehrmänner unentgeltlich arbeiteten und einen Teil ihrer Ausrüstung sogar selbst bezahlten, so entstanden gerade zu Anfang noch erhebliche Kosten. Nicht zuletzt dadurch, dass zusätzliche Ausrüstungsgegenstände und Geräte vielfach erst angeschafft werden mussten. Obwohl die Stadt grundsätzlich alle Kosten übernahm, klaffte doch eine Finanzlücke, die Kassenwart Peter Himmer nur durch einen Vorschuss aus seiner »Privatschatulle« zu schließen vermochte. Doch erhielt Himmer sein Geld zurück, als zwei größere Spenden eingingen: Die München-Aachener Mobile Feuerversicherungsgesellschaft stiftete 500 Gulden und die Feuerversicherungsanstalt der Bayerischen Hypotheken- und Wechselbank 200 Gulden.

Die Augsburger Feuerwehr hatte sich innerhalb kurzer Zeit große Anerkennung verschafft. Drei Jahre nach seiner Gründung wurde der Rettungs- und Löschverein von der königlichen Kreisregierung von Schwaben und Neuburg als ein nicht-politischer Verein anerkannt. Das war sehr wichtig und keineswegs selbstverständlich in einer Zeit, in der alle Vereine von der Obrigkeit mit Misstrauen beäugt wurden und politische Organisationen verboten wurden. Eine Maßnahme, die leider auch unpolitische Zusammenschlüsse betraf. Denn ab 1850 galt ein neues Vereinsgesetz, das Turnvereine zu politischen Vereinen erklärte. In München etwa war eine entstehende Turnerfeuerwehr kurzerhand verboten worden. Da sich auch die Augsburger Feuerwehr aus einem Turnverein entwickelt hatte, war sie also durchaus nicht ungefährdet und damit die entlastende Erklärung der Kreisregierung umso wichtiger.

Mit Behörden und Regierung hatte der Verein von Anfang an keine Probleme. Im Gegenteil, sein Engagement wurde gefördert, und sogar geehrt: So erhielt der damalige Chef der Feuerwehr, der engagierte Kommandant Max Treu, 1864 die goldene Medaille des Zivilverdienstordens der bayerischen Krone. Eine Auszeichnung, mit der vier Jahre später auch Carl Lettenbauer geehrt wurde – der Verfasser des ersten Aufrufs zur Gründung, der nunmehr den 1. Zug führte.

Deutscher Feuerwehrtag in Augsburg

Am 10. und 11. August 1862 richtete Augsburg den vierten Deutschen Feuerwehrtag aus. 2500 Feuerwehrmänner kamen – damals eine beeindruckende Zahl. Von den 284 deutschen Feuerwehren waren immerhin 135 in Augsburg vertreten. Wie die Quellen berichten, war der Feuerwehrtag sehr gelungen. Die Augsburger Feuerwehr konnte ihre Leistungsfähigkeit demonstrieren. Und die Aufnahme der Gäste »seitens der Augsburger Bevölkerung« wurde als »eine sehr herzliche« gelobt.

Übung der I. Abteilung »Turner« der Freiwilligen Feuerwehr Augsburg am Gebäude der Polytechnischen Schule im Hallhof im Herbst 1862

Ganz oben: Kommandanten der Fabrik-Feuerwehr-
Abteilungen 1875
Sitzend von links: Kellner (Baumwoll-Spinnerei am Stadt-
bach), Werlin (Schöppler & Hartmann), Liebhäuser (Kamm-
garn-Spinnerei)
Stehend von links: Büschl (Mech. Baumwoll-Spinnerei &
Weberei), Pröschl (L.A. Riedinger), Jungbauer (Baumwoll-
Fein-Spinnerei), Kündig (Weberei am Fichtelbach), Hüpp-
mann (Baumwoll-Spinnerei Senkelbach)

Oben: Anwendung der unterschiedlichen Leitertypen
in der Praxis
Von links: Hakenleiter (Vorgehen von Stockwerk zu Stockwerk), zweiteilige Schubleiter mit Stützstangen, Strickleiter.

Die ersten Fabrikfeuerwehren

Augsburg war nicht nur eine namhafte Kultur- und Handelsstadt, im 19. Jahrhundert wurde Augsburg auch eine bedeutende Industriestadt, ein Zentrum vor allem für die Textilindustrie. Südlich und östlich der Stadt ließen sich zahlreiche Betriebe nieder. Die Standortvorteile waren unübersehbar: Günstige Grundstückspreise und – dem Lech sei Dank – reichlich Wasserkraft.

Schon mehrmals hatte es in den Betrieben gebrannt, mitunter waren die Schäden verheerend. Die Unternehmen dachten über geeignete Maßnahmen nach, wie solche Brände in Zukunft verhindert werden könnten.

Der Brandschutz wurde verbessert, die Arbeitsstätten wurden sicherer gemacht, die Arbeitsabläufe stärker reglementiert. Einzelne Mitarbeiter wurden eigens ausgebildet, um entstehende Brände zu löschen. Sie bildeten die so genannten Feuerwehrabteilungen, die Vorläufer der Werkfeuerwehren, die in der Geschichte Augsburgs eine so wichtige Rolle spielen sollten.

Als sich die städtische Feuerwehr noch in ihrer Gründung befand, existierten in den Betrieben bereits die ersten Brandschutzeinheiten und Rettungsvereine, so etwa bei der Augsburger Kammgarn Spinnerei und bei der Neuen Augsburger Kattunfabrik (vormals Schöppler und Hartmann). Diese beiden Einrichtungen zählen zu den ältesten dieser Art in Bayern.

Durch den Aufschwung bei der freiwilligen Feuerwehr wurden auch die Feuerwehrabteilungen in den Betrieben beflügelt.

Die Firmen Schöppler und Hartmann, L.A. Riedinger, Lotzbeck und Companie., die Augsburger Kammgarnspinnerei und die Baumwollspinnerei wandelten 1862 ihre Rettungsvereine in Werkfeuerwehren um. Die Männer wurden uniformiert, besser ausgebildet und der freiwilligen Feuerwehr im Bedarfsfall als »Hilfsrotten« zu Verfügung gestellt. Auch diese Fabrikfeuerwehren gehörten zu den ersten in Bayern.

Rechte Seite: Auszug aus dem »Verzeichnis von Lösch- und
Rettungsgerätschaften« des Depots für Feuerwehr-Requisi-
ten in der Augsburger Feuerwehr.

Augsburger-Feuerwehr Gründung

1849.

Verzeichniß von Lösch- u. Rettungs-Geräthschaften

des Depots für Feuerwehr-Requisiten in der Augsburger-Feuerwehr

	fl	Xr.		fl	Xr.
1 Messinghelm samt Lederfutter (Augsburger-Façon 25 Nk. 50 Nk.)	4.	15 6	14 Wagen für Schubleiter und andere Rettungsrequisiten	182	
2 Steiggurt mit Ring und Gurthacken complett	4.	58	15 Steck- oder Dachleiter je ein Stück à	6.	58
3 Gurthacken von Federnstahl (Augsburger Modell)	2.	42	16 Laterne für Steiger oder Schlauchführer	5	54 45
4 Turnerbeile in 3 Sorten zu mit Lederfutteral	3. 3. 3.	27 39 51	17 Springtuch		43
5 Beilfutteral	"	40 50	18 Rettungsschlauch je nach Qualität u. Länge	60	
6 Dachhacken von Federnstahl	1.	54	19 Rahmen dazu	14.	45
7 Schlauchhalter (complett) Carabiner Ring	1. 1.	30 15 12 12	20 Spritzenlaternen mit Flintenläufen Federn u. Schubstangen	10.	54
8 Carabiner-Hacken	1.	12	21 Messingene Signalpfeifer von Neusilber		15 18
9 Seil, je nach Länge 60–70' complett mit Carabiner u. Hacken	3.	6	22 Signalhuppen, doppeltönig	3. 4.	18 18
10 Kleine Seil, Hacken, Ringe		2 6	23 Feuerwehr-Abzeichen		16
11 Berliner-Steigleiter	11.	48	24 Schlauchwagen mit Haspel	4 67	
12 Papageileiter	9.	36	25	37	
13 Schubleiter, Augsburger ganz neue Construction	132		26		à 6
			27		à 7
			28		à 8

NB. Siehe neben und hinten.

zu ... 454
3.12
f 2.45

Schmidt, Hörtrich, Möller, Erdmann, Friedrich, Hottenstein, Hattenmeyer, Eberle, Lautenbacher, Bosch, Feldner, Zimmermann, Gruber, Bahn, Steinbrecher, Miedl, Chatelet, Martin, Schreier, Hirsch, Heil, Mayer, Betsch, Schilfart, Spieldiener, Leirer.

Leitern und Requisiten

Die Augsburger Feuerwehr galt wie erwähnt als Vorbild für andere Wehren. Aber es gab noch weitere Gründe für die Feuerwehren, nach Augsburg zu schauen: Hier wurde von Gewerbetreibenden eine Schubleiter konstruiert, die »Augsburger Schubleiter«, die mit einem Zugseil ausgezogen und so fast um das Doppelte verlängert werden konnte. Im Prinzip hat sich dieses Zugseilsystem bis heute erhalten. Eine solche Leiter war nicht nur bei der hiesigen Feuerwehr in Gebrauch, viele andere Feuerwehren in Bayern und Österreich schafften sich damals eine »Augsburger Schubleiter« an.

Außerdem gab es in Augsburg ein einzigartiges »Depotgeschäft für Feuerlöschrequisiten«, das von Mitgliedern der Feuerwehr geführt wurde. Das Depotgeschäft hatte sich zur Aufgabe gemacht, die neu entstehenden Feuerwehren zu beraten und mit Ausrüstungsgegenständen zu beliefern, die sich in der Praxis bereits bewährt hatten. Ein wichtiges Angebot, das von vielen Feuerwehren aus ganz Deutschland und Österreich in Anspruch genommen wurde. Das Geschäft, das nicht gewinnbringend, sondern gemeinnützig geführt wurde, bestand immerhin 16 Jahre.

Was die Leitern der Augsburger Feuerwehr betraf, so wurde die fahrbare Schubleiter zunächst durch eine so genannte »Englische Rettungsleiter« ersetzt,

die allerdings noch den eigenen Bedürfnissen angepasst und umgebaut werden musste. Ab 1884 war die Augsburger Feuerwehr dann mit drei »mechanischen Leitern« ausgerüstet, die eine Steighöhe von 20 Metern erlaubten. Damit waren auch Brände in höheren Gebäuden für die Steiger gut zu erreichen.

Neuorganisation

Im Laufe der Jahre wurde die Feuerwehr mehrmals umorganisiert. Zehn Jahre nach der Gründung wurde der Verein, der jetzt ganz offiziell »Augsburger Feuerwehr« hieß, in drei Abteilungen untergliedert: Turner, Retter und Löscher. Jede Abteilung hatte ihren eigenen Kommandanten. Der rührige Max Treu leitete nicht nur die Abteilung der Turner, sondern war gleichzeitig »Vereinshauptmann«, ein Titel, der später abgeändert wurde in »Kommandant der Feuerwehr«.

Die drei Abteilungen wurden im Bedarfsfall noch von den »Fabrikhilfsrotten« unterstützt, also den Feuerlöschkräften aus den Betrieben. Das waren 1859 immerhin 592 Mann. Die Augsburger Feuerwehr konnte damit zehn Jahre nach ihrer Gründung über einen Bestand von 1443 Kräften verfügen.

Die nächste Änderung kam wiederum zehn Jahre später, 1869; Kommandant Max Treu hatte sie veranlasst. Nunmehr wurde die Feuerwehr in fünf Züge eingeteilt. Die ersten vier Züge bestanden jeweils aus einer Steiger- und zwei »Spritzenrotten« (wie die »Löscher« jetzt genannt wurden). Der fünfte Zug umfasste drei Retterrotten.

Und auch bei der lokalen Gliederung gab es eine Neuerung: Die Wertachvorstädte bildeten am 4. Februar 1866 ihren eigenen Feuerwehrzug, den 4. Zug der Augsburger Feuerwehr, der immerhin 70 Mann stark war. Weil die Vorstädte weiter wuchsen, wurde dieser 4. Zug 1879 verstärkt. Er bildete eine weitere Spritzenrotte und bekam eine neue Löschmaschine.

Schwere Brände und die ersten Todesopfer

Im zweiten Jahrzehnt ihres Bestehens besaß die Feuerwehr bereits viel Erfahrung, eine gute Ausrüstung und ein riesiges Reservoir an Hilfskräften, das auch größere Städte nicht aufzubieten vermochten. Sie war also gut gerüstet, und das musste sie auch sein, denn in den sechziger Jahren kam es zu meh-

reren größeren Bränden, etwa am 20. April 1861 in der Walzendruckerei der Firma Schöppler und Hartmann oder nur zwei Monate später in der Kunstmühle am Senkelbach. Bei solchen Unglücksfällen zeigte sich, wie wertvoll eine starke, leistungsfähige Feuerwehr sein konnte.

Weil sich der gute Ruf der Feuerwehr schnell herumsprach, wurde sie auch von den Nachbargemeinden gerne in Anspruch genommen. Da die Hilfeleistung in der eigenen Stadt nicht darunter leiden sollte, wurde der unkontrollierten Nutzung von außen schließlich ein Riegel vorgeschoben. Nur noch in besonderen Fällen und auf spezielles Ersuchen sollte die Feuerwehr jenseits der Stadtgrenzen zum Einsatz kommen. Dies geschah zum Beispiel Ende Juli 1873, als 54 Augsburger Feuerwehrmänner bei einer schweren Überschwemmung in Immenstadt zwei Tage lang bei den Rettungsarbeiten halfen.

Beim Brand eines Wohnhauses am 23. März 1867 gab es die ersten Todesopfer. Ein Kamin stürzte plötzlich in den brennenden Dachstuhl und begrub drei Bürger und drei Feuerwehrleute. Zwei Bürger und zwei Feuerwehrmänner konnten schwer verletzt gerettet werden; der Bäckermeister Stark und der Feuerwehrmann Jetzt, ein Kupferschmiedemeister, kamen aber ums Leben.

Die Feuerwehr-Unterstützungskasse

Für die Mitglieder des 1. Zuges, damals noch die »Turner«, wurde bereits im Dezember 1854 eine Unterstützungskasse ins Leben gerufen. Sie sollte denjenigen Feuerwehrmännern helfen, die bei einem Einsatz verletzt wurden. Nach und nach wurde diese Unterstützungskasse auf die gesamte Feuerwehr ausgedehnt, ab 1881 konnten auch die Mitglieder der Fabrikfeuerwehren ihre Leistungen in Anspruch nehmen.

1888 kam auf Anregung des Feuerwehrkommandanten Georg Brach eine Sterbekasse hinzu, die an die Hinterbliebenen von Feuerwehrleuten eine Unterstützung zahlte. Die Mittel für beide Kassen stammten einerseits von den Feuerwehrmännern selbst, die sich durch ihre Beiträge absicherten, andererseits gab es auch Zuwendungen von Mitbürgern und Gönnern der Feuerwehr. Auch von Seiten der Stadt wurde sowohl die Unterstützungskasse als auch die Sterbekasse großzügig unterstützt.

Die freiwillige Sanitätskolonne

Während des deutsch-französischen Krieges 1870/71 bekam die Feuerwehr eine neue Aufgabe: Zusammen mit dem Kreishilfsverein des Roten Kreuzes richtete die Feuerwehr am Bahnhof einen Sanitätsdienst ein. Verwundete Soldaten wurden in Empfang genommen, gepflegt und für den weiteren Transport vorbereitet. Für diesen Dienst standen die Feuerwehrmänner rund um die Uhr bereit, jeden Tag waren 12 bis 15 von ihnen im Einsatz. Einige Feuerwehrmänner leisteten allerdings auch Waffendienst, und zwar als Teil der Bürgerschutzwehr.

Weil die Zusammenarbeit beim Sanitätsdienst so gut funktioniert hatte, trat der Zentralausschuss des Roten Kreuzes fünf Jahre nach Kriegsende an die Feuerwehr heran und regte an, einige Feuerwehrmänner gezielt für den Sanitätsdienst im Kriegsfall auszubilden. Die Feuerwehr gründete nun eine freiwillige Sanitätskolonne, die vom späteren Kommandanten der Feuerwehr, dem Kommerzienrat Georg Brach, zwanzig Jahre lang geleitet wurde.

Telegrafie

Das Jahr 1871 brachte eine wichtige Neuerung: Die fünf Feuerwachtürme wurden telegrafisch mit der Feuerwache in der alten Schrannenhalle verbunden. Dies hatte weit reichende Konsequenzen: Die Türmer konnten ihre Feuermeldungen wesentlich schneller und zuverlässiger übermitteln als mit akustischen Signalen. Allerdings wurde, wenn es irgendwo brannte, noch immer die gesamte Stadt in Aufruhr versetzt, denn die Glockensignale wurden durch die Telegrafie keineswegs überflüssig. Es musste ja die gesamte Mannschaft alarmiert werden, und das ging lange Zeit nur über die Glockensignale. Es vergingen noch dreißig Jahre, ehe der Glockenalarm weitgehend abgeschafft wurde. Dabei hatte er mehr und mehr seinen Sinn eingebüßt, denn es sollte nach Möglichkeit nicht mehr jeder »in Aufruhr geraten« und zum Brandort eilen und helfen wie früher. Die Brandbekämpfung war eine Angelegenheit geworden, die den hilfsbereiten, aber unausgebildeten Bürger überforderte. Die Feuerwehr ging planmäßig und taktisch vor. Jeder Handgriff musste sitzen, alles hatte schnell und reibungslos zu geschehen. Wohlmeinende, aber ahnungslose Helfer waren buchstäblich fehl am Platz.

Die Feuerwehr feiert Jubiläum

1874 wurde die Feuerwehr 25 Jahre alt. Ein Ereignis, das würdig gefeiert werden sollte. Der Vorstand beschloss, das große Jubiläum am 23. und 24. August zu begehen.

Die Festlichkeiten übertrafen alle Erwartungen. Vertreter der Stadt, der Geistlichkeit, der Kreis- und der Landesregierung, ja sogar König Ludwig II. höchstselbst nahmen daran teil; die Festredner priesen das segensreiche Wirken der Wehr.

Da wollte auch die örtliche Presse nicht zurückstehen: »Selten wohl hat ein gemeinnütziges Institut sich eine solche Popularität erworben, wie das der Feuerwehr der hiesigen Stadt; aber selten hat auch ein Verein so hervorragende, weit über die Grenzen des Weichbildes der Stadt hinausgehende Verdienste um das allgemeine Wohl und die Verbreitung wahrer Humanität und deutscher Sitte aufzuzeichnen als die Freiwillige Feuerwehr Augsburg.«

Die freiwillige Feuerwehr und die acht Fabrikfeuerwehren präsentierten sich der Öffentlichkeit in der Maximilianstraße. Es wurden Orden und Ehrendiplome überreicht, König Ludwig II. ließ verkünden, er werde vom Gewinn der München-Aachener Feuerversicherungs-Gesellschaft einen Betrag von 3000 Gulden der Augsburger Feuerwehr zukommen lassen, als Grundstock für den Kauf einer Dampfspritze.

Erste Augsburger Dampfspritze der Fa. Krauss, München
Baugleiche Exemplare wurden nach München und Burghausen geliefert.

Es gab eine spektakuläre Übung mit 890 Teilnehmern und eine große abendliche Feier in der städtischen Schrannenhalle. Insgesamt sollen an den Jubiläumsfeierlichkeiten knapp 12 000 Gäste teilgenommen haben.

Ein Großbrand

23. Mai 1878 gegen 18 Uhr, der Turmwächter signalisiert »Feuer«: Am Perlachberg/Metzgplatz, mitten in der Altstadt, ist ein Lager mit Petroleum und Äther in Brand geraten. Die Flammen schlagen aus dem großen Gebäude. Die Feuerwehr eilt herbei und beginnt mit den Löscharbeiten. Da in dem Gebäude viele leichtentzündliche Stoffe gelagert sind, besteht höchste Gefahr. Gleich zu Anfang kommt es zu einer folgenschweren Explosion: Der Feuerwehrmann Kaminkehrer Thumann ist sofort tot, sechsundzwanzig seiner Kameraden werden schwer verletzt, einer leicht. Die Druckwelle richtet auch an den Nachbargebäuden große Schäden an.

Fünf Feuerwehren aus den Nachbargemeinden kommen den Augsburgern zu Hilfe. Insgesamt sind 26 Löschmaschinen und sieben Steigerrotten mit einer Mannschaftszahl von 700 Mann im Einsatz. Über acht Stunden führen sie einen Kampf mit dem Feuer, dann ist es besiegt. Die Nachlöscharbeiten dauern nochmals acht Stunden; die Brandwache zieht sich über acht Tage hin.

Bis dahin der folgenschwerste Brand in der Geschichte der Feuerwehr. Die Bilanz: Ein Todesopfer und zahlreiche Verletzte. Doch auch der Nachweis, wie effektiv die Feuerwehr schwere Brände bekämpfen konnte, wurde erbracht. Denn es war ihr gelungen, den Brand auf das eine Gebäude zu begrenzen. Dadurch hatte sie eine größere Katastrophe verhindert.

Hilfsfond für Hinterbliebene

In dieser schwierigen Situation hatte sich gezeigt: Die Feuerwehrmänner arbeiteten zuverlässig und effektiv, und sie waren bereit, ihr Leben einzusetzen. Die Augsburger zeigten sich dankbar und anerkennend.

Für die Hinterbliebenen des toten Feuerwehrmanns und seine verwundeten Kameraden wurde ein Hilfsfond eingerichtet, in den auch viele Privatleute einzahlten.

Die Augsburger Feuerwehr vor dem Stadttheater im Jahre 1899.

Wasserversorgung

Auch die Stadt tat durch den Aufbau einer flächendeckenden Wasserversorgung einiges dafür, die Brandbekämpfung zu verbessern. 1878 bekam Augsburg eine neue Wasserleitung mit 650 so genannten Unterflurhydranten, Wasserentnahmestellen, an die nur die Feuerwehr herankam. Ein Jahr später wurde das neue Wasserwerk am Hochablaß eröffnet, was die Wasserversorgung weiter verbesserte.

Um bei kleineren Brandfällen im gesamten Stadtgebiet schnell löschen zu können, richtete die Feuerwehr 47 Hydrantenstationen ein. Diese Stationen konnten von den Feuerwehrmännern genutzt werden, die sich in der Nähe aufhielten oder dort wohnten. Die Hydrantenstationen, zu denen nur die Mitglieder der Feuerwehr Zugang hatten, waren mit einer Schlauchhaspel mit 100 bis 120 Meter Schläuchen, einem Standrohr für die Unterflurhydranten, einem Kupplungsschlüssel und einem Strahlrohr ausgestattet. Die Wiederauffüllung besorgten die jeweiligen Züge.

Die erste Dampfspritze

Bis Ende des 19. Jahrhunderts, vielerorts noch darüber hinaus, war das Löschen ein sehr mühsames Geschäft, für das viele kräftige Männer gebraucht wurden. Denn das Wasser wurde mit Muskelkraft gepumpt. Das war natürlich äußerst anstrengend und die Männer mussten schon nach kurzer Zeit abgelöst werden. Ließen ihre Kräfte nach und gab es nicht genügend Helfer, die einsprangen, brach der Wasserstrahl augenblicklich ab. Das Löschen wurde also unterbrochen.

Die Einführung der Dampfspritze bedeutete daher eine ungeheure Entlastung für die Feuerwehr, namentlich für die Pumpmannschaften. Allerdings hatte so eine Dampfspritze ihren Preis; sie war zwar bereits 1822 erfunden worden, doch zunächst unerschwinglich. Auch später konnten nur große Feuerwehren daran denken, sich eine solche Spritze anzuschaffen.

Die erste Spende für eine Dampfspritze war wie erwähnt bereits zum 25-jährigen Jubiläum eingegangen – 3000 Gulden auf Weisung von König

Verlag von G. Vogrell, Augsburg.

Schulübung bei St. Ulrich.

Gruss vom 50jährigen Jubiläum
der freiwilligen Feuerwehr Augsburg.

Braun'sche Zweizylinder-Dampfspritze, Grösse IV.

Oben: Bei der Augsburger Feuerwehr gehörten Schulübun-
gen in der Maximilianstraße zum immer wiederkehrenden
Rhythmus. Hier im Bild sieht man die Feuerwehr vor dem
Hintergrund der St. Ulrichs-Kirche.

Links: Zum 50-jährigen Jubiläum konnte die zweite, von der
Nürnberger Firma Justus Christian Braun beschaffte Dampfspritze in Dienst gestellt werden.

Ludwig II. Doch reichte diese Summe bei weitem
nicht aus. Und so gingen noch ein paar Jahre ins
Land, ehe die Finanzierung gesichert war. Schließlich hatte die München-Aachener Feuerversicherung noch einen sehr stattlichen Zuschuss in Höhe
von 5000 Gulden gewährt, sodass insgesamt die
Summe von 11300 Gulden zur Verfügung stand.
Diese Summe entsprach letztlich dem Kaufpreis.
Dann stand die Entscheidung an, welches Fabrikat
man erwerben sollte. 1881 war es jedoch endlich
so weit: Die Augsburger Feuerwehr erhielt ihre
erste Dampfspritze von der Münchner Firma Krauss

und Companie (das spätere Unternehmen Krauss-
Maffei).

Weitere Neuorganisationen

Im Laufe der Jahre wurde die Feuerwehr immer
wieder umorganisiert. Dafür gab es die unterschiedlichsten Gründe: Steigende Mitgliederzahl, effekti-
vere Verteilung der Aufgaben oder auch technische
Neuerungen. Eine einschneidende Änderung wurde
1885 vollzogen: Die Retterrotten, die den 5. Zug bildeten, wurden aufgelöst, die Mitglieder auf andere

Züge verteilt. Die Aufgaben der Retter wurden von den Steigern übernommen.

Einen regelrechten Umbruch bedeutete die Neuorganisation im Jahr 1899, die Kommandant Georg Brach in die Wege leitete. Das Jubiläum des 50-jährigen Bestehens und die bevorstehende Jahrhundertwende müssen wie ein Schub gewirkt haben, die Augsburger Feuerwehr grundlegend zu modernisieren. Die Stadt wandte dafür rund 160 000 Mark auf, damals eine ungeheure Summe. Sichtbarstes Zeichen dieser Modernisierung war der Umzug der Feuerwehr in ein neues, größeres Zentralfeuerhaus. Außerdem erhielt die Freiwillige Feuerwehr professionelle Unterstützung, eine Berufsfeuerwehr wurde gegründet. Mehr dazu im nächsten Kapitel.

Aber es gab noch eine Reihe weiterer Änderungen: Es wurden zwei Filialfeuerhäuser eingerichtet, die Züge wurden in Kompanien umbenannt, eine zweite Dampfspritze wurde angeschafft (von der Firma Justus Christian Braun aus Nürnberg), vier

der fünf Turmwachen wurden eingestellt, nur die Wache auf dem Perlachturm blieb bestehen. Die ehemaligen Turmwächter wurden allerdings nicht beschäftigungslos; sie zählten zu den ersten Mitgliedern der Berufsfeuerwehr. Außerdem wurde das veraltete Feueralarmsystem vollkommen modernisiert.

Das neue Alarmsystem

Als Teil des neuen Alarmsystems wurde eine elektrische Feuermeldeanlage in Betrieb genommen, die zentrale Feuerwache konnte nun von 57 öffentlichen Feuermeldestellen im gesamten Stadtgebiet erreicht werden. Dadurch verkürzte sich die Reaktionszeit erheblich. Vorher musste das Feuer ja von den Türmern bemerkt und lokalisiert werden. Die Wachtposten hatten von ihren Türmen zwar eine gute Übersicht, doch die Brände hatten meist schon ein gewisses Ausmaß erreicht, ehe sie wahrgenommen wurden. Gerade wenn ein Feuer in einiger Entfernung ausbrach, wurde es von der Turmwache erst spät bemerkt. Jetzt konnte jeder Alarm geben und ein Feuer bereits melden, wenn

Der Dampfspritzenzug I war ein wichtiger Bestandteil der Freiwilligen Feuerwehr Augsburg.

Chronik
der Feuerwehrgeschichte

1847   Erster Aufruf zur Gründung einer freiwilligen Feuerwehr

1849   Gründung des »Augsburger Lösch- und Rettungsvereins
bei Feuersgefahr«

1854   Gründung der Unterstützungskasse
Die »Augsburger Schubleiter« wird konstruiert

1859   Umorganisation: Drei Abteilungen: Turner, Retter, Löscher.
Bezeichnung »Augsburger Feuerwehr« wird eingeführt.
Feuerwehr eröffnet eigenes Depotgeschäft für Löschgeräte

1862   Vierter Deutscher Feuerwehrtag in Augsburg
Erste Werkfeuerwehren

1864   Erstes Exerzierreglement

1866   Die Wertachvorstädte stellen einen
eigenen Feuerwehrzug auf, den 4. Zug der
Augsburger Feuerwehr

1867   Erstes Todesopfer bei der Feuerwehr: Ein einstürzender Kamin
erschlägt einen Feuerwehrmann

1868   Gründung des Bayerischen Landesfeuerwehrverbands

1869   Augsburg tritt dem Bayerischen Landesfeuerwehrverband bei
Umorganisation: Anstelle der Abteilungen fünf Züge

1870   Während des deutsch-französischen Krieges leistet die Feuerwehr
Sanitätsdienst

1871   Die Feuerwachtürme werden telegrafisch mit der Feuerwache
verbunden

1873	Erste Feuersicherheitswache im Stadttheater
1874	Große Jubiläumsfeier zum 25-jährigen Bestehen
1876	Gründung der freiwilligen Sanitätskolonne
1878	Erster Großbrand Neue Wasserleitung mit 650 Unterflur-Hydranten
1879	Eröffnung des neuen Wasserwerks Vorstadt »links der Wertach« erhält eigenen Feuerwehrzug
1880	Gründung des Bezirks-Feuerwehrverbands Augsburg-Stadt
1881	Erste Dampfspritze für die Augsburger Feuerwehr Feuerwehr errichtet 47 eigene Hydrantenstationen
1884	Neue mechanische Leitern (mit 20 Metern Steighöhe) für die Steiger
1885	Fünfter Zug (Retter) wird aufgelöst
1888	Gründung der Sterbekasse für Feuerwehrmänner
1899	Bezug des neuen Zentralfeuerhauses Modernisierung der Feuerwehr Elektrische Feuermeldeanlage; erste öffentliche Feuermelder Große Jubiläumsfeier zum 50-jährigen Bestehen.

Die Gründung der Berufsfeuerwehr

Die Anfänge der Berufsfeuerwehr waren recht bescheiden. »Es war zunächst nur ein Versuch«, urteilte einige Jahre später der damalige Chef der Augsburger Feuerwehr, Georg Brach. Genau genommen handelte es sich bei der Berufsfeuerwehr um eine Rumpfmannschaft. Ganze 17 Mann gehörten ihr an: ein Oberfeuerwehrmann, neun Feuerwehrleute, vier Fahrer, ein Telegrafenmechaniker und die beiden verbliebenen Turmwächter vom Perlachturm, die aus dem Feuerwehretat bezahlt wurden.

Die Männer wurden auf die drei Feuerhäuser (Hauptwache und die beiden Filialfeuerhäuser) verteilt und sorgten ab dem 1. Juli 1899 für den Brandschutz der Stadt. Dies war natürlich nur möglich, weil sie auf die starken und gut organisierten Kompanien der freiwilligen Feuerwehr zurückgreifen konnten, die sie je nach Bedarf »zualarmierten«.

Die ersten Berufsfeuerwehrmänner waren nicht, wie man vielleicht erwartet hätte, bewährte Kräfte der freiwilligen Feuerwehr, es waren vielmehr die bereits erwähnten ehemaligen Turmwächter und städtischen Brandwächter, die nun eine neue Aufgabe bekamen. Der bisherige Erste Turmwächter Alois Brand wurde Oberfeuerwehrmann und damit Leiter der Berufsfeuerwehr. Er blieb allerdings nur 15 Monate im Amt, dann übernahm Josef Zwickenpflug die Leitung. Zwickenpflug hatte bereits in München bei der Berufsfeuerwehr als Oberfeuerwehrmann gearbeitet und wechselte nun nach Augsburg.

Die Berufsfeuerwehr war dem Leiter der freiwilligen Feuerwehr unterstellt, in den Anfangsjahren war das Kommandant Georg Brach, der hinfort den Titel »Oberkommandant« führte. Freiwillige und Berufsfeuerwehr arbeiteten eng zusammen. Lange Jahre konnte die freiwillige Feuerwehr ihre vorherrschende Stellung behaupten, vor allem im öffentlichen Bewusstsein spielte die Berufsfeuerwehr zunächst nur eine Nebenrolle.

Tatsächlich war ja die Berufsfeuerwehr von der freiwilligen Feuerwehr gegründet worden. Das Kommando richtete ein Schreiben an den Magistrat, eine »Dienstanweisung«, in der Organisation und Aufgaben der Berufsfeuerwehr genau beschrieben waren. Der Magistrat erteilte seine Zustimmung. Die Dienstanweisung ist also gleichsam die amtlich beglaubigte »Geburtsurkunde« der Berufsfeuerwehr.

Feuerwehrmann als Beruf

»Als Berufsfeuerwehrmann kann nur aufgenommen werden, wer eine mehrjährige, fleißige Dienstzeit in der Freiwilligen Feuerwehr Augsburg zurückgelegt hat, eine gute Führung nachweisen kann, beim Militär gedient hat und in jeder Beziehung gesund und körperlich rüstig ist«, legte die Dienstordnung fest. Bewerber sollten das 35. Lebensjahr nicht überschritten haben, eine Regelung, die im darauffolgenden Jahr noch verschärft wurde, nun galten 28 Jahre als Obergrenze.

Die Berufsfeuerwehrmänner hatten umfangreiche Pflichten: Sie versahen den Wachdienst in den Feuerhäusern und kümmerten sich um den Zustand »sämtlicher Lösch- und Rettungsgerätschaften«, also vor allem derjenigen, die von den Mitgliedern der freiwilligen Feuerwehr benutzt wurden. Sie mussten mit allen Löschgeräten und den Hydranten umgehen können und auch im Schlauchlegen geübt sein. Grundsätzlich neu war, dass sie sich auch »mit dem gesamten Alarmwesen vertraut« machen mussten. Dazu gehörte die Reparatur und Instandsetzung der neuen Alarmsysteme. Denn die Nachrichtentechnik spielte nun für die Feuerwehr eine zentrale Rolle.

Nach 48 Stunden Wachdienst hatten die Feuerwehrmänner 24 Stunden dienstfrei. Wobei sie sich auch in ihrer dienstfreien Zeit für besondere Aufgaben bereitzuhalten hatten. So konnten sie zum

1901 wurde die Feuerwehr der Maschinenfabrik Augsburg-Nürnberg als 15. Kompanie in den Verband der Augsburger Feuerwehren eingereiht. Die MAN gehörte damals noch zum Gutehoffnungshütte-Aktienverein, der 1758 gegründet wurde und seinen Stammsitz ursprünglich in Nürnberg hatte.

Wachdienst im Theater oder bei größeren Veranstaltungen verpflichtet werden. Und wenn ein Feuer ausbrach, mussten sie sich ohnehin in ihrem Feuerhaus einfinden.

Darüber hinaus verpflichteten sich die Feuerwehrleute zu einem einwandfreien und tadellosen Lebenswandel. Ein »musterhaftes und ehrenhaftes Benehmen« wurde vorausgesetzt. »Nüchternheit, Ordnungsliebe, Entschlossenheit und Umsicht sind Grundbedingungen«, formulierte Paragraf 27 der Dienstanweisung. Mit Nachdruck wurde verlangt, »insbesondere mit den Mitgliedern der freiwilligen Feuerwehr zuvorkommend und dienstfreundlichst (zu) verkehren«.

Diese Bestimmungen mögen heute recht rigide erscheinen, damals gingen sie den Verantwortlichen aber noch nicht weit genug, denn sie wurden im folgenden Jahr durch einige Ergänzungen weiter verschärft: Wer Berufsfeuerwehrmann werden wollte, musste eine handwerkliche Ausbildung als Mechaniker, Schlosser Schmied oder Bauhandwerker nachweisen. Er hatte ledig zu sein und durfte frühestens nach vierjähriger Dienstzeit die Ehe schließen. Ledige waren verpflichtet, sich bei Bedarf auf der Wache kasernieren zu lassen. Und schließlich wurde noch eine vierwöchige Probezeit festgeschrieben. Die Kündigungsfrist betrug im Übrigen ebenfalls vier Wochen.

Selbstverständlich waren die Feuerwehrmänner verpflichtet, ihren Vorgesetzten »jederzeit unbedingten Gehorsam« zu leisten. Wer seinen Pflichten nicht nachkam, der erhielt einen Verweis oder musste in schweren Fällen sogar mit seinem sofortigen Ausschluss rechnen. Derartige Regelungen standen nicht nur auf dem Papier. Wie der Jahresbericht der Feuerwehr für das Jahr 1901 mitteilt, wurden nicht nur fünf Verweise erteilt, eine Strafwache und eine Strafarbeit verhängt, sondern bereits ein Feuerwehrmann aus dem Corps entlassen. Dabei lobt der Bericht die Disziplin der Mannschaft insgesamt als »sehr gut«.

Bemerkenswert in dieser frühen Phase sind auch die nicht gerade üppigen »Urlaubsgewährungen«: Neunmal wurde ein Tag gewährt, dreimal zwei Tage und einmal vierzehn Tage – bezogen auf die gesamte Berufsfeuerwehr! In den kommenden Jahren wurde die Zahl der Berufsfeuerwehrmänner Schritt für Schritt erhöht, denn der Bedarf an professionellen Kräften nahm stetig zu.

Der Oberfeuerwehrmann

Der Oberfeuerwehrmann (später: Brandinspektor) war der oberste Vorgesetzte der Berufsfeuerwehr. Er stand unter dem Kommando der freiwilligen Feuerwehr, sein Rang entsprach dem eines Zugführers.

Für ihn gab es im Hauptfeuerhaus eine Dienstwohnung, für die er keine Miete zu bezahlen brauchte, da er neben seinen anderen Verpflichtungen auch noch als Hausmeister im Gebäude tätig war.

Er trug die Verantwortung dafür, dass die Berufsfeuerwehr ihre Aufgaben erfüllte. Er überwachte den Zustand der Lösch- und Rettungsgeräte und inspizierte in kurzen Abständen die Filialfeuerhäuser. Im Hauptfeuerhaus übernahm er als Verantwortlicher den Wachdienst, der rund um die Uhr aufrechterhalten wurde. Dabei wechselte er sich mit dem Telegrafenmechaniker ab. Deshalb musste er mit den Alarmeinrichtungen ebenso gründlich vertraut sein wie der Fachmann.

Voraussetzung war daher, dass er eine abgeschlossene Berufsausbildung als Mechaniker, Schlosser oder Schmied hatte und besondere Fachkenntnisse nachweisen konnte. Außerdem sollte sich der Oberfeuerwehrmann bereits längere Zeit als Mitglied der Augsburger Feuerwehr bewährt haben. Dies war jedoch keine zwingende Voraussetzung, denn die ersten beiden Amtsinhaber erfüllten diese Forderung nicht.

Der Telegrafenmechaniker

Der Telegrafenmechaniker war die Nummer zwei der Berufsfeuerwehr. Er wechselte sich beim Wachdienst mit dem Oberfeuerwehrmann ab und musste wie dieser in der Lage sein, einen Einsatz zu leiten.

In erster Linie war er jedoch für die Überwachung der Alarmeinrichtungen verantwortlich, also für die Feuermelder, die Telefonanlagen und die Läutwerke. Er musste sich um ihre Instandhaltung, Reinigung und Reparatur kümmern – und zwar in der so genannten »dienstfreien Zeit«, also wenn er keinen Wachdienst hatte. Unterstützung erhielt er von den Berufsfeuerwehrmännern, denen er Weisungen erteilen konnte. Der Telegrafenmechaniker selbst stand unter Aufsicht des städtischen Bauamts, das von Zeit zu Zeit den Zustand der Anlagen eingehend überprüfte.

Signalist. Wehrmann. Sektionsführer. Kommandant.   Inspektoren.   Vorstand. Sanitätsmann. Zugführer. Wehrmann. Ordnungsmann.
I. Zug.   Kreisvertreter. Bezirksvertreter.   II. Zug.

Uniformen und Ausrüstungen der bayerischen Feuerwehren 1908

Bewerber mussten nicht nur fachliche Kenntnisse in Schwachstromtechnik nachweisen, eine gute Gesundheit und ein tadelloser Leumund waren ebenso Voraussetzung. Als Altersgrenze galt 40 Jahre. Auch der Telegrafenmechaniker bezog eine Dienstwohnung im Hauptfeuerhaus. Die Kosten für Miete, Heizung und Beleuchtung wurden ihm vom Lohn abgezogen.

Die Uniformen

Äußerlich waren die Angehörigen der Berufsfeuerwehr von denen der freiwillige Feuerwehr nur schwer zu unterscheiden. Die Mannschaften trugen den gleichen Uniformrock. Auch der Oberfeuerwehrmann erhielt einen schwarzgrauen Rock mit schwarzem Tuchkragen wie ein Zugführer der freiwilligen Feuerwehr. Die Mäntel waren einheitlich schwarzgrau ebenso die Hosen, die mit einem roten Streifen an der Hosennaht versehen waren. Eindeutiges Erkennungszeichen für die Berufsfeuerwehr waren jedoch die Achselklappen mit den verschlungenen Buchstaben »BF« in gelber Seide.

Zur Ausrüstung gehörten außerdem die Dienstmütze, ein Messinghelm und ein Steigergurt mit Beil. Die Fahrer erhielten nur den Helm und einen Spritzengurt sowie schwarze Fahrhandschuhe aus Waschleder. Die Uniformen waren Eigentum der Stadt und durften nur im Dienst getragen werden.

Doch die neuen Uniformen blieben nicht lange in Gebrauch: Auf der Landesfeuerwehrversammlung am 8. September 1905 in Passau einigten sich die bayerischen Feuerwehren auf eine landesweit einheitliche Uniformierung. Manchem Feuerwehrmann fiel es nicht leicht, sich von seiner Uniform zu trennen, denn sie war ja ein Stück lokaler Tradition, das nun aufgegeben werden musste. Immerhin durften die Feuerwehrmänner ihre alten Uniformen noch auftragen. Spätestens aber am 1. Mai 1911 mussten überall in Bayern die einheitlichen Uniformen getragen werden.

Die ersten Einsätze

Sehr schnell zeigte sich, dass die Berufsfeuerwehr personell aufgestockt werden musste. Dies geschah bereits 1901, nicht einmal zwei Jahre nach der Gründung, die Zahl der Feuerwehrmänner wurde auf 18 erhöht, also verdoppelt. Außerdem kamen zwei »Gefreite« hinzu, die als Wachkommandant den Oberfeuerwehrmann vertreten konnten. Mit zunehmender Personalstärke wurden auch die

Ränge höher: Aus dem Telegrafenmechaniker wurde der Obertelegrafist, aus dem Oberfeuerwehrmann der Brandmeister, während die Gefreiten wiederum zu Oberfeuerwehrmännern wurden. Später kamen noch Sektionsführer hinzu, die sich vornehmlich um die Maschinen kümmerten.

Bereits in den ersten Jahren kam es zu mehreren größeren Bränden, so am 26. Januar 1901 in der Brauerei Kuhr in der Jakoberstraße oder am 21. März 1903 in der Fasshalle der Brauerei Neumeyer, bei dem es zu einem tragischen Unglücksfall kam. Der Feuerwehrmann Karl Rettenmayr stürzte von einer Rettungsleiter und erlag seinen Verletzungen.

Am 11. Mai 1906 gab es eine Explosion in der Blaugasfabrik. Am 2. Januar 1908 stand die Nähfadenfabrik Göggingen in Flammen, bei arktischen Temperaturen von minus 20 Grad war die Brandbekämpfung außerordentlich schwierig, da das Löschwasser immer wieder gefror.

Am 21. Oktober 1910 brannte die Augsburger Konzerthalle im Stadtgarten ab. Das Feuer wurde erst spät gemeldet, sodass die Feuerwehr die Halle nicht mehr retten konnte. Offenbar habe man die Turmwächter ein wenig vorschnell abgeschafft, bemerkte die örtliche Presse und forderte, wenigstens auf dem Ulrichsturm die Turmwache wieder einzuführen. Denn vom Ulrichsturm, der höher ist als der Perlachturm, wäre das Feuer im Stadtgarten sicher »reichlich früher bemerkt« worden. Doch die Zeiten der Turmwache waren endgültig vorbei. Seit der Reform des Alarmwesens 1899 war kein einziger Brand von der Turmwache als erstes entdeckt worden.

1901 verfügte die Berufsfeuerwehr über:
▶ 1 bespannbare mechanische Schiebleiter
▶ 2 bespannbare Dampfspritzen
▶ 5265 Meter Schläuche.
Im gesamten Stadtgebiet gab es 970 Unterflurhydranten.

Beim Brand in der Chevaulegerskaserne am 4./5. Januar 1908 hatte die Augsburger Feuerwehr alle Hände voll zu tun.

Oben und oben rechts: Immer wieder kam es in der Textilindustrie zu Großbränden, wie hier in der Wertach-Spinnerei am 28. Februar 1912.

Rechts: Nach der Jahrhundertwende wurde die Feuerwehr
zunehmend auch bei schweren Schadensereignissen gerufen, wie hier beim Eisenbahnunglück in Hochzoll am
23. Oktober 1908.

Unten: Bemerkenswert ist die große Anzahl der zur Bedienung der Gerätschaften erforderlichen Feuerwehrmänner,
die bei dieser Übung der 4. Kompanie im Innenhof der
Chevaulegerskaserne (im Hintergrund Stallungen) eingesetzt wurden.

Die Feuerwehr als Wasserwehr

Im Juni 1910 kam es in Augsburg zu einem schlimmen Hochwasser. Ergiebiger Regen und die Schneeschmelze in den Alpen führten dazu, dass Lech und Wertach über die Ufer traten. Weite Teile der Stadt waren überschwemmt, die Einwohner bewegten sich auf improvisierten Stegen durch die Straßen. Doch es kam noch schlimmer: Am Abend des 16. Juni stürzte das Wehr am Hochablaß zusammen und die Wassermassen rissen alles mit, was sich ihnen in den Weg stellte. Große Teile des Ufers wurden fortgerissen und der Pegel stieg weiter. Ein Gasthaus und ein Biergarten mit riesigen Kastanienbäumen wurden einfach weggeschwemmt und kurz darauf riss das Wasser das alte Schleusenhaus mitsamt dem alten Lindenbestand fort.

Die Feuerwehr hatte nach besten Kräften versucht, das Hochwasser zu bekämpfen, doch war sie für diese Aufgabe nicht richtig gerüstet. Ihre ureigenste Aufgabe war ja der Kampf gegen das Feuer und nicht der gegen das Wasser. Aber zu ihrer Kernaufgabe waren nach und nach immer neue hinzugekommen. Fast überall, wo den Bürgern Gefahren drohten, war die Feuerwehr zumindest auch mit zuständig.

Und so stellte die Feuerwehr noch im gleichen Jahr eine »Wasserwehr« auf die Beine. Nach den Hochwassern von 1909 und 1910 geschah dies übrigens auch in anderen bayerischen Gemeinden. Das so genannte Wassergesetz vom März 1907 verpflichtete sie zwar ohnehin, Mannschaften zum »Schutz gegen Wassergefahr« aufzustellen; nur war dieses Gesetz bis dahin noch nicht recht umgesetzt worden. Nun wurde vielerorts die Feuerwehr mit dem »Wasserdienst« beauftragt.

Die Augsburger Wasserwehr unternahm 1913 eine großangelegte Übung, um bei Überschwemmungen besser vorbereitet zu sein. Das Stauwehr am Hochablaß wurde in den folgenden Jahren wieder aufgebaut; es steht heute noch. Bis 1935 besaß die Wasserwehr übrigens keine eigenen Boote oder Kähne.

Beim Lechhochwasser von 1910 wurde die Jakoberstraße überflutet.

Die Feuerwehr wurde 1913 bei Dammsicherungsarbeiten als »Wasserwehr« eingesetzt.

Augsburg wächst

Zwischen 1910 und 1916 gab es eine Reihe von Eingemeindungen, durch die sich Augsburg weiter ausdehnte.

1910 kam die Gemeinde Siebenbrunn hinzu, ein Jahr später die Gemeinden Oberhausen und Pfersee, 1913 Lechhausen und Hochzoll sowie 1916 die Gemeinde Kriegshaber. Zwar bekam Augsburg durch diese Eingemeindungen mehrere freiwillige Feuerwehren hinzu, andererseits war nun die Berufsfeuerwehr für ein wesentlich größeres Gebiet zuständig. Die Entfernung von der Hauptfeuerwache bis zum äußersten Stadtrand verlängerte sich auf 9,5 Kilometer.

Wegen der Eingemeindungen musste die Zahl der Berufsfeuerwehrmänner weiter erhöht werden. Dies geschah auch in Maßen, immerhin kamen bis 1912 acht neue Bedienstete bei der Augsburger Berufsfeuerwehr hinzu. Als jedoch der Erste Welt-

krieg ausbrach, war an eine weitere Verstärkung vorerst nicht mehr zu denken.

Eine weitere Veränderung betraf die Filialfeuerhäuser: Die Wache in der Jakobervorstadt wurde 1910 aufgelöst. Damit besetzte die Berufsfeuerwehr nur noch das Filialfeuerhaus in der Wertachvorstadt.

Die Feuerwehrpferde

Dass die Feuerwehr über eigene Pferde verfügte, hatte zwar den Vorteil, dass sofort angespannt werden konnte. Der Nachteil war jedoch, dass nun auch für die Pferde gesorgt werden musste. Und das kostete viel Geld, viel Zeit und viel Platz. Anders als ein Automobil, brauchten die Pferde jeden Tag Futter und Bewegung; egal, ob sie nun im Einsatz gewesen waren oder nicht. Zudem stiegen mit der Zeit die Kosten für die Pferdehaltung stark an. Für uns klingt es vielleicht ein wenig kuri-

Die Feuerwehr im Einsatz

Feueralarm

Wenn es irgendwo brannte, konnte die Feuerwehr in der Regel recht schnell verständigt werden. Es gab zahlreiche öffentliche Feuermelder und ein Telefonnetz, das sich zwar noch im Aufbau befand, jedoch immer dichter und damit immer wichtiger wurde. Und schließlich existierte noch die Wache auf dem Perlachturm, die ebenfalls telegrafisch Feuer melden konnte.

Im Zentralfeuerhaus saß rund um die Uhr ein Posten an den Apparaten bereit, um die Meldungen aufzunehmen und weiterzuleiten. Er war der einzige der Wachmannschaft, der bei einem Brand zurückbleiben musste, die übrigen Männer – in der Regel der Oberfeuerwehrmann oder sein Stellvertreter, ein Gefreiter, sechs Feuerwehrmänner und der Fahrer – rückten im Mannschafts- und Gerätewagen aus. Der Oberfeuerwehrmann musste entscheiden, ob Dampfspritze und Leiterwagen ebenfalls bespannt werden und ausrücken mussten. Bei einem Großfeuer wurde zusätzlich die freiwillige Feuerwehr verständigt.

Die Feuerwehr rückt aus

Wenn genügend eigene Pferde zu Verfügung standen, konnte recht schnell angespannt werden. War dies nicht der Fall, musste wie in alten Zeiten auf die Pferde von Fuhrwerksbesitzern zurückgegriffen werden, die in der Nähe wohnten.

Auf jeden Fall sollte der Mannschaftswagen – von zwei Pferden »im raschen Trabe« gezogen – als erster am Brandort erscheinen. Der Gefreite saß links vom Fahrer auf dem Kutschbock und läutete vor jeder Straßenkreuzung die Alarmglocke, um die anderen Verkehrsteilnehmer aufzufordern, Platz zu machen. Dabei sollte »unnöthiges Läuten, besonders bei Nachtzeit« vermieden werden.

Wenn die Feuerwehr den Brandort erreichte, gab der Oberfeuerwehrmann das Signal »Halt« und begab sich zunächst nur mit dem Gefreiten direkt zum Brand. Die übrigen Feuerwehrleute blieben bei den Geräten, bis der Oberfeuerwehrmann das Signal zum »Angriff« erteilte. Dann konnte die Brandbekämpfung beginnen.

Oben: Die 2. Kompanie der Freiwilligen Feuerwehr Augsburg – mal nicht im Einsatz.

Rechts: Auch die 5. Kompanie der Freiwilligen Feuerwehr Augsburg hielt regelmäßig Übungen ab, wie hier in Oberhausen.

Die große mechanische Leiter für den Pferdezug der 6. Kompanie (Baumwollspinnerei am Stadtbach) war ein Prunkstück dieser Abteilung.

os, doch von der Münchner Feuerwehr ist überliefert, dass sie für ein Pferdegespann im Jahr rund 4000 Mark aufwenden musste, während ein Berufsfeuerwehrmann nicht einmal die Hälfte davon an Gehalt bekam. Die Verhältnisse in Augsburg dürften ähnlich gewesen sein.

Für die Pferde war das Leben bei der Feuerwehr recht strapaziös. Bei einem Einsatz wurden sie nicht geschont. Sie mussten schwere Geräte ziehen, die Dampfspritze, den Leiterwagen oder den Mannschaftswagen, so schnell es eben ging, denn jeder Einsatz war auch ein Wettlauf gegen die Zeit. Wo die Pferde zum Einsatz kamen, war es meist gefährlich. Eine zusätzliche Belastung, denn natürlicherweise wären sie eher von einem Feuer weg- als darauf zugelaufen. Am Brandort oder in seiner Nähe mussten die Tiere oft sehr lange ausharren, bis das Feuer gelöscht war.

Wegen der Summe dieser Strapazen konnte es nicht ausbleiben, dass die Feuerwehrpferde hin und wieder nicht einsatzbereit waren. Sie erkrankten oft, waren ermattet oder hatten sich verletzt. Dann musste Ersatz beschafft werden, was sich zusehends schwieriger gestaltete, da die Pferdehaltung allgemein zurückging.

Um die Pferde einerseits zu entlasten und sie andererseits doch jederzeit zur Verfügung zu haben, traf die Feuerwehr mit der städtischen Straßenreinigungsanstalt eine Vereinbarung: Ab dem 1. Januar 1913 stellte die Straßenreinigung jeden Tag sechs Pferde für die Bespannung der Dampfspritze, Drehleiter und des Mannschaftswagens zur Verfügung. Vier davon bekam das Zentralfeuerhaus, zwei die Nebenwache in der Schwimmschulstraße.

Doch auch diese Lösung stellte die Feuerwehr nicht vollkommen zufrieden. Die Kosten blieben der Stadt ja erhalten, in der Folge stiegen sie weiter an. Die Zeit der Feuerwehrpferde ging unweigerlich zu Ende. 1922 wurden vier der Pferde an die Straßenreinigung zurückgegeben, denn nun besaß die Berufsfeuerwehr einen kompletten motorisierten Löschzug.

Das erste Automobil

Zwar hatten Carl Benz und Gottlieb Daimler bereits 1885/86 das Patent für ihre Motorkraftwagen erhalten (Daimler erhielt 1888 sogar das Patent für eine motorgetriebene Feuerspritze), doch kam das Automobil für die Feuerwehr lange Zeit aus vielerlei Gründen nicht in Frage. Zunächst einmal waren die Anschaffungskosten sehr hoch, dann galten die ersten Fahrzeuge als nicht besonders zuverlässig. Außerdem musste erst Personal für den Betrieb und die Wartung dieser neuartigen Maschinen ausgebildet werden. Und schließlich konkurrierten mehrere Antriebssysteme miteinander, die alle gewisse Nachteile hatten.

Zunächst der Benzinmotor, er hatte unter Brandfachleuten lange Zeit den schlechtesten Ruf. Mit einem so feuergefährlichen Treibstoff zu einem Brand zu fahren, das erschien ihnen unverantwortlich. Zweitens gab es Dampfautomobile, die allerdings entweder erst nach umständlichen Einheizen in Bewegung gesetzt werden konnten oder aber ständig unter Dampf gehalten werden mussten. Drittens gab es Fahrzeuge mit Elektroantrieb.

Diese Antriebsvariante zeichnete sich zwar durch Zuverlässigkeit aus, doch war die Reichweite relativ begrenzt. Bei längeren Einsätzen oder gar Überlandfahrten bestand immer die Gefahr, dass die Batterie plötzlich leer war und das Fahrzeug liegen blieb.

Als in Hannover 1901 der erste Automobil-Löschzug der Welt in Dienst gestellt wurde, war das durchaus eine umstrittene Sache. Die Augsburger Feuerwehr schaffte 1911 ihr erstes motorbetriebenes Fahrzeug an, einen »elektroautomobilen Mannschaftswagen mit eingebauter Benzin-Rundlauf-Pumpe«.

Das Fahrzeug wurde von der Justus Christian Braun AG in Nürnberg gefertigt, ein hochwertiges Einzelstück, dessen Ausstattung im Detail vertraglich festgeschrieben wurde. Zwei elektrische Radnabenmotoren mit je acht bis zehn PS erlaubten eine Höchstgeschwindigkeit von 35 Stundenkilometern, auf »gut gefestigter Straße« konnte eine Durchschnittsgeschwindigkeit von 30 Stundenkilometern erreicht werden, was damals für so ein Fahrzeug als ungewöhnlich schnell gelten konnte. Je nach Länge und Zustand des Weges erreichte die Feuerwehr ihr Ziel fünf mal schneller als mit Pferdebespannung. Damit sich die Stadträte persönlich von der Schnelligkeit des Automobils überzeugen konnten, veranstaltete das Oberkommando am 7. Oktober 1913 für den Magistrat sogar eine Demonstrationsfahrt.

Steigungen bis zu zwölf Prozent konnten mit dem Fahrzeug überwunden werden. Bei voll aufgeladener Batterie besaß der Wagen auf ebener, asphaltierter Strecke eine Reichweite von 70 Kilometern. Gesteuert wurde vom rechten, gebremst vom linken Fahrersitz aus. Der »elegante Fahrsitz für drei Mann« diente gleichzeitig als zweiter Requisitenkasten und

Voller Stolz präsentiert
die Feuerwehr ihr
erstes Automobil.

Die Berufsfeuerwehr Augsburg in den Jahren vor dem Ersten Weltkrieg

konnte seitlich beladen werden. Hinten fanden acht Feuerwehrmänner Platz. Die Vorder- und Hinterräder hatten Vollgummireifen, einen Durchmesser von 85 cm und ein Profil von 12 cm!

Hinten am Wagenrahmen über der Hinterachse war der Vierzylinder-Benzinmotor (35 PS) für die Pumpe untergebracht. Ihre Leistung war beachtlich: Sie förderte 1000 bis 1200 Liter Wasser pro Minute.

Für das Feuerwehrkommando wurde noch im gleichen Jahr ein PKW angeschafft, ein Fiat Turin, Baujahr 1909, mit 4 Zylindermotor, der 10,5 PS leistete. Mit diesen beiden Fahrzeugen war die Berufsfeuerwehr erheblich mobiler geworden.

Allerdings blieb der Mannschafts- und Spritzenwagen nicht lange in Gebrauch. 1915 kam es zu einem Unfall. Als das Fahrzeug in einer Kurve ins Schleudern geriet, brach das linke Hinterrad und die Achse wurde stark verbogen. Soweit wir wissen, kam niemand zu Schaden. Ein Jahr später musste der Wagen wegen »Kurzschluss eines Ankers« erneut repariert werden. Die Reparatur war kompliziert und konnte nicht von der Feuerwehr selbst durch-

führt werden. Ungünstigerweise existierte die Herstellerfirma Braun in Nürnberg nicht mehr, und so war es recht schwierig, einen geeigneten Betrieb für die Reparatur zu finden – zumal während des Ersten Weltkriegs.

Durch Vermittlung der Münchner Feuerwehr gelang es schließlich dennoch. Eigentlich war die Augsburger Feuerwehr mit dem Fahrzeug ja sehr zufrieden, doch dass die Herstellerfirma nicht mehr existierte, war sehr ungünstig. Und so wurde die Spritze 1920 an die Augsburger Firma Hermann Kurz für 145 000 Mark verkauft.

1911 besaß die Berufsfeuerwehr eine elektrische Automobilspritze, einen PKW, eine bespannbare Drehleiter mit Kohlensäureantrieb, eine bespannbare Dampfspritze sowie 6765 Meter Schläuche. Im gesamten Stadtgebiet gab es 2550 Unterflurhydranten und 120 Überflurhydranten.

Georg Brach tritt zurück

Am 27. April 1912 feierte Oberkommandant Georg Brach sein 50-jähriges Dienstjubiläum, eine festliche Veranstaltung, an der die Spitzen von Stadt, Staat und Landesfeuerwehr teilnahmen. Brach war mit 23 Jahren der Feuerwehr beigetreten und hatte über 30 Jahre als Oberkommandant ihre Geschicke bestimmt. Ihm war im Wesentlichen die große Reform von 1899 zu verdanken, eine kluge, behutsame und effektive Modernisierung. Brach kann durchaus als »Vater der Berufsfeuerwehr« gelten, denn er hat den »Versuch« maßgeblich initiiert, die freiwillige Feuerwehr durch eine Kernmannschaft von Berufsfeuerwehrmännern zu unterstützen.

Der Jubilar, immerhin schon 72 Jahre alt, erklärt zum 1. März 1913 seinen Rücktritt. Sein Nachfolger wird der gebürtige Pfälzer Georg Voegeli, seit 1899 Mitglied der freiwilligen Feuerwehr Augsburg.

Georg Brach wird vielfach geehrt: Die freiwillige Feuerwehr gründet die Georg-Brach'sche Wohl-tätigkeitsstiftung zur Unterstützung in Not geratener Feuerwehrmänner. Brach wird Ehrenmitglied der Feuerwehr und Ehren-Oberkommandant mit Sitz und Stimme im Kommando, die Stadt Augsburg verleiht ihm die Ehrenbürgerwürde. Und nicht zuletzt wird ihm zu Ehren der »Augsburger Feuerwehrmarsch« komponiert.

Auch heute noch ist Georg Brach nicht vergessen. Bereits 1915 wurde im Sitzungssaal der freiwilligen Feuerwehr eine Gedenktafel für ihn angebracht. Diese Ehrentafel hängt seit 1975 in der Hauptfeuerwache in der Berliner Allee.

Die Feuerwehr im Ersten Weltkrieg

Von den mittlerweile 38 Bediensteten der Berufsfeuerwehr wurden 29 gleich zu Beginn des Ersten Weltkriegs eingezogen. Die verbleibenden neun Männer wären natürlich nicht in der Lage gewesen, den Betrieb aufrechtzuerhalten. Doch zum Glück gab es ja die gut ausgebildete freiwillige Feuer-

Kommerzienrat Georg Brach, Oberkommandant der Augsburger Feuerwehren (sitzend Mitte), ist hier bei seinem 50-jährigen Dienstjubiläum im Kreise der dienstzeitältesten Mitglieder (mindestens 50 Jahre) der freiwilligen Feuerwehr zu sehen.

Auch ein Musikzug gehörte der Augsburger Feuerwehr an.

wehr. Und so wurden 29 ehrenamtliche Feuerwehrmänner auf unbestimmte Zeit bei der Berufsfeuerwehr angestellt – gewissermaßen als Vertretung im Kriegsfall.

Dabei hatte die freiwillige Feuerwehr nicht weniger unter dem kriegsbedingten Personalschwund zu leiden. Alles in allem wurden 867 Augsburger Feuerwehrmänner einberufen. Als Behelf wurde gleich 1914 eine Bürgerwehr gegründet, in der in erster Linie ältere und sehr junge Männer Dienst taten. Erstmalig wurde auch in Erwägung gezogen, ob nicht Frauen und Mädchen »zur Hilfeleistung herangezogen« werden könnten. In einigen Gemeinden im Regierungsbezirk Schwaben und Neuburg war dies sogar der Fall. So weit wir wissen, allerdings nicht in Augsburg.

Diese Behelfsfeuerwehr hatte alle Hände voll zu tun. Denn die Zahl der Einsätze stieg während des Krieges an. 1913 waren 59 Brände zu löschen gewesen, 1914 waren es 99. 1913 rückte die Feuerwehr dreimal wegen »Wassernot« aus, 1914 war das gleich 24-mal der Fall.

Während des Krieges konnten keine neuen Geräte angeschafft werden. Und das lag nicht nur an der angespannten Finanzlage der Stadt, sondern auch an Lieferschwierigkeiten der Hersteller. So hatte die Augsburger Feuerwehr bei der Firma Benz, Gaggenau eine automobile Drehleiter mit eingebauter Rundlaufpumpe bestellt, die wegen des Krieges nicht gefertigt werden konnte. Der Vertrag wurde 1921 aufgelöst.

In jedem Kriegsjahr hatte die Augsburger Feuerwehr den Tod von mehreren ihrer Männer zu beklagen, die als Soldaten »auf dem Felde der Ehre gefallen« waren. Die traurige Bilanz bei Kriegsende: Von den 29 Berufsfeuerwehrmännern waren sechs gefallen, von 838 Angehörigen der freiwilligen Feuerwehr starben 107. Und von denen, die zurückkehr-

ten, waren nicht alle in der Lage, ihren Dienst wieder aufzunehmen. Zehn Berufsfeuerwehrmänner traten nach vier Jahren als Soldat wieder ihre alte Stelle an. Dies hieß allerdings für zehn Aushilfskräfte, die über vier Jahre zuverlässig ihren Dienst geleistet hatten, dass sie wieder gehen mussten. Oberkommandant Georg Voegeli richtete an den Magistrat die Bitte, »die Entlassung erst nach 4 Wochen vorzunehmen, damit ihnen inzwischen Gelegenheit geboten ist, sich um eine andere Beschäftigung umzusehen«.

Tierunfälle

Die Feuerwehr wurde längst nicht nur gerufen, wenn es brannte. Immer häufiger musste sie sich um alle möglichen Notfälle kümmern, bei denen gar kein Feuer im Spiel war. Im ersten Drittel des Jahrhunderts waren dies vor allem Tierunfälle. Meist handelte es sich dabei um Pferde, die im Straßenverkehr verletzt worden oder gestürzt waren. Immerhin verkehrten ja die meisten Gefährte noch mit Pferdebespannung.

1913 und 1914 machten die Einsätze wegen verunglückter Tiere immerhin schon ein Drittel aller Einsätze aus. In den beiden folgenden Jahren rückte die Feuerwehr bereits drei von fünf Malen wegen der Tiere aus, insgesamt 171 Mal. Dies waren zwar keine großen Einsätze, doch einfach waren sie gewiss nicht. Und die Feuerwehr nahm diese Aufgabe sehr ernst. 1913 bauten die Berufsfeuerwehrmänner das erste Tiertransportfahrzeug. Zum Heben der Pferde wurde im gleichen Jahr ein zusammenschiebbarer Vierfuß aus Mannesmannrohren angeschafft.

Vierzehn Jahre später fertigten die Berufsfeuerwehrmänner in der eigenen Werkstatt ein automobiles Tiertransportfahrzeug, mit 55/65 PS und einem 2,5-t-Fahrgestell von MAN. Beide Fahrzeuge erlaubten jedoch nur, die Pferde liegend zu transportieren, was den obersten Berufsfeuerwehrmann, Brandinspektor Josef Zwickenpflug, dazu veranlasste, überspitzt von einem »Tierquälerei-Wagen« zu sprechen. Zwickenpflug schlug deshalb vor, für das Transportfahrzeug noch einen richtigen Pferdeanhänger anzuschaffen, den die Berufsfeuerwehr selbst bauen könnte. Dies geschah schließlich auch, allerdings erst im Jahr 1934. Dieses Vehikel blieb bis in die fünfziger Jahre im Einsatzdienst.

Neue Dienstzeiten

Zu Anfang des Jahrhunderts hatte ein Berufsfeuerwehrmann eine 120-Stunden-Woche. Ein Wachdienst dauerte 48 Stunden, daran schloss sich eine 24-stündige »dienstfreie Zeit« an, in der er bei Bedarf noch zu »Sicherheitswachen« (etwa im Theater) eingesetzt werden konnte. Diese Wachen wurden zusätzlich vergütet; 50 Pfennig pro Stunde am Tag und eine Mark pro Stunde in der Nacht, so wenigstens 1912.

> Die Feuersicherheitswachen im Stadttheater stellte während der Vorstellungen die freiwillige Feuerwehr. Die Nachtwachen dort fielen allerdings in die Zuständigkeit der Berufsfeuerwehr, ebenso die Feuerwachen in kleineren Theatern, bei Festen, Konzerten und im Zirkus.

Nach der gesetzlichen Einführung des achtstündigen Arbeitstages Ende 1918 begannen viele Feuerwehren ihre Dienstzeiten zu überdenken – und drastisch zu verkürzen. Allgemein setzte sich die 84-Stunden-Woche durch, mit 24-stündigem Wachdienst und 24 Stunden dienstfreier Zeit.

Augsburg führte diese neue Regelung zum 1. April 1919 ein. Sie hatte weit reichende Konsequenzen: Die Zahl der Bediensteten musste deutlich erhöht werden, sie stieg um 13 auf 51. Die neue Arbeitszeitregelung blieb vergleichsweise lange gültig, nämlich bis zum 31. März 1951, auf den Tag genau 32 Jahre.

Der erste automobile Löschzug

Nachdem die Feuerwehr 1920 ihr Spritzenfahrzeug verkauft hatte, war sie zeitweilig unmotorisiert und musste wieder mit Pferdebespannung zum Löschen fahren. Die eigenen Pferde waren teuer, sie kosteten die Stadt am Tag 70 bis 80 Mark pro Pferd. Und die Fuhrwerkbesitzer zeigten sich weniger denn je bereit, ihre Pferde der Feuerwehr zur Verfügung zu stellen, obwohl sie dazu verpflichtet waren.

In den alten Zeiten, als noch die ganze Stadt mit Glocke und Trommel alarmiert wurde, mussten die Fuhrwerkbesitzer ihre Pferde sogar selbst unverzüglich zur Feuerwache bringen. Jetzt erschien ein

Oben links: Ab Ende 1920 begann die durch den 1. Welt-krieg verzögerte Motorisierung der Augsburger Feuerweh-ren. Vorreiter waren die Industrieunternehmen, die für ihre Fabrikfeuerwehren Motorspritzen für Hand- und Pferdezug insbesondere bei Magirus in Ulm in größerer Stückzahl beschafften. Die Leistung solcher Spritzen lag bei 800 l/min. Dies war ein enormer Fortschritt gegenüber den personal-intensiven Handdruckspritzen. Im Bild: Motorspritze der mechanischen Weberei am Fichtelbach.

Oben rechts: Motorspritze der Augsburger Buntweberei, vormals L.A. Riedinger
Mitte links: Motorspritze der Augsburger Kammgarn-Spinnerei
Mitte rechts: Motorspritze der Freiwilligen Feuerwehr Augsburg
Unten: Eine Angriffsübung mit mehreren Motorspritzen sah gemeinhin so aus.

Oben: Auch im Bezirksamt Augsburg-Land erkannte man die Vorteile der Technik; hier die 1925 von Ehrhard & Sehmer in Saarbrücken gelieferte Motorspritze der Freiwilligen Feuerwehr Haunstetten.

Mitte: MAN/Magirus lieferte 1922 Automobilspritzen (zwei baugleiche Exemplare) an die Berufsfeuerwehr der Stadt Augsburg.

Unten: 1922 stand diese Drehleiter MAN/Magirus bei der Berufsfeuerwehr in Dienst.

Abgesandter des Feuerwehrkommandos bei ihnen, um die Pferde zu holen. Doch kam es immer häufiger vor, dass sich die Pferdebesitzer schlicht weigerten, ihre Pferde herauszugeben. Oberkommandant Voegeli richtete daher ein Schreiben an den Stadtrat mit der Bitte, die entsprechende Vorschrift in der Zeitung »wieder einmal bekannt zu geben«.

Doch 1921 wurde vom Stadtrat bei der Firma Magirus in Ulm ein kompletter Löschzug bestellt, zwei Spritzenfahrzeuge und eine Automobil-Drehleiter. Kostenpunkt: Je 418 000 Reichsmark für die Feuerspritzen und 279 500 Reichsmark für die Drehleiter. Die Lieferung erfolgte am 1. April 1922. Vier der sechs Pferde wurden an die Straßenreinigungsanstalt zurückgegeben; es bleiben vorerst noch zwei Pferde in der Hauptfeuerwache für den Tiertransportwagen, den Schlauchwagen, und den Rettungswagen. Nach Angaben der Feuerwehr lagen die Kosten für diese beiden Pferde übrigens noch bei 75 000 Reichsmark pro Jahr.

Die drei neuen Fahrzeuge waren alle benzingetrieben und mussten vor der Übernahme eine Probefahrt von 150 Kilometern auf schneebedeckten Landstraßen bestehen, die beiden Spritzen wurden außerdem einem dreistündigen Belastungstest unterzogen, den sie »glänzend bestanden«.

Die Motorspritze konnte 1000 bis 1200 Liter Wasser pro Minute bei einer Förderhöhe von 60 bis 80 Metern pumpen. Für die Mannschaft gab es auf dem Fahrzeug sechs Längssitze, über ihnen befand sich eine Leitergalerie aus Stahlrohr, auf der sich eine Schiebleiter unterbringen ließ. Am Heck wurde eine Schlauchhaspel befestigt, die etwa 200 Meter Hanfschlauch aufnehmen konnte.

Die Drehleiter von der Firma Magirus konnte bis zu einer Höhe von 27 Metern ausgezogen werden. Aufrichten und Ausziehen der Leiter dauerte nur 35 Sekunden. Sie ließ sich beliebig in alle Richtungen drehen, eine vollständige Kreisbewegung beschrieb sie in 60 Sekunden. Angetrieben wurde sie durch ein fünfstufiges Wechselgetriebe, das in einem Spezialgussgehäuse eingeschlossen war und ganz im Ölbad lief. Auf dem Fahrersitz war Platz für zwei Feuerwehrmänner, im Bedarfsfall ließen sich noch zwei weitere unter dem Leiterpark unterbringen. Die Strecke von Ulm nach Augsburg schaffte das Drehleiter-Fahrzeug in zwei Stunden.

Der Löschzug blieb 15 Jahre im Einsatz und wurde 1937 durch einen neuen ersetzt.

Die Feuerwehr im Einsatz

Die Feuerwehr rückt aus

Die Motorisierung der Feuerwehr hatte weit reichende Folgen. Die Brandbekämpfung war jetzt wesentlich schneller möglich. Vor allem, nachdem jetzt ein kompletter Löschzug für die Einsätze zur Verfügung stand.

Früher mussten ja Mannschaftswagen und Kommandowagen vorausfahren und mit dem Löschen beginnen. Dampfspritze und Leiterwagen kamen mit Pferdekraft nach. Das hatte sich jetzt geändert. Bei Feueralarm rückte der komplette Löschzug aus. Die Fahrzeuge standen abfahrbereit in der Feuerwache, die Feuerwehrmänner eilten an ihren Platz, die Tore wurden geöffnet. Innerhalb einer Minute nach Eingang des Alarms konnte die Feuerwehr damals schon ausrücken! Die Fahrt dauerte natürlich länger als heute, die Fahrzeuge waren deutlich langsamer und ein Martinshorn gab es damals auch noch nicht (stattdessen wurde mit der Glocke Alarm gegeben).

Erreichte der Löschzug den Brandort und stellte man fest, dass weitere Unterstützung nötig war, konnte man nun mit einem mobilen Telefon die Alarmzentrale in der Hauptfeuerwache verständigen. Diese konnte dann entsprechend reagieren und die Kompanien der freiwilligen Feuerwehr alarmieren.

Turnunterricht, Übungen und Fahrstunden

Die Augsburger Feuerwehr war nicht nur von Turnern mitbegründet worden, das Turnen spielte nach wie vor bei der Ausbildung und beim Training der Feuerwehrmänner eine wichtige Rolle. Bis 1920 führte die Feuerwehr das Turnen intern durch, zuletzt leitete Oberfeuerwehrmann Bestle den Unterricht. Als er erkrankte, gab es niemanden, der an seine Stelle treten konnte. Das Feuerwehrkommando regte an, für zwei Stunden pro Woche einen Turnlehrer von einer städtischen Schule zu verpflichten. Das Stadtbauamt entschied sich allerdings zunächst für eine kostengünstigere Lösung: Vier Berufsfeuerwehrmänner sollten dem Turnverein TSV 1847 zunächst für ein Jahr beitreten und sich zu Vorturnern ausbilden lassen. Neun Jahre später, im September 1929, übernahm schließlich doch ein staatlich geprüfter Turnlehrer nebenamtlich den Unterricht für die Berufsfeuerwehr.

Turnen war natürlich nur ein kleiner Teil der Übungen, mit denen sich die Feuerwehrmänner einsatzbereit hielten. Jeden Morgen übten diejenigen, die Wachdienst hatten, im Hof mit ihren Geräten und Fahrzeugen, dabei nutzten sie natürlich auch den Steigerturm. Diese Übungen dauerten im Sommer zwei, im Winter eineinhalb Stunden.

Abends zwischen 17 und 18 Uhr fand regelmäßig der theoretische Unterricht statt: Hier ging es um den Sanitätsdienst, das Telegrafieren und um technische Fragen.

Die technische Entwicklung blieb nicht stehen: Nachdem die neuen motorisierten Einsatzfahrzeuge angeschafft worden waren, brauchte die Feuerwehr auf einen Schlag eine Mannschaft von Fahrern, die die Automobile steuern konnten. Daher wurden zwölf Chauffeure ausgebildet, wobei der Werkmeister der Feuerwehr, Schuster, den Fahrunterricht übernahm.

Damals existierte eine Vorschrift, nach der jeder Fahrer mindestens 150 Kilometer mit einem Auto gefahren sein musste, bevor er die amtliche Prüfung ablegen konnte. Sicherlich keine übertriebene Vorsicht, doch hatte die Feuerwehr dadurch außer-

---

1924 verfügte die Augsburger Feuerwehr über einen kompletten Löschzug, einen Tiertransportwagen, zwei Dampfspritzen, zehn Motorspritzen, 18 Löschmaschinen, 25 845 Meter Schläuche, 138 öffentliche Feuermeldestellen und 200 Alarmglocken in Wohnungen von Angehörigen der freiwilligen Feuerwehr.

planmäßige Kosten für die knapp 2000 Kilometer Ausbildungsfahrten zu tragen. Da Treibstoffverbrauch und -kosten sehr hoch lagen, war die Feuerwehr gezwungen, einen Kredit über 10 000 Mark für Benzin zu beantragen.

Als kurze Zeit später die Inflation die Preise in ungeahnte Höhen trieb, verschärfte sich das Problem noch. So berichtete Brandinspektor Zwickenpflug in einem Schreiben an den Stadtrat vom 30. Mai 1923, dass sich die Benzinpreise innerhalb der vergangenen sechs Wochen verdreifacht hätten. Bis dahin wurden in jeder Woche zwei Übungsfahrten unternommen und alle Fahrzeuge jeden Tag auf ihre Einsatztauglichkeit überprüft. Doch war dies bald nicht mehr möglich. Wegen der explodierenden Kosten mussten die Fahrten sehr stark eingeschränkt werden.

Zur 75-Jahr-Feier 1924 gab die Feuerwehr diese Festkarte heraus.

»Die größte Feuerwehr Deutschlands«

1924 feierte die freiwillige Feuerwehr ihr 75-jähriges Bestehen und, wenn auch erst in zweiter Linie, das 25-jährige Bestehen der Berufsfeuerwehr, denn im gesellschaftlichen Leben spielte die freiwillige Feuerwehr nach wie vor die dominierende Rolle. Zwar fiel das Jubiläum in eine Zeit knapper Kassen, dennoch gab es ein großes Fest, das sich auf zwei Tage erstreckte. Es begann am 21. Juni mit einem Festabend in der Sängerhalle, den die Augsburger Neuesten Nachrichten angesichts der Vielzahl der Gäste und Ehrengäste »gewaltig« nannten.

Am Sonntag präsentierten sich alle 26 Kompanien und die zwei Dampfspritzenzüge der freiwilligen Feuerwehr. Sie führten gemeinsam eine Übung vor, ehe ausgewählte Kompanien und die Berufsfeuerwehr in einer »Angriffsübung« zeigten, wie sie einen Großbrand in einer Baumwollspinnerei bekämpften. An dem anschließenden Festzug durch die Innenstadt nahmen 108 Feuerwehren aus

ganz Bayern teil. Die Feierlichkeiten klangen mit einer Feier im festlich beleuchteten Stadtgarten aus.

Bei einem Jubiläum wird immer auch Bilanz gezogen. Stolz verkündete Oberkommandant Georg Voegeli, dass »der Augsburger Wehr die Ausnahmestellung zukommt, nicht nur die älteste und erste Feuerwehr Bayerns, sondern auch die größte Feuerwehr Deutschlands zu sein«.

Augsburg hat die größte Feuerwehr Deutschlands? Das klingt verblüffend. Und doch war es so. 1924 gehörten insgesamt 1837 Männer zur Augsburger Feuerwehr: 50 Berufsfeuerwehrmänner, 924 Mitglieder der städtischen freiwilligen Feuerwehr und 863 Angehörige der Fabrikfeuerwehren. Eine beeindruckende Zahl, doch spielte die bloße Größe der Feuerwehr eine immer geringere Rolle

Aufgabenteilung

Worauf es bei einer leistungsfähigen Feuerwehr ankam, war die Schnelligkeit, der technische Standard und die durchdachte Organisation. In diese Richtung sollte sich auch die Augsburger Feuerwehr entwickeln. Mit einer professionellen, gut einge-

spielten Kernmannschaft, die in den meisten Fällen keine weitere Hilfe brauchte, doch im Bedarfsfall um ein Vielfaches erweitert werden konnte.

Diese Entwicklung lässt sich auch an den Einsatzzahlen ablesen. In der ersten 25 Jahren seit Gründung der Berufsfeuerwehr gab es in Augsburg 1139 Brände. Davon wurden 29 Brände von der freiwilligen Feuerwehr gelöscht, 160 Brände gemeinsam von der freiwilligen und der Berufsfeuerwehr und 940 Brände, also mehr als 80 Prozent, von der Berufsfeuerwehr allein.

Diese Tendenz verstärkte sich, je besser die Berufsfeuerwehr ausgerüstet war und je mehr Aufgaben sie übernahm. Aus dem Jahresbericht von 1920 erfahren wir, dass es insgesamt 221 Alarme gegeben hatte und dass dabei nur in sieben Fällen die freiwillige Feuerwehr »aufgeboten« wurde. Dies bedeutete keineswegs, dass die freiwillige Feuerwehr jetzt im Grunde verzichtbar gewesen wäre. Im Gegenteil, sie war überall dort als erste zur Stelle, wo sie schneller sein konnte als die Berufsfeuerwehr. Und die Fälle, in denen sie »zualarmiert« wurde, waren ja gerade die schwerwiegenden. Von den 221 Alarmen waren vier wegen Großfeuers, aber

Ganz oben: Großer Aufmarsch der Augsburger Feuerwehr vor dem Hintergrund der Pferseer Kirche.
Oben: Feuerwehrparade auf dem kleinen Exerzierplatz.

137 wegen Tierunfällen ausgelöst worden. Mit den Tierunfällen konnte die Berufsfeuerwehr gut allein fertig werden, mit größeren Bränden aber nicht.

Außerdem spielte die freiwillige Feuerwehr eine herausragende Rolle in der Öffentlichkeit. Zählt man die städtischen und betrieblichen Kompanien zusammen, kommt man auf 1800 aktive Mitglieder. Sehr viele junge Augsburger waren in der Feuerwehr; gerade für junge Handwerker gehörte es einfach dazu, in die freiwillige Feuerwehr einzutreten. Sie war ein bedeutender gesellschaftlicher Faktor. Dies hieß natürlich auch, dass man in Augsburg allgemein besser Bescheid wusste, was man bei einem Brand tun muss oder wie man ihn von vornherein verhindert. Die Leute waren, wie man heute sagen würde, »sensibilisiert« für Brandbekämpfung und Brandschutz.

Wer rückt aus?

Die Berufsfeuerwehr war für das gesamte Stadtgebiet zuständig. Bei einem Kleinfeuer rückte sie mit ihrem motorisierten Löschzug aus. Dieser Löschzug bestand aus Motorspritze und Drehleiter. Brach das Feuer in einem der Vororte aus, verständigte die Alarmzentrale zusätzlich die dortige Kompanie der freiwilligen Feuerwehr, die dann ebenfalls ausrückte. Kam es irgendwo zu einem zweiten Brand, solange die Berufsfeuerwehr noch im Einsatz war, wurde wiederum die zuständige Kompanie der freiwilligen Feuerwehr alarmiert.

Die Kompanien der freiwilligen Feuerwehr waren zwar häufig örtlich näher, doch hatten sie die Geschwindigkeit beibehalten, die Anfang des Jahrhunderts üblich war. Die meisten von ihnen waren nämlich nicht motorisiert, und eigene Pferde besaßen sie auch nicht.

Für die Bespannung der Geräte sorgte entweder die Landpolizei oder Fuhrwerkbesitzer aus der Nachbarschaft, mit denen entsprechende Vereinbarungen getroffen wurden.

In den Vororten Hochzoll, Kriegshaber, Siebenbrunn und Firnhaberau wurde eine elektrische Motorsirene installiert, die im Brandfall Alarm gab. Zeichen für die Angehörigen der freiwilligen Feuerwehr, sich zu ihrem Feuerhaus zu begeben, sich dort auszurüsten und sich mit den notwendigen Gerätschaften schnellstmöglich zum angegebenen Brandort zu begeben.

Das Filialfeuerhaus Wertachvorstadt in den zwanziger Jahren: Automobilbetrieb und Pferdebespannung wurden parallel abgewickelt.

Einsätze

Den größten Anteil der Einsätze machten damals wie erwähnt die Tierhilfen aus. Doch die Hauptaufgabe der Feuerwehr blieb natürlich die Brandbekämpfung. Spektakuläre Einsätze gab es etwa Ende November 1926 bei einem Brand in einem Ökonomiegebäude auf Schloss Wellenburg, bei dem neun Strahlrohre zum Einsatz kamen. Nur drei Tage später brach in einem zweiten Ökonomiegebäude ein Feuer aus, das mit acht Strahlrohren gelöscht wurde. Im April 1928 kam es im Käswald zu einem großen Waldbrand, den fünf Kompanien mit insgesamt zwölf Strahlrohren niederkämpften. Zwei Monate später musste die Feuerwehr zu einem ihrer bis dahin größten Einsätze ausrücken: Ein Brand in der Schreinerei und dem Holzlager der Firma Karl Walter erforderte den Einsatz von 30 Strahlrohren! In einer Autoreparaturwerkstätte in der Friedbergerstraße mussten fünf Strahlrohre eingesetzt werden, um den ersten Brand dieser neuen Kategorie zu löschen.

Auch außerhalb der Stadt war die Feuerwehr hilfreich tätig, so in Neusäß und im Schloss Jettingen, wo elf Strahlrohre eingesetzt wurden.

Die meisten Brände waren jedoch klein und konnten von der Berufsfeuerwehr, die ja meist sehr schnell vor Ort war, allein gelöscht werden: Exakt 1343 von den 1533 Bränden, die zwischen 1899 und 1930 in Augsburg ausbrachen.

Oben: Zwei Automobillöschzüge in den zwanziger Jahren im Einsatz: Zur Evakuierung mehrerer vom Rückzug ins Freie abgeschnittener Personen setzt die Feuerwehr neben zwei Automobildrehleitern ein Rutschtuch ein (rechte Bildhälfte).

Links: Zur weiteren Steigerung der Leistungsfähigkeit trug die in mehreren Exemplaren vorhandene, von zwei Mann tragbare Liliput-Klein-Motorspritze bei.

Verbesserung der Ausrüstung

Trotz angespannter Finanzlage gab es in diesen Jahren eine Reihe wichtiger technischer Neuerungen, die für die Feuerwehr angeschafft wurden, beispielsweise den Minimax-Schaumgenerator, den die Berufsfeuerwehr 1928 bekam. Das Löschen mit Schaum war bereits vor dem Ersten Weltkrieg aufgekommen, die ersten Schaum-Löschapparate galten aber als unzuverlässig. Dies hatte sich nun geändert. Schaum wurde immer dann eingesetzt, wenn man es mit brennenden Flüssigkeiten zu tun hatte, Petroleum oder Benzin etwa.

Weiterhin stattete die Berufsfeuerwehr drei ihrer Einsatzfahrzeuge erstmals mit elektrischen Signalhörnern aus. Bis dahin hatte der Beifahrer noch mit einer Glocke Alarm schlagen müssen.

Und schließlich erwarb die Feuerwehr noch eine zweirädrige »Klein-Motor-Spritze« mit dem vielsagenden Namen »Liliput«. Die Liliput-Spritze aus

dem Hause Magirus war vielseitig verwendbar, konnte von zwei Personen getragen oder gezogen werden, an Fahrzeuge angehängt oder auch in einem Boot transportiert werden. Dabei war die Liliput-Spritze für damalige Verhältnisse sehr leistungsfähig: Der Zweizylinder-Viertakt-Benzinmotor erzielte eine Pumpenleistung von 400 Litern pro Minute, bei 6 Atmosphären Druck. Damit ließ sich eine Förderhöhe bis zu 100 Metern erreichen. Die Spritze eignete sich für kleinere Brände und Wasserentnahmestellen, die schwer zugänglich waren. Sie ließ sich bequem transportieren, abprotzen und bedienen.

Neue Fahrzeuge

Ende der zwanziger Jahre wurden einige neue Fahrzeuge in Dienst gestellt, andere ausgemustert. Selbstverständlich waren alle Neuanschaffungen motorisiert. Vom Tiertransportwagen, dessen Aufbau die Berufsfeuerwehrmänner selbst erstellten, war bereits die Rede. Für einen eigenen Rettungswagen (heute: Rüstwagen) beschaffte die Feuerwehr 1928 das Fahrgestell und besorgte ebenfalls den Aufbau selbst.

Im selben Jahr gab die Berufsfeuerwehr ein zweites Drehleiter-Fahrzeug in Auftrag. Wie das erste Modell hatte es ein MAN-Fahrgestell und eine Magirus-Leiter, die sich noch etwas weiter, nämlich auf 28 Meter ausziehen ließ.

Schließlich erwarb die Feuerwehr noch einen gebrauchten PKW, einen offenen Mercedes Benz mit sechs Sitzen, Sportverdeck und 45 PS, Wie der Erstbesitzer, die Augsburger Firma Maschinenkaul, wissen ließ, hatte der Wagen an einem Bergrennen teilgenommen und »trotz schärfster Konkurrenz den 3. Preis erhalten«. Der Wagen erreichte, so der stolze Besitzer, »bei voller Besetzung (6 Personen) eine Geschwindigkeit von 90 bis 100« Stundenkilometern.

Auch die freiwillige Feuerwehr verfügte mittlerweile über einzelne Automobile. In einer Aufstellung von 1930 werden vier Fahrzeuge aufgezählt, nämlich drei Autospritzen und ein Drehleiterfahrzeug (26 Meter Auszugshöhe). Das war nicht viel für 23 Kompanien. So rückten die meisten weiterhin mit Pferdegespannen aus. Vielfach war das Material veraltet; die Leitern der Kompanien Pfersee und Kriegshaber waren seit über 45 Jahren in Gebrauch!

Oben: 1927 wurde dieser neue Mannschafts- und Tiertransportwagen in Dienst genommen.

Mitte: Zum 75-jährigen Jubiläum 1924 erhielt auch die freiwillige Feuerwehr mit maßgeblicher Unterstützung der örtlichen Wirtschaft ihr erstes Automobil.

Unten: 1926 konnte nochmals ein bauartgleiches Fahrzeug in Dienst gestellt werden.

Im Herbst 1930 legte die Freiwillige Feuerwehr die 1. und die 2. Kompanie sowie die 3. und die 4. Kompanie zusammen. Für beide Kompanien wurde eine neue Automobil-Drehleiter beschafft.

1929 war der Requisitenwagen der Berufsfeuerwehr mit folgenden Geräten ausgestattet:
1 Liliput Motorspritze, 600 m C-Schläuche, 200 m B-Schläuche, 4 Standrohre, 6 Strahlrohre, 1 Satz Steckleitern, 2 Rutschtücher (je 26 m lang), 2 Rauchschutzapparate, 2 Presto-Rettungsapparate, 4 Gasmasken, 2 Petroleumscheinwerfer, 24 Wachsfackeln, 1 Verbandskasten, 6 Minimax-Feuerlöscher, 4 Total-Feuerlöscher, 2 Perkeo-Schaumlöscher, 1 Schaum-Generator, 4 Auffahrtbohlen, Vierkanthölzer, Holzkeile, Haken, Nägel, 2 Fußwinden, 4 Hebegeschirre, 6 Hebeisen, 3 Ketten (je 5 m), 6 Seile (je 6 m), 12 Eisenklammern, 6 Pionierspaten, 6 Äxte, 6 Kreuzpickel, 6 Handbeile, 6 Meißel, 3 Schlegel, 2 Vorschlaghämmer, 3 Beißzangen, Feilen, Bohrer, Stemmeisen, diverse Sägen, 1 Schweißapparat, 1 elektrische Drahtzange.

Oben: Magischer Anziehungspunkt für zahlreiche Schaulustige waren die Automobile der Augsburger Feuerwehr vor dem Stadttheater.

Unten: Der Mannschafts- und Requisitenwagen (auch unter dem Begriff Rettungswagen bekannt) stand 1929 schon unter dem Kommando der Augsburger Feuerwehr.

Gasschutz

Bei ihren Einsätzen waren die Feuerwehrmänner immer wieder gefährlichen Gasen ausgesetzt, vor allem wenn es in Fabriken brannte. Lange Zeit gab es keinen Schutz dagegen. Die Feuerwehrmänner mussten den Rauch und die Dämpfe ungefiltert einatmen.

1926 erhielten die Augsburger Feuerwehr 55 Heeresgasmasken, zwei Sauerstoffgeräte und zwei Luftzufuhrapparate. In den kommenden Jahren wurden weitere Atemschutzgeräte angeschafft. 1932 gab es unter der Leitung von Branddirektor Voegeli einen großen Gasschutzlehrgang, bei dem die Feuerwehrmänner den Umgang mit Gasmasken und Atemschutzgeräten einübten.

Bayerischer Feuerwehrtag in Augsburg

Vom 1. bis zum 4. August 1930 wurde der 15. Bayerische Landesfeuerwehrtag in Augsburg abgehalten. Man tagte das erste Mal in dieser Stadt, was insoweit bemerkenswert ist, als Augsburg ja die älteste Feuerwehr in Bayern (rechts des Rheins) besaß; und wenn wir uns die feierlichen Worte von König Maximilian II. noch einmal in Erinnerung rufen, kann sie als »Mutter« der bayerischen Feuerwehren gelten.

Verschiedene Ausschüsse tagten und es ging dabei vielfach um die knappen Finanzen. Im Hof der Infanterie-Kaserne gab es eine große Schul- und Angriffsübung sowie eine Rettungsübung mit der Sanitätskolonne. Am Wertach-Kanal wurden die Motorspritzen vorgeführt.

Oben: Ende der zwanziger Jahre gewann auch die Atemschutztechnik zunehmend an Gewicht und Bedeutung für die Brandbekämpfung. Hierzu fanden des Öfteren Übungen statt, um sich an das Tragen von Gasmasken zu gewöhnen.

Mitte: 1932 stand ein großer Gasschutzlehrgang auf dem Stundenplan: »gymnastisches Exerzieren« der Teilnehmer mit aufgesetzter Gasmaske.

Unten: Anfang der dreißiger Jahre: Ein Angriffstrupp der Berufsfeuerwehr geht unter »schwerem Atemschutz« mit Sauerstoffschutzgerät vor.

1930 war die Hauptfeuerwache folgender-
maßen besetzt:
▶ Ein Mannschaftswagen mit einem Brand-
meister, Fahrer und sechs Feuerwehrmännern
▶ Eine Drehleiter mit einem Brandmeister,
Fahrer und zwei Feuerwehrmännern
▶ Ein Tierunfallwagen mit einem Brandmeister,
Fahrer und zwei Feuerwehrmännern
▶ Die Nachrichtenzentrale mit einem Ober-
feuerwehrmann
▶ Ein zusätzlicher Feuerwehrmann und drei
Fahrer.

Links: Festschrift zum 15. Bayerischen Feuerwehrtag in
Augsburg

Unten: Verbunden mit dem 15. Bayerischen Feuerwehrtag
vom 1. bis 4. August 1930 war eine große Ausstellung der
Fachindustrie, bei der die neuesten Entwicklungen und
Produkte in der Feuerwehrtechnik vorgestellt wurden.

Die Feuerwehr muss sparen

Anfang der dreißiger Jahre war die finanzielle Lage der Augsburger Feuerwehr angespannt, die notwendigen Anschaffungen der vergangenen Jahre hatten tiefe Löcher in den Feuerwehretat gerissen. Es musste gespart werden. Deshalb wurden sechs Berufsfeuerwehrmänner entlassen. Von 1930 auf 1931 reduzierte sich das Personal von 50 auf 44 Bedienstete. Ein erheblicher Einschnitt, der natürlich nicht ohne Folgen blieb. Die Berufsfeuerwehr musste sich umorganisieren und die freiwillige Feuerwehr die Lücken schließen. Sie wurde stärker einbezogen.

Nun rückten wieder, häufiger als in den Jahren zuvor, auch Kompanien der freiwilligen Feuerwehr als erste zum Brandort aus. Außerdem wurde bei zehn Mitgliedern der 1. und 2. Kompanie, die in der Nähe der Hauptwache wohnten, eine so genannte »Weckerlinie« installiert. Bei jedem Brandfall wurde bei ihnen Alarm ausgelöst, sie mussten dann die Hauptwache besetzen und sich bereithalten, um zu Folgeeinsätzen auszurücken. Bei Großbränden fuhren die Kraftfahrer der Berufsfeuerwehr die motorisierten Löschfahrzeuge der freiwilligen Feuerwehr zum Einsatzort.

1932 verfügte die Berufsfeuerwehr über:
- ▶ 1 Autospritze
- ▶ 1 Auto-Drehleiter
- ▶ 1 Liliputspritze zum Anhängen
- ▶ 1 Auto-Tiertransporter
- ▶ 1 PKW
- ▶ 1 Rettungswagen.

Insgesamt standen der Augsburger Feuerwehr 32 180 Meter Schläuche zu Verfügung, gut die Hälfte davon von den Fabrikabteilung. Im gesamten Stadtgebiet gab es 1824 Unterflurhydranten und 114 Überflurhydranten.

Rechts oben: Vertreten waren beim 15. Bayerischen Feuerwehrtag auch die obersten Repräsentanten der Landes- bzw. Provinzialfeuerwehrverbände aus allen Teilen des deutschen Reichs.

Rechts unten: Georg Voegeli, Kreisbranddirektor von Schwaben und Neuburg

Chronik
der Feuerwehrgeschichte

1899   Die Berufsfeuerwehr wird gegründet

1903   Bei einem Brand in einer Brauerei kommt es zum ersten Todesfall
bei der Berufsfeuerwehr

1905   Die Landesfeuerwehrversammlung in Passau einigt sich auf einheitliche Feuerwehruniformen in Bayern

1910   Katastrophales Hochwasser; »Wasserwehr« wird gegründet
Eingemeindung von Siebenbrunn
Filialfeuerhaus in der Jakobervorstadt wird aufgelöst
Augsburger Konzerthalle im Stadtgarten brennt ab

1911   Oberhausen und Pfersee werden eingemeindet
Berufsfeuerwehr schafft erstes motorbetriebenes Fahrzeug an,
ein elektroautomobiler Geräte- und Mannschaftswagen mit
eingebauter Benzin-Rundlauf-Pumpe

1912   Oberkommandant Georg Brach feiert 50-jähriges Dienstjubiläum

1913   Lechhausen und Hochzoll werden eingemeindet
Georg Brach geht in den Ruhestand; Nachfolger: Georg Voegeli

1914   Erster Weltkrieg bricht aus; 29 Berufsfeuerwehrmänner und
867 freiwillige Feuerwehrmänner werden einberufen;
Mannschaftsstärke der Berufsfeuerwehr wird aus der freiwilligen
Feuerwehr aufgefüllt
Eine Bürgerwehr wird gegründet

1916   Kriegshaber wird eingemeindet

1918   Im Ersten Weltkrieg sind 6 Berufsfeuerwehrmänner
und 107 Angehörige der freiwilligen Feuerwehr gefallen
Aushilfsberufsfeuerwehrmänner werden entlassen.

1919   Einführung der 84-Stunden-Woche
Nebenwache »Links der Wertach« wird
aufgelöst

1922   Berufsfeuerwehr erhält ersten motorisierten Löschzug von
MAN

1924   Freiwillige Feuerwehr feiert 75-jähriges Bestehen; »Größte
Feuerwehr in Deutschland«

1926   Atemschutz wird verbessert; Feuerwehr erhält Heeresgasmasken

1927   Berufsfeuerwehr fertigt automobilen Tiertransportwagen

1928   Berufsfeuerwehr beschafft Schaumlöschgenerator

1929   Berufsfeuerwehr stellt Automobildrehleiter (MAN/Magirus,
28m) in Dienst

1930   15. Bayerischer Landesfeuerwehrtag in Augsburg
Der Personalstand der Berufsfeuerwehr wird auf 48 Mann
zurückgenommen, die freiwillige Feuerwehr wird wieder
verstärkt in den Einsatzdienst einbezogen; die freiwillige
Feuerwehr legt 1. und 2. Kompanie sowie 3. und 4. Kompanie zusammen; beide Kompanien erhalten
motorisierte Drehleiter.

Die Feuerwehr im Dritten Reich

Nach Jahren der Dauerkrise ist die Weimarer Republik 1933 am Ende. Im Januar wird Adolf Hitler zum Reichskanzler ernannt, zwei Monate später räumt das Ermächtigungsgesetz die letzten Hürden beiseite, die den Staat noch von einer Diktatur trennen. Das Parlament wird aufgelöst, politische Parteien werden verboten, politische Gegner eingesperrt und misshandelt, Presse und Rundfunk werden gleichgeschaltet, einflussreiche Positionen mit Nationalsozialisten besetzt.

Auch bei der Feuerwehr gab es bald so etwas wie eine »Gleichschaltung«. Als am 1. September 1939 der Zweite Weltkrieg ausbrach, wurde der Luftschutz ausgerufen. Die Behörden gliederten die Feuerwehreinheiten in den »Sicherheits- und Hilfsdienst« (SHD) ein, der 1942 zur »Luftschutzpolizei« umgebildet wurde. Die städtischen Feuerwehren verloren ihre Selbständigkeit. Ausrüstung und Ausbildung wurden vereinheitlicht und dem Bedarf der neuen Machthaber angepasst.

Schließlich änderte sich auch das Erscheinungsbild: Die Feuerwehrautos waren nicht mehr rot, sondern dunkelgrün. Die Feuerwehrmänner bekamen nach Art der Wehrmacht Stahlhelme mit Hakenkreuz und einheitliche Uniformen mit Kragenspiegel und Achselstücken verpasst. Bis dahin war es nur noch ein kleiner Schritt zur paramilitärischen Truppe, die an der »Heimatfront« Dienst tat.

Die Feuerwehr wird Teil der Polizei

Auch wenn es zunächst gar nicht den Anschein hatte, so änderte die Augsburger Feuerwehr im Dritten Reich vollkommen ihr Wesen. Sie war nicht länger eine städtische Einrichtung, sondern wurde zu einem staatlichen Vollzugsorgan, das ebenso zentral gelenkt wurde wie andere staatliche Dienstkräfte. Über die Feuerwehr bestimmte nicht mehr die Stadtverwaltung oder der Stadtrat, sondern das Reichsministerium des Innern. Die Stadt handelte gegenüber der Feuerwehr nur im Auftrag des Reiches, das hieß zunächst im Auftrag des Innenministeriums.

Im Dritten Reich war das äußere Erscheinungsbild der Feuerwehrmänner einem deutlichen Wandel unterworfen. Ab 1935 wurde ein in Schnitt und Konfektionierung an militärische Vorbilder angelehnter Feuerdienstanzug eingeführt (links), der ab 1939 für die Beamten der Feuerschutzpolizei (Berufsfeuerwehr) in Angleichung an die übrigen Polizeisparten durch die grüne Uniform der Schutzpolizei ersetzt wurde (rechts).

Grundlage dieser einschneidenden Änderung war das so genannte »Gesetz über das Feuerlöschwesen«, das am 23. November 1938 in Kraft trat und durch mehrere »Durchführungsverordnungen« präzisiert wurde. Die Berufsfeuerwehr hieß offiziell »Feuerschutzpolizei«, bereits seit dem 9. März 1936 war sie der Polizeiaufsichtsbehörde unterstellt. Geändert wurden auch die Bezeichnungen der Dienstgrade. Wie beim Militär gab es nun Mannschafts- und Offiziersränge. Die Eingliederung der Feuerwehr in die Ordnungspolizei wurde andernorts sogar noch früher vollzogen, in Preußen bereits 1933. Die freiwillige Feuerwehr war ebenfalls 1936 durch ein Reichsgesetz zur »Hilfspolizeitruppe« erklärt worden. Freiwillige und Berufsfeuerwehr gehörten nun zur Ordnungspolizei und unterstanden damit dem Reichsführer SS und Chef der deutschen Polizei Heinrich Himmler, was sich nach Kriegsende noch als verhängnisvoll erweisen sollte.

Die freiwillige Feuerwehr als Hilfspolizei

Die Feuerwehrvereine wurden aufgelöst, die Freiwillige Feuerwehr Augsburg existierte hinfort als »Hilfspolizei«. Sie war nun der Berufsfeuerwehr untergeordnet. Auf den Tag genau: seit dem 1. Mai 1936, als Brandoberingenieur Alois Hammer seinen Dienst als Leiter der Berufsfeuerwehr antrat.

Bis dahin war der Leiter der Berufsfeuerwehr dem Chef der freiwilligen Feuerwehr als dem Oberkommandanten unterstellt. Der letzte Oberkommandant, Nachfolger des rührigen Georg Voegeli, war Kreisbranddirektor Fritz Dill. Nach dem Amtsantritt von Hammer war Dill nur noch für die freiwillige Feuerwehr zuständig. Und Alois Hammer wurde zugesichert, dass er »in demselben Ausmaße« Anweisungen geben konnte, wie es früher Branddirektor Voegeli zustand.

In den zwanziger Jahren hatten der Freiwilligen Feuerwehr Augsburg zeitweilig über tausend Aktive angehört. Seitdem ging ihre Zahl kontinuierlich zurück. 1936 lag die Personalstärke immerhin noch bei 525, im Jahr darauf waren es nur noch 365 freiwillige Feuerwehrmänner bzw. »Hilfspolizisten«.

Ganz anders war die Situation in den großen Industriebetrieben, die zu »Rüstungsbetrieben« geworden waren. Die Mannschaftsstärke der Fabrikkompanien war im Wesentlichen konstant geblieben, technisch wurden sie jedoch hochgerüstet.

Die freiwillige Feuerwehr war im Zeughaus und in neun Gerätehäusern im gesamten Stadtgebiet untergebracht. Auch 1938 war sie noch nicht vollständig motorisiert. Sie verfügte über folgende Geräte:

- ▶ 4 Motorspritzen
- ▶ 4 (hand)gezogene Motorspritzen, so genannte »Kraftspritzen«, auf zweiachsigem Fahrgestell
- ▶ 4 Kraftfahrdrehleitern
- ▶ 2 zweirädrige Kraftspritzen
- ▶ 12 Handzugleitern

Brand der ehemaligen Sängerhalle

Einem der ersten Augsburger Großbrände im Dritten Reich wurde gleich ein politischer Hintergrund unterstellt: In der Nacht zum 1. Mai 1934 brannte die Sängerhalle im Stadtgarten ab. Der 90 Meter lange Holzbau fasste mehr als 6000 Personen und war damals der größte Versammlungs- und Ausstellungsraum in Augsburg.

Am 1. Mai, dem »Tag der nationalen Arbeit«, sollte sich hier der »Großteil des Festprogramms« abspielen. Aus diesem Grund wurde vermutet, dass es sich um ein »politisches Attentat« handeln könnte. Gauleiter Karl Wahl telegrafierte noch in der Brandnacht an Hitler, Reichsinnenminister Frick und Propagandaminister Goebbels, die Halle sei »durch bolschewistische Brandstiftung« in Flammen aufgegangen. Zwar gab es dafür keine konkreten Hinweise, doch wurden noch am Morgen des 1. Mai gleich 73 Personen »in Schutzhaft« genommen, KPD-Mitglieder und Angehörige der katholischen Laienbewegung. Am 2. Mai wurde ein »dringend verdächtiger kommunistischer Funktionär« festgenommen, am 3. Mai eine Großrazzia in den Baracken an der Schertlinstraße durchgeführt, die bei den Machthabern als »Unterschlupf kommunistischer Funktionäre« galten. Das Ergebnis dieser Aktionen war gleich Null. Der Öffentlichkeit konnte nicht einmal ein mutmaßlicher Täter präsentiert werden.

Doch zurück zum eigentlichen Brand: Die Halle wurde am 30. April festlich geschmückt, um 19 Uhr war man damit fertig. Fünf Stunden später stand das Gebäude in Flammen. In einem Großeinsatz

löschten Berufsfeuerwehr und zehn Abteilungen der freiwilligen Feuerwehr gemeinsam den Brand. Dabei wurden acht Hydranten, drei Motorspritzen und 26 Strahlrohre eingesetzt. Die Halle selbst war nicht mehr zu retten. Innerhalb von eineinhalb Stunden brannte sie vollständig nieder. Der Sachschaden wurde auf eine Viertelmillion Reichsmark geschätzt. Wie der Bericht der Feuerwehr näher ausführt, verbrannten in der Halle ein Klavier, eine Orgel und Teppiche im Wert von 20 000 Reichsmark.

Zwar wurde daran gedacht, die Sängerhalle wieder aufzubauen, es gingen sogar bereits am ersten Tag nach dem Brand Spenden ein, doch aus dem Projekt wurde nichts. Heute ist nicht mehr zu erkennen, an welcher Stelle im Stadtgarten, dem heutigen Wittelsbacher Park, die Halle gestanden hat.

Normung

Die »Gleichschaltung« betraf nicht nur die Organisation der Feuerwehr, auch die Fahrzeuge und Geräte wurden streng vereinheitlicht. Es waren nur noch bestimmte Typen zulässig. Wie diese Typen auszusehen hatten, das legten nicht die Hersteller fest, sondern darüber wurde in den Ministerien entschieden.

Da für die Feuerwehr Innenministerium und Reichsluftfahrtministerium zuständig waren, gab es allerdings bei den Fahrzeugen zeitweilig eine doppelte Norm. Was die einen zum Beispiel Kraftfahrspritze (KS) nannten, hieß bei den anderen Löschgruppenfahrzeug (LG).

Die Normung als solche ist sicher auch im Zusammenhang mit den Kriegsvorbereitungen der Nationalsozialisten zu sehen. Anders wäre es gar nicht möglich gewesen, größere Löschverbände zusammenzuziehen, um die Brände nach einem Fliegerangriff zu bekämpfen.

Dennoch haben sich viele Normen auch für eine zivile Feuerwehr als hilfreich erwiesen, denn sie gelten bis heute.

In der Nacht zum 1. Mai 1934 brannte die Sängerhalle binnen kurzer Zeit vollständig nieder.

Schlauchgrößen

Bei den Schläuchen, Kupplungen und Rohren werden drei Kategorien unterschieden:

    A: 110 mm Durchmesser
    B: 75 mm Durchmesser
    C: 52 mm Durchmesser

▶ A-Schläuche sind feste, röhrenförmige Saugschläuche, mit denen große Wassermengen an offenen Gewässern durch Feuerlöschpumpen entnommen werden. Sie sind die „Standardschläuche".

▶ B-Schläuche gibt es als Saug- und Druckschläuche. Als Druckschlauch mit B-Rohr werden sie nur eingesetzt, wenn große Wassermengen oder eine größere Wurfweite erforderlich ist. Durch ein B-Rohr gelangen bis zu 800 Liter Wasser pro Minute. Um ein B-Rohr zu halten, sind vier Mann erforderlich.

▶ C-Schläuche sind Druckschläuche. Sie gelten als Standardlöschschläuche. Mit ihnen werden die »Angriffe« geführt. Sie sind wendiger als die dicken B-Schläuche. Durch ein C-Rohr gelangen bis zu 200 Liter Wasser pro Minute. Für ein C-Rohr werden zwei Mann gebraucht.

Fahrzeuge

Ebenfalls in den dreißiger Jahren wurden die unterschiedlichen Fahrzeuge genormt. Wie in vielen anderen Bereichen griff man auch hier auf Abkürzungen zurück. Die Bezeichnungen änderten sich zum Teil. Im Folgenden sind nur diejenigen aufgeführt, die sich schließlich durchgesetzt haben:

▶ LLG. Leichtes Löschgruppenfahrzeug mit einer Pumpenleistung von 800 Litern pro Minute (LF8)

▶ SLG. Schweres Löschgruppenfahrzeug mit einer Pumpenleistung von 1500 Litern pro Minute (LF15)

▶ GLG: Großes Löschgruppenfahrzeug mit einer Pumpenleistung von 2500 Litern pro Minute (LF25)

▶ TLF 15: Tanklöschfahrzeug mit einer Pumpenleistung von 1500 Litern pro Minute

▶ DL 17: Drehleiter mit einer Steighöhe von 17 Metern

▶ DL 22: Drehleiter mit einer Steighöhe von 22 Metern

▶ DL 32: Drehleiter mit einer Steighöhe von 32 Metern

▶ SKW: Schlauchkraftwagen

▶ SSK: Schwerer Schlauchkraftwagen

Als Luftschutzort I. Ordnung erhielt Augsburg ab Mitte der dreißiger Jahre zur Ergänzung des stadteigenen Fuhrparks eine ganze Reihe nach einheitlichen Baurichtlinien gefertigten, vom Deutschen Reich beschaffte Fahrzeuge zugewiesen (hier eine Kraftfahrspritze KS 25 Bauart Magirus).

Großbrände

In den dreißiger Jahren hatte es die Augsburger Feuerwehr mit einer Reihe von Großbränden zu tun, die auf gewerblich genutztem Gelände ausbrachen. Vor allem in den Textilbetrieben gab es mehrmals Großfeuer. So am 30. April 1935, als in der Baumwollspinnerei am Stadtbach ein Brand ausbrach. Werkfeuerwehr, freiwillige Feuerwehr und Berufsfeuerwehr löschten gemeinsam unter schwerem Atemschutz das Feuer. Dabei kamen acht C-Rohre zum Einsatz. Zwei Feuerwehrmänner mussten mit Rauchvergiftung ins Krankenhaus eingeliefert werden.

Zweieinhalb Monate später geriet ein Baumwollmisch- und Lagerraum der Mechanischen Baumwollspinnerei und Weberei in Brand. Auch hier kämpften Werkfeuerwehr, freiwillige Feuerwehr und Berufsfeuerwehr gemeinsam gegen die Flammen und den dichten Rauch. Wieder musste schwerer Atemschutz eingesetzt werden.

Es brannte aber auch bei anderen Branchen: etwa in einer Zahnräderfabrik, einer Ziegelei oder im Flugzeugwerk. Am 28. Oktober 1938 rückte je ein Löschzug der Berufsfeuerwehr und der freiwilligen Feuerwehr zu den Messerschmitt-Werken aus, wo ein Spänesilo in Brand geraten war. Mit fünf C-Rohren konnte das Feuer auf den Brandherd begrenzt werden.

Besondere Einsätze

Die Feuerwehr musste aber nicht nur Brände löschen und sich – noch immer – um verunglückte Pferde kümmern. Es kamen ganz neue Aufgaben auf die Feuerwehrmänner zu. So zogen sie 1937 innerhalb von zwei Wochen gleich zweimal Fahrzeuge aus dem Wasser: Zunächst einen PKW, der in einen Kanal am Hochablaß gefahren war. Später einen schweren Anhänger, der sich von einem Lastzug gelöst und ein Brückengeländer durchbrochen hatte und in den Senkelbach gestürzt war.

Im gleichen Jahr geriet im Bahnhof Westheim der Transformator einer elektrischen Lokomotive in Brand. Da die örtliche Feuerwehr nichts ausrichten konnte, kam die Augsburger Berufsfeuerwehr zu Hilfe und löschte mit Kohlensäureschnee und Schaum. Ebenfalls mit Schaum wurde gelöscht, als in der Haunstetter Straße, in der Nähe des Flugplatzes der Bayerischen Flugzeugwerke, eine Maschine abstürzte und in Brand geriet. Der Pilot konnte leider nicht mehr gerettet werden.

Neuanschaffungen

Mitte der dreißiger Jahre wurde die technische Ausstattung merklich verbessert. Nach den Sparmaßnahmen der vorangegangenen Jahre gab es hier auch einen gewissen Nachholbedarf. Die Geldmittel waren allerdings noch immer knapp. Für einen ausgemusterten Kleintransporter wurde 1933 ein Nachfolger der Marke Hansa Lloyd angeschafft. Im Jahr darauf stellte die Feuerwehr den dringend benötigten Tiertransportanhänger in Dienst, den sie wie erwähnt selbst gefertigt hatte. An neuen Geräten erhielt die Feuerwehr zwei tragbare Schaumgeneratoren, mehrere Scheinwerfer und einen Flaschenzug, der Lasten bis 3000 kg heben konnte.

Die Wasserwehr erhielt ihre ersten Fahrzeuge: Einen Kahn mit zwei Rettungsringen und ein Schlauchboot (1935/36). Auch um den Atemschutz kümmerte man sich stärker: Es wurden neue umluftunabhängige Sauerstoff- und Frischluftgeräte angeschafft; der Umgang damit wurde intensiv geübt. Außerdem nahm die Feuerwehr einen neuen Prüfraum für Gasmasken in Betrieb.

Bis 1934 war die Einsatzzentrale nur mit einem einzigen Telefonisten besetzt, der alle Meldungen aufnehmen, die Berufsfeuerwehr alarmieren und wenn nötig die freiwillige Feuerwehr verständigen musste. Bei größeren Einsätzen war er schnell überfordert. Deshalb kam nun ein zweiter Telefonist hinzu; genauer gesagt zwei zweite Telefonisten, denn sie lösten sich ja im Schichtdienst ab.

Der neue Löschzug

Die Entwicklung der Feuerwehrfahrzeuge machte rasante Fortschritte. Der Löschzug, der 1921 in Dienst gestellt worden war, entsprach nicht mehr den Anforderungen der Zeit. Ein neuer, leistungsfähigerer und vor allem dieselgetriebener Löschzug sollte angeschafft werden. Denn für alle Neuanschaffungen war der Dieselmotor nunmehr zwingend vorgeschrieben.

In einem Runderlass vom Reichsluftfahrt- und Reichsinnenministerium wurde den Gemeindeverwaltungen im Oktober 1935 mitgeteilt, dass alle »Versuche mit Ersatztreibstoffen«, wie sie von einigen Gemeinden unternommen wurden, »unerwünscht« seien. Vielmehr sei der Dieselmotor »die Antriebsart«, die »der Entwicklung der einheimischen Treibstoffversorgung die geringsten Einschränkungen auferlegt«. Es wurde bereits frühzeitig daran gedacht, möglichst unabhängig von ausländischen Lieferungen zu werden. Ein wichtiger Grund für die Machthaber, die zielstrebig auf einen Krieg hinsteuerten, bei dem die Frage der Treibstoffversorgung natürlich eine ganz entscheidende Rolle spielte.

Von Seiten der Feuerwehr wurde die Neuregelung weniger enthusiastisch aufgenommen. Die meisten Fahrzeuge waren mittlerweile mit Benzinmotor ausgestattet, nach den bis dahin verwendeten Elektromotoren zweifellos eine Verbesserung. Eine erneute Umrüstung schien kaum sinnvoll, zumal der Dieselmotor nicht sofort ansprang, sondern erst noch »vorglühen« musste – für ein Einsatzfahrzeug der Feuerwehr nicht gerade ein Vorteil.

So wurde der Dieselmotor gewissermaßen auf dem Verordnungsweg durchgesetzt.

Der neue Augsburger Löschzug bestand aus zwei Fahrzeugen, Kraftfahrspritze und Kraftfahrdrehleiter, beide mit einem 100 PS starken Motor und einem Fahrgestell von Daimler Benz ausgestattet. Die Spritze war ein multifunktionales Mannschaftsfahrzeug. Sie verfügte über eine Pumpe (Amag-Hilpert) mit einer Leistungsfähigkeit von 2500 Litern pro Minute – damit war sie mehr als doppelt so leistungsfähig wie ihre Vorgängerin. Der Aufbau stammte von Magirus. Das Fahrzeug bot Platz für neun Feuerwehrmänner, war mit Leitern sowie Lösch-, Rettungs-, Beleuchtungs-, Arbeits- und Sanitätsgerät bestückt.

Die Drehleiter besaß einen Leiteraufbau der Firma Metz. Die Leiter konnte auf 26 Meter Höhe ausgezogen werden und war auch als Kran einsetzbar, mit dem Lasten bis drei Tonnen Gewicht gehoben werden konnten.

Gleichzeitig wurde im Hof der Hauptfeuerwache eine eigene Tankstelle eingerichtet: Eine Zapfsäule und zwei Tanks mit 1000 Litern und 2000 Litern Dieselkraftstoff. Diese Tankstelle wurde in den sechziger Jahren umgebaut und bestand bis 1975, als die Hauptfeuerwache in das neue Gebäude in der Berliner Allee verlegt wurde.

Im selben Jahr wurde noch ein neuer PKW – ein »Wanderer« – in Dienst gestellt und ein alter PKW – ein »Brennabor« – ausgemustert. Und die Feuerwehr bekam ein Großbrandstellenkommandogerät, mit anderen Worten: eine Lautsprecheranlage, über die der Einsatzleiter seine Kommandos geben konnte.

Bei Großbränden war es damit für den Einsatzleiter viel schneller und zuverlässiger möglich, die eingesetzten Kräfte zu erreichen als mit Zeichen oder Signalen. Die neuen Fahrzeuge, auch der PKW, wurden so ausgerüstet, dass sich die Lautsprecheranlage anschließen ließ. Der Lautsprecher konnte auf jedes Scheinwerferstativ aufgesetzt werden.

Die Feuerwehr begeht ihre Jubiläen

Am 15. Mai 1938 wurden der neue Löschzug und die Lautsprecheranlage feierlich in Dienst gestellt. Eine Veranstaltung, bei der sich die Feuerwehr im Stil der Zeit ausgesprochen soldatisch präsentierte: Mit Stillgestanden, Abschreiten der Fronten, feierlich gehisster Flagge und Nationalhymne sowie im Gleichschritt hinter der Feuerwehrmusikkapelle marschierenden Feuerwehrmännern.

Zwei Monate vor Kriegsausbruch, am 1. und 2. Juli 1939, feierte die Freiwillige Feuerwehr Augsburg ihr 90-jähriges und die Berufsfeuerwehr ihr 40-jähriges Bestehen. Den Anfang machte ein »Kameradschaftsabend«, eine interne Feier im Ludwigsbau. Damit alles ruhig und geordnet ablief, wurden vorher detaillierte »Richtlinien über die Durchführung der Veranstaltungen« erlassen.

Umbaumaßnahmen

Die Hauptfeuerwache im alten Zeughaus war vor knapp vierzig Jahren bezogen worden. Seitdem hatte sich das Feuerlöschwesen sehr stark verändert. Grund genug für Branddirektor Alois Hammer, eine Reihe von Umbaumaßnahmen und Modernisierungen in die Wege zu leiten. Unter seiner Leitung wurde eine weitere Dienstwohnung (nämlich für den Branddirektor) geschaffen und

ein Teil der Einsatzzentrale unterkellert. In diesen Kellerräumen wurde eine Akkuanlage und im Erdgeschoss eine neue Fernmeldeanlage eingebaut. Weiterhin ließ er das erste Obergeschoss ausbauen; dabei wurden Mannschafts- und Diensträume neu gestaltet, ein neues Bad eingerichtet, die Telegrafen-, Schreiner-, Maler- und Bekleidungswerkstätte in neue Räume verlegt. Noch 1939 wurde das Erdgeschoss in eine moderne Fahrzeughalle umgebaut, der Hof gepflastert und eine Mannschaftsküche eingerichtet.

Eine stolze Bilanz also, die Dipl. Ing. Alois Hammer vorlegte, als er zum 1. Februar 1940 auf Anweisung von Heinrich Himmler als Baurat zur Feuerschutzpolizei nach Berlin versetzt wurde. Allerdings war das nur ein Abschied auf Zeit. Alois Hammer kehrte nach dem Krieg nach Augsburg zurück und leitete in seiner zweiten Amtszeit die Augsburger Berufsfeuerwehr von 1948 bis 1966.

Die Feuerwehr im Einsatz

Die Feuerwehr rückt aus

Im Normalfall konnte die Feuerwehr sehr schnell alarmiert werden: Über Telefon, einen der mittlerweile 157 Feuermelder oder durch die Polizei. Dadurch dass es jetzt leichter war, die Feuerwehr zu verständigen, nahm auch die Zahl der Fehlalarme und der »böswilligen Alarme« etwas zu. Gemessen an der Zahl der Gesamteinsätze lag der Anteil dieser »falschen Alarme« bei etwa zehn Prozent.

Die Alarmierung verlief in der Regel folgendermaßen: Der Notruf ging in der Hauptfeuerwache ein und wurde von den beiden Telefonisten bearbeitet. Auf jeden Fall rückte der Löschzug der Berufsfeuerwehr aus, also Kraftfahrspritze und Kraftfahrdrehleiter, auch wenn es sich nur um ein Kleinfeuer handelte. So auch in den Fällen, in denen nur ein Feuermelder betätigt worden war, also die Telefonisten noch gar nicht wussten, um was für eine Art von Einsatz es sich handeln werde.

Die Berufsfeuerwehrmänner eilten in die Fahrzeughalle; per Vorglüheinrichtung wurden die Fahrzeuge startklar gemacht. Der Löschzug verließ nach etwa einer Minute die Hauptfeuerwache und verschaffte sich durch Signalhorn und Signallicht Vorfahrt.

Gleichzeitig alarmierten die Telefonisten den Löschzug der freiwilligen Feuerwehr, der für den betreffenden Bezirk zuständig war.

Wenn ein Brand in einem besonders gefährdeten Objekt ausbrach wie in einem Theater, Warenhaus, Versammlungsraum, Museum oder Industriebetrieb, dann rückten auf die erste Feuermeldung gleich zwei oder drei Löschzüge aus, während ein vierter Löschzug (der freiwilligen Feuerwehr) die Hauptfeuerwache besetzte. Als Reservekräfte standen die Fabrikkompanie in den Betrieben zur Verfügung. Sie konnten ebenfalls sehr schnell alarmiert werden.

Am Brandort

Die kleinste taktische Einheit, die zur Brandbekämpfung notwendig ist, ist die Löschgruppe. Sie besteht aus neun Mann: Dem Löschgruppenführer, der das Kommando führt, dem Fahrer, der zugleich als Maschinist die Pumpe bedient, dem Melder, der für die Verständigung zuständig ist und dem Löschgruppenführer zur Seite steht, sowie dem Angriffstrupp, dem Wassertrupp und dem Schlauchtrupp. Diese Trupps bestehen jeweils aus zwei Mann, der Angriffstrupp beispielsweise aus dem Angriffstruppführer und dem Angriffstruppmann.

Am Brandort unternimmt die Löschgruppe den »dreigeteilten Löschangriff«. Dabei laufen drei Aktivitäten gleichzeitig ab: Der Wassertrupp baut die Wasserversorgung auf, schafft also mit einem Saugschlauch eine Verbindung von der Wasserentnahmestelle zur Pumpe am Löschfahrzeug.

Der Schlauchtrupp sorgt für die Verbindung zwischen Fahrzeug und dem so genannten Verteiler; dies geschieht in der Regel mit einem B-Schlauch. Und der Angriffstrupp schließt den Löschschlauch (in der Regel mit C-Rohr) an den Verteiler an. Zur Erläuterung: Der Verteiler ist eine Kupplung, an die zwei C-Schläuche und ein B-Schlauch (oder drei C-Schläuche) angeschlossen werden können.

Sobald die Wasserversorgung steht, beginnt der Angriffstrupp mit dem Löschen. Gleichzeitig kümmert sich der Schlauchtrupp darum, das zweite Löschrohr an den Verteiler anzuschließen. Ist ein drittes Rohr erforderlich, übernimmt dies der Wassertrupp.

Diese Taktik ermöglicht ein sehr effizientes Vorgehen. Soll beispielsweise mit einem B-Rohr gelöscht werden (vier Mann erforderlich!), können Schlauch- und Wassertrupp gemeinsam das zweite Rohr führen.

Die Feuerwehr im Zweiten Weltkrieg

Als Teil der Ordnungspolizei war die Feuerwehr in ein militärisch-polizeiliches Gesamtgefüge mit entsprechender Kommandostruktur eingegliedert. Schon vor Ausbruch des Krieges wurde sie auf ihre künftige Aufgabe vorbereitet: Sie wurde in den »Luftschutz« eingebunden, also den Schutz der Stadt und ihrer Bewohner vor möglichen Bombenangriffen. Die Organisation, die vor Ort Hilfe leisten sollte, war der so genannte Sicherheits- und Hilfsdienst. Die Feuerwehr – oder wie sie jetzt hieß: die Feuerschutzpolizei – war innerhalb dieser Organisation zuständig für den Feuerlöschdienst.

Das klingt zwar nahe liegend, führte jedoch zu einem Kompetenzproblem. Denn nun waren gleich zwei Ministerien für die Feuerwehr zuständig: Als Feuerschutzpolizei fiel sie in den Verantwortungsbereich des Reichsinnenministeriums, genauer gesagt von Heinrich Himmler, der als Reichsführer SS gleichzeitig Chef der Polizei war. Für den Luftschutz allerdings war das Reichsluftfahrtministerium zuständig.

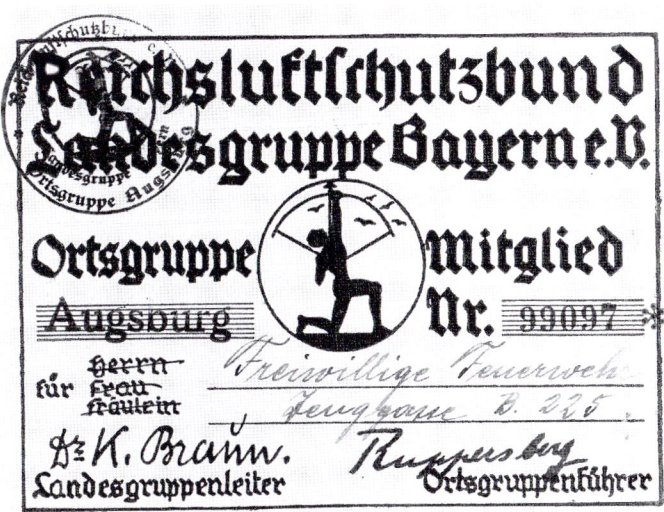

So sah im Dritten Reich der Mitgliedsausweis der Freiwilligen Feuerwehr Augsburg im Reichsluftschutzbund aus.

Zu den vorbereitenden Maßnahmen auf dem Gebiet des Luftschutzes im Vorfeld des Zweiten Weltkriegs gehörte auch der Bau von unterirdischen Löschwasservorratsbehältern.

Oben: Mit der Ansiedlung der Bayerischen Flugzeugwerke ab 1926 und des Siegeszugs der Fliegerei in den dreißiger Jahren erwarb sich Augsburg frühzeitig einen Ruf als »Fliegerstadt«. Zum Schutz der durch die Luftrüstung zunehmend ausgeweiteten Werksanlagen und des Werkflugplatzes beschafften die Bayerischen Flugzeugwerke A.G. (ab 1938 Messerschmitt) 1935 zwei Autotankspritzen mit Vorbaupumpe und Schaumausrüstung in offener Bauweise.

Mitte: Für den Ersteinsatz auf militärischen Flugplätzen gab es die nach Vorgaben des Reichsluftfahrtministeriums entwickelten Flugplatztankspritzen TS 2,5 auf Henschel Dreiachs-Fahrgestell (2500 l Wasser, 250 l Schaummittel).

Unten: Ergänzt wurden die Flugplatzfahrzeuge von Schlauchtendern, mit denen gegebenenfalls zusätzlich Personal, Schlauchmaterial und Schaummittel zum Einsatzort gebracht und die Löschwasserversorgung gesichert werden konnte.

Noch am 1. September 1939 wurden »Sondermaßnahmen auf dem Gebiet des Feuerschutzes« ergriffen, »da die Stärke der Feuerschutzpolizei mit der freiwilligen Feuerwehr als ungenügend betrachtet wurde«, wie das »Kriegstagebuch der Feuerschutzpolizei Augsburg« mitteilt, das vom ersten Tag des Krieges an geführt werden musste, um die wichtigsten Ereignisse festzuhalten. Zur Verstärkung der Feuerwehr wurden sogleich zahlreiche Bürger dienstverpflichtet, »um den bedeutend erweiterten Anforderungen genügen zu können«.

Das vorläufige Ende der freiwilligen Feuerwehr

Durch den Kriegsausbruch »kam die freiwillige Feuerwehr bereits damals praktisch zum Erliegen, wenn sie auch organisatorisch weiterbestand«, berichtete der Leiter der Berufsfeuerwehr Alois Hammer 16 Jahre später. Nach seinem Urteil war sie »durch die verhängnisvolle diktatorische Gewalt des Hitlerstaates« regelrecht »zerschlagen« worden. Die meisten Mitglieder wurden sofort zur Wehrmacht oder zum Sicherheits- und Hilfsdienst einberufen. Nur in den Rüstungsbetrieben blieben die Löschzüge (der Werkluftschutz) einsatzfähig.

Im Laufe des Krieges wurde die Lage immer prekärer. Einerseits waren Feuerlöschkräfte nötiger denn je, andererseits wurden immer mehr Männer einberufen, die irgendwie als »kriegstauglich« in Frage kamen. Ersatz sollten nicht mehr voll einsatzfähige ältere Männer und Angehörige der Hitlerjugend-Feuerwehr stellen.

Als auch diese Maßnahme nicht ausreichte, verpflichteten die Behörden so genannte »Hilfswillige« (HIWI). Das waren ausländische Hilfskräfte, beispielsweise aus Lettland oder der Ukraine, die sonst Zwangsarbeit hätten leisten müssen. Erst in der letzten Kriegsphase taten dann auch Frauen Dienst bei der Luftschutzpolizei.

Die Löschzüge

Für den Luftschutz wurden die Feuerlöschkräfte neu eingeteilt – und zwar in fünf Löschzüge zu je 17 Mann und acht so genannte »Halblöschzüge« zu je neun Mann.

In der Hauptfeuerwache blieben zwei Löschzüge und ein Halblöschzug; die übrigen Einheiten ver-

teilten sich auf vier Feuerhäuser oder wurden in Gasthäusern untergebracht. Verstärkt wurde dieses Kontingent durch zehn weitere Einheiten (zu je neun Mann), die in den Polizeirevieren einquartiert wurden.

Die Führer der Einheiten wurden angewiesen, die Unterkünfte für ihre Mannschaft entsprechend herrichten zu lassen, mit Aufenthalts- und Schlafraum. Jeder bekam einen Strohsack und zwei Wolldecken.

Die Zahl der Geräte war jedoch begrenzt: Ein Löschzug verfügte lediglich über je eine Kraftfahrleiter und Kraftfahrspritze, ein Halblöschzug nur über die Spritze. Die restlichen Einheiten besaßen überhaupt keine eigenen Fahrzeuge. In der Hauptfeuerwache standen noch ein Lastkraftwagen und zwei Schlauchwagen mit je sechs Mann Besatzung bereit.

Alles in allem verfügte die Augsburger Feuerwehr zu Beginn des Krieges über 25 Feuerlösch-Einheiten, mit insgesamt 259 Mann, 12 Kraftfahrspritzen und vier Kraftfahrleitern. Personell waren noch die mittlerweile 700 bis 800 Feuerwehrleute in den Industriebetrieben hinzuzurechnen!

Dienstplan der Feuerschutzpolizei

Formal blieb die bisherige Arbeitszeitregelung auch im Krieg bestehen. »Das Personal der Feuerschutzpolizei ist in zwei Wachbereitschaften eingeteilt, die jeweils 24 Stunden im Dienst sind. Darauf folgt eine 24-stündige Freizeit, in der gelegentlich Dienstleistungen zu verrichten sind«, heißt es im

Zum Schutz vor Bombensplittern war die an der Fassade des Zeughauses angebrachte Bronzegruppe mit einem Splitterschutz versehen.

Im weiteren Kriegsverlauf wurden die Bronzefiguren (hier St. Michael) vollständig demontiert.

Verwaltungsbericht für die Jahre 1939 und 1940. Zu den gelegentlichen »Dienstleistungen« in der Freizeit gehörte übrigens auch eine reguläre Schießausbildung – und nicht nur die obligaten »Sicherheitswachen« bei Veranstaltungen oder im Theater.

Der Verwaltungsbericht teilt vielsagend mit: »Vom 1.9.1939 wurde der Dienst den jeweiligen Verhältnissen des Krieges angepasst.«

Der Tagesplan für einen Berufsfeuerwehrmann sah 1939/40 folgendermaßen aus:

	Sommer	Winter
Wecken	6 Uhr	6.30 Uhr
Aufräumen der Schlafstätte, Waschen, Frühstück, Ausrüstung reinigen	6 bis 7 Uhr	6.30 Uhr bis 8 Uhr
Übungs- und Exerzierreglement	7 bis 9 Uhr	8 bis 9 Uhr
Frühstückspause	9 Uhr bis 9.30 Uhr	9 Uhr bis 9.30 Uhr
Arbeitsdienst	9.30 Uhr bis 11 Uhr	9.30 Uhr bis 11.30 Uhr
Appell und Ablösung	12 Uhr	12 Uhr
Arbeitsdienst	14 bis 17.30 Uhr	13.30 Uhr bis 17 Uhr
Bettruhe	22.30 Uhr	22.30 Uhr

Am Mittwoch wurde vom Nachmittagsplan etwas abgewichen: Anstelle des dreistündigen Arbeitsdienstes wurde in der ersten Stunde Unterricht erteilt, in der zweiten Stunde Sport und die restlichen eineinhalb Stunden blieben dem Arbeitsdienst vorbehalten. Der Unterricht war übrigens keine Schulung im engeren Sinne, es handelte sich vielmehr um »weltanschaulichen Unterricht«, mit anderen Worten: Den Feuerwehrmännern wurde die nationalsozialistische Ideologie eingehämmert.

Für Kraftfahrer stand jeden Dienstag und Mittwoch von 8 bis 8.30 Uhr ein Unterricht in »Straßenkunde« auf dem Plan.

Was da noch an freier Zeit übrig blieb, sollte auch nicht ungenutzt verstreichen: »An dienstfreien Nachmittagen sowie Sonn- und Feiertags müssen außerdem die zur Aufrechterhaltung der Schlagkraft erforderlichen Arbeiten ausgeführt werden.«

> Das Personal der Augsburger Berufsfeuerwehr/Feuerschutzpolizei wurde während des Krieges aufgestockt: 1941 verfügte sie über 53 Mann; 1942 über 60 Mann, 1943 über 61 Mann, 1945 über 74 Mann Einsatzpersonal, zuzüglich 13 Hilfskräfte.

Eine neue Limousine

Zweieinhalb Monate vor Kriegsbeginn, nämlich am 17. Juni 1939, bestellte die Stadtverwaltung für die Feuerwehr noch eine schmucke Limousine mit 55 PS. Es handelte sich um ein Modell der Firma Stoewer, die in Stettin ansässig war. Ende Januar 1940 stand das Fahrzeug dann »zur Abholung bereit«, wie die Firma die Stadtverwaltung wissen ließ. Da die Reichsbahn für den zivilen Verkehr gesperrt war, musste der Wagen von einem Kraftfahrer der Feuerschutzpolizei persönlich abgeholt werden. Zu diesem Zweck wurde ganz offiziell eine Dienstreise nach Pommern beantragt, für die 150 Liter Benzin bewilligt wurden. Über besondere Vorkommnisse auf dieser langen Dienstreise quer durch Deutschland ist nichts bekannt.

Zu Beginn des Krieges wurde die Befehlsstelle des Oberbürgermeisters in einen Luftschutzbunker verlegt.

Bombenangriffe

Am 25. und 26. Februar 1944 kam es zu drei folgenschweren Bombenangriffen. Die erste Angriffswelle richtete sich gegen die Rüstungsindustrie, genauer die Messerschmittwerke. Sie begann am 25. um 13.54 Uhr und dauerte eine knappe halbe Stunde. Der Werkluftschutz und Einheiten der Luftschutzpolizei (Berufsfeuerwehr) waren bis in die späten Abendstunden im Einsatz.

Da erreichte um 22.40 Uhr die zweite Angriffswelle Augsburg. Sie betraf das gesamte Augsburger Stadtgebiet und die Vororte. Eine Viertelstunde vor dem Angriff signalisierte die Luftschutzleitung, die Feuerwehrbereitschaften und Löschgruppen der Landkreise sollten sich nach Augsburg begeben – allerdings auf »eigene Verantwortung«. Größere Feuerlöschverbände von außerhalb durften erst nach Beginn der Angriffe angefordert werden, denn vorher war nicht abzusehen, ob die Angriffe Augsburg oder München galten.

Bevor die meisten auswärtigen Löschkräfte eintrafen, erreichte um 0.55 Uhr die dritte Angriffswelle die Stadt. Nach einer dreiviertel Stunde war sie vorüber. Die Schäden waren verheerend.

Durch die massiven Bombenangriffe waren die eigenen Löschkräfte hoffnungslos überfordert. Die Stadt brannte »an allen Ecken«, wie sich der damalige Kommandeur der Schutzpolizei, Major Karl Stäb, erinnert. Die Betriebe, die Wehrmacht, Reichsbahn und Reichspost brauchten ihre Löschkräfte selbst dringend.

Für die Stadt standen zunächst nur die Kräfte der Luftschutzpolizei und der freiwilligen Feuerwehr zur Verfügung; später kamen noch einige Lösch-

Oben: Am 17. April 1942 erfolgte zwischen 19.55 und 20.10 Uhr ein Zielangriff acht englischer Tiefflieger auf die MAN-Werke. Die angerichteten Schäden waren beträchtlich, jedoch im Vergleich zu den Auswirkungen der folgenden Kriegsjahre unbedeutend.

Mitte: Aufräumarbeiten wurden während des gesamten Krieges durch Arbeitskommandos der Wehrmacht durchgeführt.

Unten: Bombentreffer gab es auch bei der benachbarten Papierfabrik Haindl.

Nach einem Angriff amerikanischer Bomber auf die Messerschmitt-Werke hingen dichte Rauchschwaden über den südlichen Stadtteilen.

gruppen der Wehrmacht hinzu. Das waren zusammen 35 Löschgruppen, die im Kampf gegen die Flammen eingesetzt werden konnten.

Unter normalen Umständen wären 35 Löschgruppen für eine Stadt wie Augsburg eine stattliche Anzahl gewesen. Eine Löschgruppe war in der Lage, einen Brand in einem mittelgroßen Haus zu löschen. Nun brannten aber nicht 35 mittelgroße Häuser, sondern eine ganze Stadt. Die Luftangriffe

> Die Luftschutzpolizei verfügte über 18 Motorspritzen und drei Tragkraftspritzen, die elf Löschgruppen der freiwilligen Feuerwehr über elf weitere Spritzen. Hinzu kamen 16 Löschgruppen der Wehrmacht, 64 Löschgruppen der Werkfeuerwehren, 15 Löschgruppen der Reichsbahn und zwei der Reichspost.

verursachten rund 3000 Groß- und Mittelbrände sowie 1621 Kleinbrände.

Brandbekämpfung in der Flammenhölle

An eine geordnete, systematische Brandbekämpfung war nicht zu denken. Die auswärtigen Hilfskräfte kamen wegen verschneiter und vereister Straßen nur langsam in die Stadt. An den Ortseingängen wurden sie von Lotsen empfangen und bekamen ein bestimmtes Objekt oder einen Bereich zugewiesen, an dem sie tätig werden sollten. Die Löschkräfte konnten allerdings erst eingreifen, wenn sie den Befehl dazu hatten.

Diese Regelung hatte durchaus ihren Sinn, denn es kam ja darauf an, die vorhandenen Kräfte sinnvoll zu nutzen und nicht einfach nur »draufloszulöschen«. Wenn eine Taktik Erfolg haben sollte, mussten die Einsätze zentral gelenkt werden.

Doch es herrschten chaotische Verhältnisse. Überall versuchten Bürger im »Selbstschutz« die Flammen einzudämmen, was ihnen bei einer Vielzahl von Kleinbränden auch gelang. Erschwert wurden die Löscharbeiten durch geradezu arktische Temperaturen: Bei -18 °C fror das Löschwasser in einigen Schläuche und Spritzen einfach ein. Doch damit nicht genug: Der Wasserdruck war nur halb so stark wie sonst, hauptsächlich weil bei dem Nachmittagsangriff ein Wasserwerk am Lochbach getroffen wurde.

Einige Augsburger erinnerten sich später daran, wie auswärtige Feuerlöschkräfte »untätig herumstanden« und auf ihren Befehl warteten, während es ringsumher brannte. Major Karl Stäb nahm in einem ausführlichen Bericht zu diesen Vorwürfen Stellung. Demnach war der Einsatz durchaus kein Fehlschlag, sondern unter den extrem schwierigen Bedingungen überaus erfolgreich, denn er hatte sein wichtigstes Ziel erreicht, nämlich Großflächenbrände oder Feuerstürme zu verhindern.

Erstes Ziel war es, die Altstadt zu schützen, die am stärksten durch die Brände gefährdet war. Daher wurden zunächst die verfügbaren Löschgruppen in der Altstadt eingesetzt.

Es kamen mehr und mehr auswärtige Löschgruppen hinzu, aus München, aus Ulm, aus Stuttgart, aus Nürnberg und Ingolstadt. Einige waren Stunden im offenen Wagen durch die eisige Kälte unterwegs gewesen, ehe sie Augsburg erreichten. Wie Karl Stäb berichtet, waren in den Morgenstunden des 26. Februars im Stadtgebiet 337 Löschgruppen im Einsatz.

Unter schwerster Belastung gelang es ihnen, eine noch größere Katastrophe abzuwenden. »Ich glaube«, schrieb Karl Stäb, »dass es keine Stadt in Deutschland gibt, die drei so schwere Angriffe mit so geringen Menschenverlusten überstanden hat.« Die Bilanz der Bombenangriffe war dennoch traurig: 730 Augsburger starben, rund 1400 wurden verletzt, rund 90 000 Menschen waren obdachlos.

In der Nacht des 25./26. Februar 1944 genügte das kurzfristige Anlaufen der Vernichtungsmaschinerie, um das über Jahrhunderte gewachsene Stadtbild des alten Augsburg nachhaltig zu verändern. Ganze Straßenzüge wurden in Schutt und Asche gelegt, der Gang durch die von einsturzgefährdeten Fassaden gesäumten Straßen vermittelte einen beklemmenden Eindruck.

Auch der Dachstuhl im Zunftgebäude der Weber am Moritzplatz hielt den Brandbomben nicht stand.

Linke Seite oben: Inmitten des tosenden Infernos bekämpften zwei Feuerwehrmänner einen Brand.

Linke Seite unten: Die Löscharbeiten in der Annastraße waren beendet: Brandschutt, Chaos, soweit das Auge reichte.

Das Ende des Krieges

Die drei Bombenangriffe vom Februar 1944 waren nicht die letzten. Doch gab es keine vergleichbaren Zerstörungen mehr.

In den Kriegsjahren verunglückten sieben Feuerwehrmänner im Dienst tödlich, 54 starben als Soldaten an der Front. Als am 28. April 1945 die amerikanischen Truppen in Augsburg einrückten, war von der Feuerwehr nicht mehr viel übrig geblieben.

In den letzten Kriegsmonaten wechselte ständig das Personal. Die technische Ausstattung war nur noch dürftig. Und weil die Feuerwehrmänner als Angehörige der Ordnungspolizei SS-Soldbücher besaßen, wurden fast alle Berufsfeuerwehrmänner wegen der Zugehörigkeit zu einer verbotenen Organisation entlassen und die freiwillige Feuerwehr von der Besatzungsmacht verboten.

Linke Seite oben: Ausgebrannte Ruinen waren von den erkerverzierten Wohn- und Geschäftsbauten, vom Rathaus und vom Perlachturm übrig geblieben.

Linke Seite unten: Der Hauptbahnhof war als wichtige Verkehrsdrehscheibe vor allem ab November 1944 mehrfach Hauptziel größerer Bomberverbände. Am 27. Februar 1945 detonierten 2200 Sprengbomben im und um den Hauptbahnhof. Schwerste Schäden entstanden im Gleisbereich,

an Oberleitungen und Bahnfahrzeugen, der Zugverkehr kam zum Erliegen. Die nüchterne Bilanz dieses letzten großen Luftangriffs: 239 Tote!

Oben: Blick durch das Jakobertor in die Jakoberstraße: Augsburg hat sich in eine Ruinenlandschaft verwandelt! Im Vergleich mit anderen deutschen Großstädten sah Augsburgs Bilanz aber eher günstig aus: »Nur« 24 Prozent des Wohnraums galten als völlig zerstört.

Chronik
der Feuerwehrgeschichte

1933   Dampfspritzenzug wird aufgelöst

1934   Sängerhalle im Stadtgarten brennt ab
Zweiter Telefonist für die Alarmzentrale eingestellt

1935   Wegen Krankheit tritt Oberkommandant Georg Voegeli zurück;
Nachfolger: Fritz Dill.
Erstes Wasserfahrzeug wird angeschafft
Gasmasken-Prüfraum wird in Betrieb genommen

1936   Berufsfeuerwehr wird der Polizeiaufsichtsbehörde unterstellt
freiwillige Feuerwehr wird zur »Hilfspolizeitruppe«
Alois Hammer wird Leiter der Berufsfeuerwehr; Fritz Dill ist
nur noch für die freiwillige Feuerwehr zuständig
Genormter Stahlhelm wird eingeführt

1937   Neuer Diesel-Löschzug wird in Dienst gestellt (Daimler/Magirus,
Metz-Leiter, 27 m)
Dieseltankstelle wird eingerichtet
Kommandolautsprecheranlage wird beschafft

1938   Das »Reichsgesetz über das Feuerlöschwesen« tritt in Kraft
Neue Fernmeldeanlage in der Hauptfeuerwache installiert
Feuerwehrvereine werden aufgelöst; die Freiwillige Feuerwehr
Augsburg ist im Zeughaus und in neun Gerätehäusern in der
Stadt untergebracht

1939   Hauptfeuerwache wird umgebaut
Feuerwehr begeht Jubiläum zum 90- (freiwillige Feuerwehr)
bzw. 40-jährigen (Berufsfeuerwehr) Bestehen im Ludwigsbau
Nach Ausbruch des Zweiten Weltkriegs wird die Berufsfeuer-
wehr Teil des Luftschutzes; 25 Feuerlöscheinheiten werden
aufgestellt
Wegen Einberufungen kommt die Arbeit der freiwilligen
Feuerwehr praktisch zum Erliegen
Fabrikfeuerwehren werden zum Werkluftschutz.

1940   Alois Hammer wird als Baurat zur Feuerschutzpolizei nach
Berlin versetzt; neuer kommissarischer Leiter der Berufsfeuerwehr wird Richard Frosch
Heinrich Himmler erlässt die »Anordnungen über den Bau
von Feuerwehrfahrzeugen«, die bis in Detail die Fahrzeug-
typen normieren

1942   Ernst Schilling wird Leiter der Berufsfeuerwehr
In der Hauptfeuerwache wird eine Lautsprecheranlage
eingebaut

1944   Schwere Bombenangriffe in der Nacht zum 26. Februar;
Augsburg brennt; 730 Tote, ca. 1400 Verletzte, 90 000 Augsburger obdachlos

1945   Amerikanische Truppen rücken am 28. April in Augsburg ein

Die Nachkriegszeit

Der Zweite Weltkrieg ist zu Ende. Als die Amerikaner am 28. April 1945 nach Augsburg einrücken, finden sie eine Stadt in Trümmern vor. Zwar ist Augsburg nicht ganz so stark zerstört wie etwa München, doch fast alle öffentlichen Gebäude sind beschädigt, eingestürzt, ausgebombt: das Rathaus, das Stadttheater, der Perlachturm, Regierungsgebäude sowie zahlreiche Kirchen. Das öffentliche Leben ist lahmgelegt, die Verwaltung mehr oder minder zusammengebrochen. Als eine der wenigen öffentlichen Einrichtungen besteht noch die Berufsfeuerwehr. Mit 63 Planstellen ist sie sogar so stark besetzt wie nie zuvor. Allerdings wechselte in den letzten Kriegsmonaten sehr häufig das Personal. Durch die Anstrengungen im Krieg ist die Feuerwehr technisch und personell in einem eher desolaten Zustand.

Die ersten Maßnahmen der Militärregierung: Die Feuerwehr wird aus der Polizei wieder ausgegliedert und bekommt den Namen »Fire Brigade«. Aufsicht und Befehlsgewalt erhält der »Fire Chief«. Zum ersten »Fire Chief« wird Josef Duna ernannt, bis dahin »Hauptmann der Reserve«.

Doch Duna und seine Feuerwehrmänner bleiben nicht lange im Dienst. Als ehemalige Feuerschutzpolizisten waren sie fast ausnahmslos Mitglieder der NSDAP. Die Militärregierung entlässt deshalb zum 30. Juli 1945 nahezu die gesamte Feuerwehr. Nur fünf Angestellte dürfen bleiben, darunter die beiden Reinigungskräfte.

Noch schlimmer trifft es die freiwillige Feuerwehr: Am 23. August 1945 werden alle Kompanien aufgelöst und verboten.

Von der Fire Brigade zur Stadtfeuerwehr

In der ersten Zeit ist die Feuerwehr vollauf damit beschäftigt, langsam zu geordneten Verhältnissen zurückzukehren. Die »Fire Brigade« untersteht direkt der Augsburger Militärverwaltung, besondere Vorkommnisse müssen gemeldet werden. Der zuständige Leutnant bei den Amerikanern trägt ausgerechnet den Namen Fire. An ihn richtet Fire Chief Josef Duna am 11. Juli 1945 folgendes Schreiben:

»Bei der Kontrolle der Feuerwehr-Gerätehäuser wurde im Gerätehaus der Freiwilligen Feuerwehr Siebenbrunn festgestellt, dass dort ein Anhänger fehlt. Die Nachfrage in der Nachbarschaft ergab, dass er mit den dazugehörigen Geräten beim Einmarsch der Besatzungstruppen von diesen mitgenommen wurde. Die tragbare Kraftspritze fanden die Männer der freiwilligen Feuerwehr später im Bach liegend demoliert vor, wo sie geborgen und wieder in die Gerätehalle verbracht werden konnte. Der Anhänger blieb verschwunden. Über den Verbleib konnte nichts ermittelt werden. Ich bitte dies zur Kenntnis zu nehmen, gegebenenfalls an die Polizeidienststellen weiterzuleiten.«

In einem zweiten Schreiben unterrichtet Duna Mr. Fire davon, dass an der Ausweichtankstelle der Feuerwehr von Unbekannten nicht weniger als 466 Liter Treibstoff entwendet wurden. In diesen Zeiten Chef der Feuerwehr zu sein, war ein mühsames Geschäft.

Auch der Augsburger Berufsfeuerwehr selbst werden Geräte und Fahrzeuge weggenommen, darunter auch jener PKW der Marke Stoewer, der 1940 unter abenteuerlichen Bedingungen aus Stettin geholt worden war. Doch über diese Vorfälle bewahrt der »Fire Chief« vorsichtiges Stillschweigen, waren es doch amerikanische Soldaten, die diese Gegenstände der Feuerwache »entnahmen«.

Ganze dreieinhalb Monate ist Josef Duna Augsburger »Fire Chief«. Den August über bleibt er noch im Dienst, obwohl er bereits entlassen ist, denn er führt seinen Nachfolger in das Amt ein: Leopold Gumbold. Als Gumbold am 1. August seinen Dienst antritt, hat sich auch die Bezeichnung der Feuer-

wehr geändert. Aus der »Fire Brigade« ist die »Stadtfeuerwehr Augsburg« geworden.

Die Ära Leopold Gumbold

Eigentlich war Leopold Gumbold im Juli 1945 ja
nur auf der Durchreise. Der gebürtige Wiener war
im nordfriesischen Husum in englische Gefangen-
schaft geraten, aber schon nach einem Monat wieder entlassen worden. Nun wollte er in seine Hei-
matstadt zurückkehren. In Augsburg machte er
lediglich Station, um eine befreundete Familie zu
besuchen.

Doch Gumbold ist kein gewöhnlicher Kriegs-
heimkehrer. Er hat ein besonderes Interesse: die
Feuerwehr. In Wien war er Berufsfeuerwehrmann,
ein echter Allrounder mit Erfahrungen im Telegra-
fen- und Sanitätsdienst, als Taucher und Schiffsfüh-
rer, er war Ausbilder im »Brand-, Schaum- und Wasserdienst« und »Meister der Feuerschutzpolizei«. In
den letzten Kriegsjahren wurde er ins Baltikum
abkommandiert, er sollte sich um die Angleichung
der dortigen Feuerwehren kümmern.

In Augsburg erkundigt sich Gumbold nach den
»Feuerwehrkollegen« und wird an die Feuerwache
am Zeugplatz verwiesen. Fast 40 Jahre später erinnert sich Gumbold, dass er dort »folgende Lage vor-
fand«:

»Die Wache war besetzt mit einem Reservehaupt-
mann, einem Bezirksleutnant der Polizeireserve
und zwei ehemaligen Beamten des Löschdienstes,
einem Kanzleibeamten, einer Angestellten und
sechs Luftschutzpolizisten sowie zwei Putzerinnen.
Der Hauptmann Duna erklärte mir, dass durch die
amerikanische Militärregierung er selbst sowie alle
ehemaligen Angehörigen der Feuerschutzpolizei
Augsburg entlassen wurden. Er ersuchte mich, den
Dienst zu übernehmen, damit er nach Hause gehen
könnte. Nach einem Telefonat mit der Militärregierung wurde ich dort hinbestellt und durch die Herren Major Zappitz, den Leutnanten Glas und Fire
auf meine Person und meine Kenntnisse als Feuer-
wehroffizier überprüft.«

Die Überprüfung fiel »zur Zufriedenheit der drei
Herren aus«, und so übernahm Gumbold »die
Geschäfte im Zeughaus am 1.8.1945 mit den zwei
ehemaligen Beamten, dem Kanzlisten, der Büroan-
gestellten und den sechs Luftschutzpolizisten sowie
den zwei Putzerinnen.«

Neue Feuerwehrmänner

Auch wenn durch Übernahme der Putzerinnen
immerhin schon für saubere Diensträume gesorgt
war, so gab es doch einen eklatanten Mangel an
Feuerwehrmännern. Auf die entlassenen Männer
durfte Gumbold nicht mehr zurückgreifen. Wen
sollte er also verpflichten? »Leute von der Straße«,
beschied ihm sein amerikanischer Vorgesetzter.
Und so begab sich Gumbold tatsächlich auf die
Straße, sprach zum Beispiel am Königsplatz mit den
Leuten, erkundigte sich nach Männern, »die durch
ihre Tätigkeit als Luftschutzwarte einige Kenntnisse
im Feuerlöschen hatten«. So wurden die ersten
Nachkriegsfeuerwehrmänner rekrutiert und »im Ein-
vernehmen mit der Stadtverwaltung« angestellt.

Die neuen Angestellten waren sehr eifrig und
lernfähig, und das mussten sie auch sein, denn ihre
»Kenntnisse im Feuerlöschen« waren praktisch nicht
vorhanden. Leopold Gumbold musste ihnen nahezu alles beibringen und im Ernstfall zunächst einmal selbst mit Hand anlegen: »Ich begann, meine
Männer mit Hilfe des im Dienst verbliebenen Feuerwehrbeamten Neher im Branddienst zu unterrich-
ten, ich musste jedoch bei Bränden selbst mit dem
Strahlrohr vorgehen, da meine Männer noch keine
Erfahrung im Löschen hatten.«

Und es fehlte nicht nur an Erfahrung. Es existierten auch keine Dienst- und Ausbildungsvorschrif-
ten. Also erstellte Gumbold selbst welche. Und sein
Engagement wurde belohnt: »Durch intensive
Arbeit und strenges Üben wurde meine Mannschaft
immer besser.«

Im September 1945 arbeiten für die Feuerwehr
immerhin schon 90 Angestellte, davon 68 im Lösch-
dienst, der Rest in Werkstätten und Büros. Kurze
Zeit später werden es 92, wobei 76 davon im Feuerlöschdienst arbeiten und 16 in der Verwaltung
und im Werkstättendienst.

Stadtverwaltung und Militärbehörden zeigen sich
beeindruckt. Gumbold nutzt die Gunst der Stunde
und bittet die Militärregierung, elf ehemalige Angehörige der Feuerschutzpolizei, die entlassen worden waren, für einen Monat anzustellen: Als Ausbilder, als Kraftfahrer und um Pumpen und Drehleiter
sachgemäß zu bedienen. Seiner Bitte wird entspro-
chen. Nach weiteren, zähen Verhandlungen
bekommt Gumbold die Erlaubnis, die elf bis zu seiner eigenen Entlassung im Dienst zu behalten.

Dienstplan und Ausbildung

Die Dienstzeit bleibt unverändert: 24 Stunden Wachdienst, danach 24 Stunden dienstfrei. In dringenden Fällen kann jeder »auch an wachfreien Tagen zu allen Wach- und Feuerwehrdiensten herangezogen werden«. Bei größeren Bränden oder Unglücken ist ohnehin jeder gehalten, »unverzüglich in der Hauptfeuerwache einzurücken«.

Und die Feuerwehrmänner müssen nicht nur ihren Dienst tun, sondern zugleich ausgebildet werden. Daher stellt Gumbold einen Dienstplan auf, in dem zwischen Bereitschafts-, Werkstätten und Hallendienst verschiedene Ausbildungsblöcke geschoben werden: Umgang mit den verschiedenen Leitern, Wasserrettung, Saugleitungen legen, Schläuche über Treppen tragen, einsturzgefährdetes Mauerwerk abstützen, das Löschen mit Schaum und vieles mehr. Die Ausbildungseinheiten werden für jeden Tag neu festgelegt. Doch gibt es auch ein gleichbleibendes Zeitraster für den Dienstplan:

Wecken	6 Uhr
Frühstück, Unterkunft reinigen, Dienstablösung	6.10 bis 7.30 Uhr
Werkstätten- und Hallendienst/Grundausbildung	7.30 bis 8.30 Uhr
Frühstückspause	8.30 bis 9 Uhr
Ausbildung	9 bis 11 Uhr
Werkstätten- und Hallendienst/Unterricht	14 bis 15.15 Uhr
Pause	15.15 bis 15.45 Uhr
Werkstätten- und Hallendienst/Unterricht	15.45 bis 17 Uhr

Hauptaufgabe Sprengen und Einreißen

Die neue Feuerwehr hat gleich alle Hände voll zu tun. Ständig muss sie ausrücken – im Februar 1946 allein zu 145 Einsätzen, so oft wie früher im Laufe eines Jahres, wie Gumbold nicht ohne Stolz anmerkt. In den Jahren 1945 und 1946 verzeichnet die Statistik so viele Einsätze wie nie zuvor. Der

Grund dafür: Zahlreiche Hausruinen und Schornsteine, die durch die Bombenschäden einsturzgefährdet sind, müssen eingerissen oder gar gesprengt werden. Damals »unsere Hauptaufgabe«, wie Gumbold sich später erinnert. Willkommener Nebeneffekt: Für Sprengen und Einreißen erhält die Feuerwehr Geld; diese Arbeiten bringen also Einnahmen in die Stadtkasse.

Von Juni 1945 bis Mai 1946 rückte die Feuerwehr insgesamt 890 mal aus:
▶ 7 Großbrände
▶ 18 Mittelbrände
▶ 58 Kleinbrände
▶ 17 Brände außerhalb der Stadt
▶ 13 Falsche Alarme
▶ 9 Verkehrshindernisse
▶ 78 Tiertransporte
▶ 43 Tierunfälle
▶ 341 Beseitigungen von Luftangriffsschäden (Sprengungen)
▶ 289 Allgemeine Hilfeleistungen
▶ 8 »Fahrzeugbeistellungen« (Auspumparbeiten)
▶ 5 Einstürze
▶ 4 Sturmschäden.

Außerdem ist Gumbold, der im Februar 1946 von Oberbürgermeister Dr. Dreyfuss zum Branddirektor ernannt wird, für die »feuerpolizeilichen Begehungen« zuständig. In amerikanischen Lazaretten, Unterkünften, Treibstofflagerplätzen, Betrieben und Magazinen prüft er die Brandsicherheit.

Reparieren und Improvisieren

In der ersten Zeit wird viel repariert und noch mehr improvisiert. Die Fahrzeuge werden notdürftig instandgesetzt, einige Modelle jedoch können nur noch als Ersatzteilträger ausgeschlachtet werden. In dieser Notsituation entstehen einige eigenartige Konstruktionen, von denen manche noch in den fünfziger Jahren mehr schlecht als recht ihren Dienst tun.

Es sind aber nicht nur die Fahrzeuge, die repariert werden, auch Schläuche werden geflickt. Allerdings leidet Augsburg nicht wie viele andere

Städte unter einem Mangel an Feuerwehrschläuchen. »Schläuche hatte ich genug«, bemerkte Gumbold. Uniformen und Stiefel werden »in Stand gesetzt«, was eine höfliche Umschreibung dafür ist, dass Insignien und Abzeichen des vorangegangenen Staats entfernt werden. Aber auch die Feuerwache selbst wird ausgebessert, 131 Feuermelder werden wieder instand gesetzt und die Feuermeldeschleifen im Stadtteil Pfersee erneuert und in Betrieb genommen.

Immerhin verfügt die Feuerwehr über fünf Löschfahrzeuge, eine Drehleiter, einen Schlauchwagen und einen »Transportwagen für Großtiere«, der in der eigenen Werkstatt gebaut wurde.

Brand im Gaswerk

Am 16. September 1945 entsteht im städtischen Gaswerk in zwei Kohlebunkern ein Brand mit sehr starker Rauchentwicklung. Die 1400 Tonnen eingelagerte Kohle haben sich offenbar selbst entzündet. Die Feuerwehr muss mit Atemschutz löschen und die Bunker vollständig entleeren. Die Brandwache mit jeweils sechs Mann dauert fast 46 Stunden. Vier Tage später kommt es in zwei anderen Bunkern abermals zum Brand. Diesmal dauert die Brandwache mehr als 80 Stunden. Eingesetzt werden ein bis drei C-Rohre, Sauerstoffgeräte und Gasmasken.

Keine zweite Feuerwache

Nach den Plänen der Militärregierung sollte bald eine zweite Feuerwache eröffnet und das Personal auf 138 aufgestockt werden. Doch Leopold Gumbold konnte Major Zappitz und Leutnant Fire überreden, die Pläne wieder fallenzulassen. Der Bau einer zweiten Feuerwache hätte nach Gumbolds Überzeugung die städtischen Finanzen zu stark belastet. Der Branddirektor argumentierte, dass die Stadtfeuerwehr »in ihrem jetzigen Zustand voll ihrer Aufgabe gewachsen« sei. Mr. Zappitz und Mr. Fire ließen sich überzeugen, und so blieb vorerst alles beim Alten.

Leopold Gumbold verlässt Augsburg

Im Mai 1946 wurden von der amerikanischen Militärregierung alle zivilen Dienststellen an die deutsche Verwaltung zurückgegeben. Leopold Gumbold war nun kein »Gefangener« der Amerikaner mehr. Als Österreicher war er vielmehr Ausländer, und mit Ausländern schlossen die deutschen Verwaltungsbehörden damals keine Dienstverträge ab. Leopold Gumbold musste Deutschland verlassen. Sein Dienst endete am 22. Juli 1946. Er kehrte nach Wien zurück. »Dass mir dies nicht leicht fiel, meinen mit so vielen Mühen aufgebauten und erfolgreichen Wirkungskreis zu verlassen, können Sie sich sicherlich vorstellen«, schrieb er später. Auch auf Seiten der Feuerwehr war das Bedauern groß, denn Gumbold war nicht nur ein erfolgreicher, sondern auch ein sehr beliebter Feuerwehrchef.

In Wien musste er wieder als einfacher Feuerwehrmann anfangen, da die alten Dienstgrade nicht anerkannt wurden. 1951 wurde er zum Oberlöschmeister ernannt, 1956 beendete er seine aktive Laufbahn und machte sich als Lehrer im Feuerwehrwesen in Österreich einen Namen.

Doch kehrte er im Alter von 79 Jahren wieder nach Augsburg zurück. Nach dem Tod seiner ersten Frau hatte er ein zweites Mal geheiratet, eine Augsburgerin. Der Feuerwehr blieb er verbunden, einmal im Monat traf er sich mit seinen ehemaligen Kollegen von der Stadtfeuerwehr. Und auch zu seinen Nachfolgern, Alois Hammer und Josef Korschinsky, hatte er ein gutes, kameradschaftliches Verhältnis. Leopold Gumbold starb am 26. Juli 1985 in Augsburg.

Die Neugründung der freiwilligen Feuerwehr scheitert

Mit der Übergabe der zivilen Verwaltung an die deutschen Behörden wurde auch das Verbot der freiwilligen Feuerwehr aufgehoben. Sogleich gab es Überlegungen, wieder eine freiwillige Feuerwehr zu gründen, die möglichst reibungslos mit der Berufsfeuerwehr zusammenarbeiten sollte. Es war gewissermaßen eine Verkehrung der Situation von 1899: Damals hatte die freiwillige Feuerwehr eine Berufsfeuerwehr geschaffen, nun wollte die Berufsfeuerwehr die Neugründung der freiwilligen Feuerwehr forcieren.

Doch alle Versuche schlugen fehl. Dafür gibt es eine Vielzahl von Erklärungen: Zunächst einmal hätte die freiwillige Feuerwehr bei Null anfangen müssen; es gab weder Geräte noch Räumlichkeiten, und auch die Alarmierungseinrichtungen bestanden

Ganz oben: Natürlich wurde bei der Erstausstattung der US-Militärfeuerwehr zunächst auf Gerät aus amerikanischer Kriegsproduktion zurückgegriffen.

Oben: Im Stil der Zeit präsentiert sich die deutsche Fahrzeugbesatzung im »Eisenhower-Jacket«.

nicht mehr. Die finanziellen Mittel der Stadt waren knapp, die freiwillige Feuerwehr hätte sich zu einem erheblichen Teil selbst finanzieren müssen. Und schließlich bestand nach dem Krieg eine gewisse Abneigung dagegen, eine Uniform anzuziehen.

Und so gab es in Augsburg bis in die siebziger Jahre hinein keine freiwillige Feuerwehr mehr. Deshalb baute die Berufsfeuerwehr auf die Unterstützung durch die US-Feuerwehr und die Werkfeuerwehren.

Die US-Feuerwehr

Gleich nach dem Krieg baute die amerikanische Besatzungsmacht in Augsburg ein US-Army Fire Department auf (nicht zu verwechseln mit der erwähnten »Fire Brigade« unter Josef Duna). Diese Armeefeuerwehr war für alle Einrichtungen der Amerikaner zuständig: Zum Beispiel Kasernen, Werkstätten, Lager, Fuhrparks, Munitions- und Waffendepots, Übungsgelände, Wohnungen, Einkaufsläden, Schulen und Kindergärten. Technisch war sie

hervorragend ausgestattet, lange Zeit wesentlich besser als die städtische Feuerwehr.

Das Personal bestand ausschließlich aus Deutschen, die als Zivilangestellte für die US-Armee arbeiteten. Sie taten ihren Dienst in acht »Fire stations«, die auf dem Militärgelände untergebracht waren. Ende der vierziger, Anfang der fünfziger Jahre gehörten bis zu 120 Feuerwehrmänner zu dieser Einheit. Sie waren gut ausgebildet und kooperierten bereitwillig mit ihren städtischen Kollegen.

Von Anfang an war die US-Feuerwehr in das Alarmierungsnetz der städtischen Feuerwehr eingebunden. Im Bedarfsfall rückte sie bis weit ins schwäbische Umland mit aus. Gefragt war sie vor allem bei Großeinsätzen oder wenn ein besonderes Gerät benötigt wurde wie zum Beispiel ein Wasserwerfer, über den die US-Einheit verfügte, aber nicht die städtische Feuerwehr. Oder wenn brennende Flüssigkeiten gelöscht werden mussten, wozu Löschschaum am besten geeignet war. Schaummittel waren damals aber sehr teuer. Und so versorgten die »Amerikaner« ihre städtischen Kollegen damit. Vor allem das Schaummittel »Light

Häufig wurde die US-Feuerwehr in den ersten Nachkriegsjahren zur Unterstützung der mangelhaft ausgestatteten städtischen Kollegen herangezogen – hier bei einem Brand im Munitionsdepot Haunstetten 1947.

Bei einem 1949 in Frankfurt am Main ausgetragenen Wettbewerb der europäischen US-Feuerwehren ging die Militärfeuerwehr Augsburg als Sieger hervor und erhielt als Preis eine der ersten von der Karlsruher Firma METZ für die US-Streitkräfte in Deutschland gebauten Drehleitern DL 22+2.

water« war sehr begehrt; bei den deutschen Feuerwehren kam es erst Jahre später offiziell in Gebrauch.

Es gab eine ganze Reihe gemeinsamer Übungen mit der städtischen Feuerwehr, 1949 beispielsweise eine Großübung am Stadttheater. Auf Führungsebene pflegte die US-Einheit einen regelmäßigen Informations- und Meinungsaustausch; es gab Informationsveranstaltungen und Führungen durch die Kasernen. Allerdings war die städtische Feuerwehr bei Einsätzen auf dem Militärgelände zunächst ausgeschlossen.

Beste Militärfeuerwehr

Die Feuerwehrkompanie in der Reese-Kaserne wurde 1958 mit dem Prädikat »Beste Militärfeuerwehr im südlichen Befehlsbereich« ausgezeichnet. Ihr Leiter, Fire-Chief Josef Urban, nahm die begehrte Trophäe dankbar in Empfang, seine Kompanie durfte sich nun »Honor Fire-Station« nennen. Grundlage für diese Auszeichnung war ein harter Wettbewerb, an dem sich 35 Feuerwehrkompanien im Dienste der US-Armee beteiligt hatten. Die Augsburger Berufsfeuerwehr sprach nicht nur ihre Glückwünsche aus, sie übernahm mit einem Tanklöschfahrzeug in der Reese-Kaserne den Wach-

dienst, während die Kollegen ihre Auszeichnung feierten.

Durch das NATO-Truppenstatut war nach dem 1. Juli 1959 die Augsburger Berufsfeuerwehr nun auch für das US-Militärgelände zuständig. Die Berufsfeuerwehr brauchte nun detaillierte Ortskenntnis. Gemeinsam mit den US-Kompanien entwickelte sie Einsatz- und Objektpläne und führte Übungen auf dem Gelände durch. Musste die Berufsfeuerwehr aufs Militärgelände, wurde sie an der Zufahrt von der Militärpolizei, später vom Fire Chief empfangen und zum Einsatzort geleitet.

Nach und nach wurde nun die Mannschaftsstärke der US-Feuerwehr reduziert. Bis zum vollständigen Abzug der US-Einheiten im August 1998 waren noch fünf »Fire Inspectors« tätig, die im wesentlichen nur noch Kontrollgänge durchführten und in der Feuermeldestelle dolmetschten.

Die Werkfeuerwehren

Noch prägender für den Brandschutz in Augsburg erwies sich die Einbindung der Werkfeuerwehren in den Einsatzdienst. Die Löscheinheiten der Betriebe traten gewissermaßen an die Stelle der freiwilligen Feuerwehr und wurden stärker als bisher in die Einsatzplanung einbezogen. Nun hatte die Zusammenarbeit von städtischer Feuerwehr und Werkfeuerwehren eine lange ehrwürdige Tradition. Bis dahin war es allerdings eher üblich, dass die städtische Feuerwehr den Werkfeuerwehren bei einem

Brand auf ihrem Firmengelände beisprangen. Von nun an beteiligten sich die Werkfeuerwehren häufig an Einsätzen, die sich in der Stadt, jenseits ihres Fabrikzaunes, abspielten. Die Stadt schloss mit den Betrieben entsprechende Verträge ab; einige Vereinbarungen gelten auch heute noch.

Für diese Einsätze waren die Werkfeuerwehren recht gut gerüstet. Die Fabrikkompanien waren im Wesentlichen erhalten geblieben, ihre Angehörigen waren alle im selben Betrieb tätig, oft wohnten sie auch in derselben Siedlung in der Nähe der Fabrik. Auch technisch waren sie relativ gut ausgestattet: Nach dem Krieg hatten einige Betriebe Löschfahrzeuge aus Beständen der ehemaligen Luftschutz-

In den ersten Nachkriegsjahren bestanden acht Werkfeuerwehren mit rund 300 Aktiven. Daran sollte sich bis Anfang der siebziger Jahre nicht viel ändern. Zusammen verfügten sie über:
▶ 8 Löschfahrzeuge
▶ 2 Kraftfahrdrehleitern
▶ 19 Tragkraftspritzen.

feuerwehr erworben. Ein weiterer Vorteil: Das Alarmierungssystem für die Löschzüge war nicht völlig zerstört wie das der freiwilligen Feuerwehr, es konnte nach kurzer Zeit wieder hergestellt werden.

Nachdem eine freiwillige Feuerwehr nach Ende des 2. Weltkriegs nicht mehr zustande kam, waren die funktionsfähig gebliebenen Feuerwehren der Industrie wesentliche Stützen des Brandschutzes der Stadt Augsburg. Beispielhaft seien hier die Werkfeuerwehren der MAN ...

... und der Spinnerei und Weberei Augsburg SWA genannt.

Die Berufsfeuerwehr konsolidiert sich

Nach dem Ausscheiden von Leopold Gumbold war erst Oberbrandmeister Anton Reiß, dann Brandobermeister Johann Memminger (vom 1.10.1946–30.4.1948) kurze Zeit für die Berufsfeuerwehr verantwortlich, bis am 1. Mai 1948 Alois Hammer ein zweites Mal die Leitung übernahm. In der 18-jährigen Amtszeit von Hammer entwickelte sich die Augsburger Feuerwehr nach und nach zu einer modernen Großstadtfeuerwehr.

Doch davon war in den ersten Nachkriegsjahren noch wenig zu spüren. Wie überall in Deutschland herrschte Mangel. Es musste weiter improvisiert werden – wenn auch auf langsam steigendem Niveau. Am 1. März 1947 wurden in Bayern eine neue Dienstkleidung und neue Abzeichen eingeführt. »Nach Möglichkeit« sollten die Uniformen bis 1. Januar 1948 entsprechend abgeändert werden. Wobei das Tragen der grünen Uniformen und der Abzeichen aus dem Dritten Reich sofort verboten wurde. Ebenso mussten die vormals schwarzen Feuerwehrhelme rot angestrichen werden, die Helme der Führungsdienstgrade weiß.

Allmählich ging es aufwärts. Immerhin vermerkt der Jahresbericht von 1948 unter dem Stichwort »Bekleidung«: »Alle aktiven Bediensteten besitzen je 2 Satz Brandbekleidung und 1 Satz Ausgeh-

kleidung, sowie Diensthemden, Handschuhe und 1 Wollweste.«

Die Berufsfeuerwehr verfügte in den ersten Nachkriegsjahren über folgenden Fahrzeug- und Gerätebestand:
▶ 2 PKW
▶ 5 Löschfahrzeuge LF 25 (Pumpenleistung 2500 l/min)
▶ 1 Tanklöschfahrzeug TLF 25 (Pumpenleistung 2500 l/min)
▶ 1 umgebautes Löschfahrzeug LF 8 (Pumpenleistung 800 l/min)
▶ 2 Löschfahrzeuge LF 8 (Pumpenleistung 800 l/min)
▶ 1 Schlauchkraftwagen
▶ 1 LKW
▶ 1 Tierunfallanhänger
▶ 2 Stahl-Anhängeleitern.

Bis Mitte 1948 war die Feuerwehr hauptsächlich damit beschäftigt, die Kriegsschäden zu beseitigen, also einsturzgefährdete Mauern, Kamine und Gebäude einzureißen oder zu sprengen. Eine Arbeit, die schwierig und auch nicht ganz ungefährlich war, lagen doch noch zahlreiche Sprengkörper und Blindgänger in den Ruinen. Insgesamt zählt die Statistik dieser Jahre 856 solche Einsätze. Glücklicherweise kam bei keinem dieser Einsätze ein Feuerwehrmann zu Schaden.

Die Fahrzeuge waren mittlerweile wieder feuerwehrrot lackiert und erschienen nicht mehr im polizeilichen Grün. Ende der vierziger Jahre wurden die ersten Fahrzeuge bereits ausgemustert. Zum Jubiläum des 100-jährigen Bestehens 1949 wurden beschafft: ein Rüstkraftwagen mit Drehkran (Hebekraft bis zu 10 t, Umbau auf GMC-Fahrgestell) und ein PKW Mercedes 170 V. Fabrikneu waren die Fahrzeuge allerdings nicht, sie stammten aus zweiter Hand.

In den ersten Nachkriegsjahren war an die Neubeschaffung von Fahrzeugen nicht zu denken. Man behalf sich durch Improvisation. So entstand für die häufiger gewordenen technischen Einsätze auf einem Drehleiterfahrgestell der erste feuerwehreigene Kranwagen.

Auch bei Bergwaldbränden, hier an der Arnspitze im Frühsommer 1947, wurde die Augsburger Feuerwehr zu Hilfe gerufen.

Bis der Rüstkraftwagen tatsächlich in Betrieb genommen wurde, vergingen noch einmal fünf Jahre! Dann aber war das Fahrzeug überaus gefragt, es war oft zu Einsätzen bis weit ins schwäbische Umland unterwegs.

Sport bei der Feuerwehr

Noch vor dem Krieg war das »Turnen« für die Mannschaften die gebräuchliche Methode, um sich körperlich fit zu halten. Nun verdrängte der »Sport« das Turnen. Bereits im Jahresbericht von 1948 ist zu lesen: »Zur körperlichen Ertüchtigung wurden elf Fußball- und Faustballwettkämpfe abgehalten. Alle Bediensteten haben Gelegenheit, nach Arbeitsschluss im Hof Sport zu treiben.«

Waldbrände

Einer der größten Brände dieser Jahre war der Bergwaldbrand an der Arnspitze bei Mittenwald im Frühsommer 1947. Fast drei Wochen lang kämpfte ein riesiges Aufgebot von Löschkräften aus Bayern gegen die Flammen, darunter auch Einsatzkräfte der Augsburger Feuerwehr.

Aber auch in unmittelbarer Nähe von Augsburg brachen immer wieder Waldbrände aus, namentlich im Siebentischwald südlich von Augsburg. Zwischen Kriegsende und April 1950 zählte die Feuerwehr nicht weniger als 40 solcher Brände, davon allein sechs im März 1950. Um das Feuer möglichst schnell zu entdecken und größere Waldbrände zu verhindern, besetzte ab 1949 ein Posten der Berufsfeuerwehr von Frühjahr bis Herbst einen Wachturm, der einige Jahre zuvor als Beobachtungsturm für die dortigen Flakstellungen gedient hatte.

Im Forsthaus Siebenbrunn stand ein leichtes Löschfahrzeug LF 8 mit fünf Mann Besatzung bereit.

Der Posten konnte das Löschfahrzeug innerhalb kürzester Zeit alarmieren, denn der Turm verfügte über eine Telefonverbindung zum Forsthaus – und zur Hauptfeuerwache, falls noch mehr Löschkräfte angefordert werden mussten. Die Kräfte standen zwar nur vom Frühjahr bis zum Herbst und dann nur an den Wochenenden bereit, doch die Aktion hatte Erfolg. In den folgenden Jahren traten keine großen Waldbrände mehr auf.

Das Jubiläum

1949 waren die Auswirkungen des Krieges noch überall zu spüren. Viele Menschen lebten in erbärmlichen Verhältnissen, Hunger war ein ständiger Begleiter. Die »Wirtschaftswunderjahre« lagen noch in weiter Ferne.

In dieser schwierigen Zeit beging die Feuerwehr ihr Doppeljubiläum: 100 Jahre Freiwillige Feuerwehr Augsburg und 50 Jahre Berufsfeuerwehr, wobei die freiwillige Feuerwehr zu diesem Zeitpunkt ja nicht mehr existierte. Gefeiert wurde dennoch, wenn auch eher die leisen Töne das Jubiläum bestimmten.

Am 11. September fand ein abendlicher Festakt im Ludwigsbau statt, bei dem Oberbürgermeister Dr. Klaus Müller die Verdienste der Feuerwehren würdigte. Am Vormittag hatte Fritz Dill, ehemaliger Oberkommandant der freiwilligen Feuerwehr, nunmehr Stadtrat, im Rahmen einer Gedenkveranstaltung auf dem Westfriedhof an die Toten erinnert und der Hoffnung Ausdruck verliehen, »dass wieder

eine freiwillige Feuerwehr in unserer Stadt geschmiedet wird«.

Neuanschaffungen, die solche Jubiläen meist begleiten, mussten recht bescheiden ausfallen: Von zwei Fahrzeugen (TLF 16 und Drehleiter) war aber bereits die Rede. Außerdem wurde die Hauptfeuerwache renoviert.

Stellenplan der Berufsfeuerwehr 1949: insgesamt 81 Bedienstete:
▶ 1 Amtsvorstand
▶ 1 Stellvertreter
▶ 3 Oberbrandmeister
▶ 6 Brandmeister
▶ 7 Löschmeister
▶ 37 Oberfeuerwehrmänner
▶ 16 Feuerwehrmänner
▶ 2 Telefonisten
▶ 2 Verwaltungsbeamte
▶ 6 Arbeiter

Neue Aufgaben

Die Feuerwehr beschäftigte sich längst nicht mehr nur mit dem Löschen von Bränden. Bei Verkehrsunfällen, Menschenrettungen, Bergungen, verunglückten Tieren, Einreißarbeiten, überall, wo es gefährlich wurde und schnelle und kompetente Hilfe gefragt war, da war die Feuerwehr zur Stelle. Weil das Einsatzspektrum immer vielfältiger wurde, bekam die Feuerwehr immer neue Aufgaben und musste sich darauf vorbereiten.

Diese Tendenz, die ja schon kurz nach Gründung der Berufsfeuerwehr begonnen hatte, setzte sich in der Nachkriegszeit fort. Von der Trümmerbeseitigung, die bis in die fünfziger Jahre andauerte, war bereits die Rede. Diese Tätigkeit beschäftigte die Feuerwehr glücklicherweise nur vorübergehend, andere Pflichten blieben, weiteten sich aus oder kehrten wieder zurück.

So wurden 1948 die Aufgaben der zwischenzeitlich ausgegliederten »Wasserwehr« wieder der Berufsfeuerwehr übertragen. Neun Angehörige der Wasserwehr wurden übernommen. Etwa gleichzeitig wurden auf Anordnung des Bayerischen Landesamtes für Feuerschutz so genannte »Notstandseinheiten« aufgestellt und speziell ausgerüstet. Am

Ein leichtes Löschgruppenfahrzeug aus der Kriegsproduktion wurde zum Wassernotfahrzeug umgestaltet.

6. August 1950 bestand diese »Notstandseinheit« ihre erste große Bewährungsprobe: Östlich von Königsbrunn war am Lech ein Damm gebrochen. In einem siebenstündigen Nachteinsatz konnte die Augsburger Berufsfeuerwehr den Damm wieder abdichten.

Ab 1950 wurden die Feuerwehrmänner auch für Taucheinsätze ausgebildet. Das ist bis heute so geblieben. In der Hauptfeuerwache an der Berliner Allee gibt es ein eigenes Tauchbecken, in dem die Taucher trainieren können.

Ebenfalls 1950 erhielt die Berufsfeuerwehr einen neuen amtlichen Namen. Sie hieß jetzt offiziell »Feuerschutzamt«. Zugleich bekam sie vom Bauaufsichtsamt die »Feueraufsicht« übertragen. Nunmehr musste die Feuerwehr überwachen, ob in bestimmten Gebäuden die Feuerschutzbestimmungen eingehalten wurden. Diese Pflicht hat sie bis heute.

Neue Geräte und Fahrzeuge

Im Laufe der fünfziger Jahre verbesserte sich die technische Ausstattung der Berufsfeuerwehr. Eine der ersten Neuerungen betraf den Fahrzeugfunk. Im Dezember 1951 wurde das erste Funkgerät in einen PKW der Feuerwehr eingebaut. Als Feststation diente die Funkzentrale der Landpolizei. Der Rufname des Feuerwehrautos war »Dora 95«.

Im folgenden Jahr errichtete die Feuerwehr ihre eigene Funkstation. Am 1. Mai 1952 ging die selbstgebaute Feststation in der Hauptfeuerwache in Betrieb. Der Sende- und Empfangsantennenmast ist 36 Meter hoch. Am 31. Mai wurden die beiden Einsatzleitwagen, also die PKWs, die dem Löschzug voranfahren und in denen sich der Einsatzleiter befindet, mit Funkgeräten ausgestattet. Der Funkrufname ist »Friedrich«, die beiden Funkwagen trugen die Bezeichnung »Friedrich 1« und »Friedrich 2«.

Vom Bayerischen Landesamt für Feuerschutz erhielt die Feuerwehr eine Prüfanlage für Sauerstoffschutzgeräte, mit dem alle Geräte der Augsburger Feuerwehren geprüft werden konnten. Auch

Sparsames Wirtschaften war auch bei der Beschaffung der relativ teuren Hubrettungsgeräte ein Muss: Ein alter Leitersatz aus der dreißiger Jahren wird 1958 auf ein neues Fahrgestell gesetzt!

Als erstes Neufahrzeug der Augsburger Feuerwehr nach dem Krieg wird das Tanklöschfahrzeug TLF 16 auf Magirus-Rundhauber-Basis beschafft.

Das Atemschutzgerätelager der Augsburger Feuerwehr 1949 war meist gut gefüllt.

der Fahrzeugbestand wurde schließlich modernisiert: 1956 wurde das erste neue Feuerwehrfahrzeug nach dem Krieg in Dienst gestellt: Ein Tanklöschfahrzeug TLF 16 mit charakteristischer runder Motorhaube (»Rundhauber«) mit 125 PS, luftgekühltem Dieselmotor, einem 2400 Liter großen Wassertank und einer Pumpenleistung von 1600 Litern pro Minute bei einem Nennförderdruck von acht bar.

Zwei Jahre später, 1958, rüstete die Feuerwehr ihre Drehleiter um: Der vierundzwanzig Jahre alte, aber noch völlig intakte Metz-Drehleiteraufbau wurde auf ein neues MAN-Fahrgestell aufgebaut. 1960 kam das erste eigene Löschfahrzeug LF 16 MAN/Ziegler hinzu. Von nun an verfügte die Berufsfeuerwehr über einen kompletten modernen Löschzug. Eine gute Gelegenheit, ihn zu präsentieren, bot die Jahrestagung der Vereinigung zur Förderung des deutschen Brandschutzes (VFDB), die 1960 in Augsburg ausgerichtet wurde.

Einsätze werden häufiger

Im Vergleich zur Vorkriegszeit hatte die Zahl der Einsätze stark zugenommen, und das lag nicht nur an den erwähnten Einreiß- und Sprengarbeiten. Die Feuerwehr hatte neue Aufgaben übernommen und sie war auch mobiler geworden. Dadurch konnte sie mitunter auch zu Einsätzen weit außerhalb der Stadtgrenzen fahren, etwa nach Mittenwald, in die Region um Augsburg, bis nach Aichach und Schrobenhausen entlang der B 300 oder nach Bad Wörishofen. 1951 war beispielsweise jeder sechste Brand, zu dem die Berufsfeuerwehr ausrückte, nicht in Augsburg. Bei neun Großfeuern, drei Mittelfeuern und zwei Kleinfeuern leisteten die Augsburger außerhalb Hilfe.

Im gleichen Jahr rückte die Feuerwehr 66-mal wegen Verkehrsunfällen aus, 108-mal wegen Einreiß- und Sprengarbeiten und sechs mal wegen Gasunfällen. Weiterhin verzeichnet die Einsatzstatistik acht Menschenrettungen und 39 Tierhilfen. Insgesamt waren das 661 Einsätze; im Vergleich zu anderen Nachkriegsjahren eher wenig. Fünf Jahre später waren es fast doppelt so viele Einsätze.

Aber die Zahl der Einsätze allein sagt noch nicht allzu viel aus. Vielmehr kommt es auf die Art der Einsätze an; sie wurden immer vielfältiger, die Zahl der Großeinsätze nahm zu, das Spektrum der nötigen Hilfsmittel und -geräte wurde immer breiter.

Besondere Einsätze

Im Laufe der Jahre gab es eine Fülle von großen und kleinen, kuriosen und dramatischen Einsätzen. Vom umgestürzten Tanklastzug bis zur brennenden Bratpfanne hat sich die Augsburger Feuerwehr um alle möglichen und unmöglichen Fälle kümmern müssen. Die folgenden Beispiele geben nur einen kleinen Ausschnitt davon wieder:

Am 3. Januar 1950 brennt es in der Malzfabrik in der Maxstraße. Sieben Löschgruppen sind mit vier B- und 14 C-Rohren im Einsatz.

Am 12. August 1950 steht eine zweigeschossige Werkhalle einer Baufirma in Flammen. Große Mengen von Bauholz brennen. Das Feuer droht auf

Ausgedehnter Brand in einem Schuppen auf dem Gelände der Deutschen Bundesbahn an der Firnhaberstraße.

Linke Seite: Suche nach Verschütteten nach einem Gebäudeeinsturz infolge einer Gasexplosion.

Rechts: Derart sah in den sechziger Jahren ein Angriffstrupp nach dem Einsatz aus.

mehrere angrenzende Wohngebäude überzugreifen. Durch den Einsatz von fünf B- und sieben C-Rohren verhindert die Feuerwehr eine Katastrophe.

Am 1. August 1951 gibt es in Augsburg Siebenbrunn einen folgenschweren Rohrbruch: Die Wasserversorgung der Gemeinde ist betroffen. Drei Wochen lang beliefert die Feuerwehr mit einem Löschfahrzeug die Bewohner mit Trinkwasser.

Am 31. August 1951 sorgen starke Regenfälle für Überschwemmungen in der Altstadt. Die Feuerwehr pumpt mit Tragkraftspritzen 24 Keller aus.

Am 11. Februar 1952 gibt es starke Schneeverwehungen. Die Feuerwehr ist an den Ausfallstraßen von Augsburg damit beschäftigt, Autos und Straßenbahnen wieder freizulegen.

Am 31. Dezember 1954 steht der Dachstuhl eines Mietshauses in Flammen. Berufsfeuerwehr, US-Feuerwehr und zwei Werkfeuerwehren löschen und retten. Acht Rohre und vier Drehleitern werden eingesetzt. Eine Frau, die aus einer Dachgeschosswohnung geholt werden soll, schließt das Fenster vor dem Feuerwehrmann, der auf der Drehleiter auf sie zukommt, um sie zu retten. Nach vierzig Minuten ist der Brand unter Kontrolle. Der Löschtrupp, der über das Treppenhaus einen »Innenangriff« vorträgt, erlebt eine böse Überraschung. Auf dem Speicher lodert plötzlich eine große Stichflamme auf. Ein Oberfeuerwehrmann wird verletzt.

Am 25. August 1955 steht bei der Maschinenfabrik Ködel & Böhm in Lauingen die Schreinerei mit Trockenanlage und Sägemehlsilo in Flammen; ein Brand auf 3000 m². Unterstützt von zahlreichen Ortswehren löschen Berufsfeuerwehr und US-Feuerwehr das Feuer mit acht B- und 24 C-Rohren.

Am 30. Juni 1957 rückt die Feuerwehr aus, um zwei Bienenschwärme einzufangen. Für solche Zwecke verfügt die Feuerwehr über Bienenkästen, in denen die Schwärme vorübergehend untergebracht werden. Einmal eingefangen, werden die Bienen dem Imkerverein übergeben.

Am 8. Dezember 1958 bricht in der HULA-Reifenfabrik in der Schertlinstraße ein Großbrand aus. Es

wird einer der größten Einsätze. Vierzig Mann der Berufsfeuerwehr und 80 Mann von sieben Werkfeuerwehren kämpfen gemeinsam gegen die Flammen. Die US-Feuerwehr übernimmt so lange den Brandschutz für die Stadt. Wegen der starken Qualmentwicklung durch die abbrennenden Kunststoffe brauchen die Feuerwehrmänner 20 Sauerstoffgeräte. Um das Feuer löschen zu können, muss auch das Blechdach der Fabrikhalle aufgerissen werden. Mit drei B- und neun C-Rohren kann der Brand gelöscht werden.

Am 27. Oktober 1961 abends kommt es im Lagerkeller der Firma Osram an der Oberen Lechdammstraße (heute Berliner Allee, nicht weit von der heutigen Hauptfeuerwache) zu einem Brand. Im 3000 m² großen Keller lagern Millionen von Glühlampen und Leuchtstoffröhren in Kartons. Die gesamte Berufsfeuerwehr ist im Einsatz. Die dienstfreie Mannschaft kommt hinzu. Weiterhin beteiligen sich die Werkfeuerwehren von MAN, Martini,

Ganz oben und oben: Am 26. Oktober 1962 brach in der
Chemischen Fabrik Pfersee ein Großbrand aus.

AKS, NAK, Dierig, Riedinger, SWA und der Prinz
AG an der Brandbekämpfung. Mit vier B- und bis
zu 20 C-Rohren wird gelöscht. Erst nach neun Stunden heißt es »Feuer aus«.

Am 26. Oktober 1962 brennt eine Lagerhalle für
Lösungsmitteltanks in der Chemischen Fabrik Pfersee. Als die Berufsfeuerwehr eintrifft, ist die
Betriebsfeuerwehr bereits im Einsatz. Einige Tanks
platzen, der Brand weitet sich aus, es entsteht
beißender Qualm. Die Brandbekämpfung ist kompliziert, da nur Wasser und Schaum, aber lange Zeit
kein Pulver zu Verfügung steht. Der Einsatz muss
besonders planvoll und konzentriert erfolgen, es
besteht akute Explosionsgefahr. Es wird sogar daran gedacht, das ganze Viertel zu räumen. Doch
schließlich ist der Brand unter Kontrolle. Zum Einsatz kommen vier B- und acht C-Rohre, außerdem
zwei Pulver- und vier Schaumrohre. Es beteiligen
sich die US-Feuerwehr, die Werkfeuerwehren von
MAN, Riedinger Martini und NAK. Die Werkfeuerwehr der Farbwerke Hoechst stellt die Schaummit-

telreserve. Nach eineinhalb Stunden ist der Brand gelöscht. Ein Angehöriger der MAN Werkfeuerwehr wird verletzt. Der Brand hat Konsequenzen: Um für solche Fälle in Zukunft besser gerüstet zu sein, bekommt die Berufsfeuerwehr ein Trockentanklöschfahrzeug.

Am 22. Mai 1967 bleibt ein Sportflugzeug im Landeanflug zum Flugplatz an der Haunstetter Straße in der Straßenbahnoberleitung hängen. Vier Insassen können sich selbst retten, darunter auch eine ältere Dame, die den Flug als Geburtstagsgeschenk erhalten hatte.

Verein Augsburger Feuerwehrheim

Am 24. Oktober 1952 gründeten die Augsburger Feuerwehrleute eine einzigartige Institution, den Verein Augsburger Feuerwehrheim e.V. Beitreten konnten sowohl die Berufsfeuerwehrmänner als auch die Mitglieder der Werkfeuerwehren. Erklärtes Ziel des Vereins war es, ein eigenes Erholungsheim zu erwerben, in dem die Feuerwehrleute bequem und preisgünstig mit ihren Familien Ferien machen konnten. Im September 1953 war ein geeignetes Objekt gefunden: Der Verein kaufte ein Haus in Trabers bei Oberstaufen im Allgäu. Es bot Platz für 30 Gäste und wurde fest bewirtschaftet. Der Preis für eine Übernachtung mit voller Verpflegung betrug gerade einmal fünf Mark.

Schließlich konnte der Verein das Erholungsheim aber nicht mehr selbst finanzieren. So wurde es im Dezember 1964 wieder verkauft. Der Verein nannte sich um in »Verein Augsburger Feuerwehren e.V.« (VAF) und erweiterte sein Spektrum. Es sollte zwar wieder ein gemeinsames Ferienheim gefunden werden, aber darüber hinaus wollte sich der Verein auch um »die sportlichen und gesellschaftlichen Belange der Mitglieder« kümmern. Ein Freizeitverein für die Feuerwehrangehörigen also, nicht nur für die Ferien. Das Konzept hatte Erfolg. Es entstanden eine ganze Reihe von Abteilungen, die heute noch bestehen: Chor, Gymnastik, Ski/Wandern, Fußball, Faustball und Tischtennis.

Und auch ein neues Ferienheim wurde gefunden. Es liegt in Laufenegg im Allgäu, fünf Kilometer westlich von Oberstaufen. Es ist ein Selbstversorgerhaus mit Gemeinschaftsküche. Es verfügt über elf Drei-Bett-Zimmer. Und es wird gerne genutzt, 1995 zählte der Verein 5400 Übernachtungen.

Heute hat der Verein über 800 Mitglieder, nicht nur Feuerwehrleute, sondern auch Freunde der Augsburger Feuerwehren. Der Verein kommt heute übrigens völlig ohne Zuschüsse aus, hat aber wohlwollende Förderer. Früher wurde er auch von der Stadt Augsburg und den Fabrikbetrieben unterstützt.

Von der 84- zur 64-Stundenwoche

Die Dienstzeitregelung, die am Anfang der Nachkriegszeit noch in Kraft war, stammte aus dem Jahr 1919: Auf 24 Stunden Dienstzeit folgten stets 24 Stunden wachfreie Zeit. Das ergab eine 84-Stundenwoche. Am 1. April 1951 wurde eine neue Regelung eingeführt, die 78-Stundenwoche. Der Turnus 24 Stunden Dienst und 24 Stunden wachfrei wurde nicht verändert; die Feuerwehrmänner hatten allerdings Anspruch auf einen »Ausgleichstag« pro Monat, was so viel hieß, dass ein 24-Stunden Dienst entfiel.

Diese Regelung bestand auf den Tag genau 13 Jahre lang. Dann wurde ein weiterer »Ausgleichstag« pro Monat gewährt, woraus sich eine 72-Stundenwoche ergab. Die galt allerdings nicht einmal zwei Jahre, denn am 1. Januar 1967 wurde die gesetzlich vorgegebene Dienstzeit noch einmal deutlich reduziert. Nun gab es 36 »Ausgleichstage« im Jahr, also drei bis vier pro Monat, oder anders formuliert, es wurde die 64-Stundenwoche eingeführt.

Weil sich gleichzeitig die Zahl der Einsätze erhöhte, musste als logische Konsequenz mehr Personal eingestellt werden.

Und tatsächlich wurde die Zahl der Stellen erhöht, wenn auch nicht immer zeitgleich mit der Reduzierung der Dienstzeiten. 1957 kamen neun neue Stellen hinzu, 1965 und 1966 jeweils sechs neue Stellen. 1971 schließlich verfügte die Berufsfeuerwehr über 117 Stellen.

Dienstzeiten

In der Nachkriegszeit waren die Dienstzeiten wieder den gesetzlichen Vorgaben angepasst worden. Feuerwehrmänner, die Wachdienst hatten, mussten um 7.30 Uhr ihren Dienst antreten. Die reine Arbeitszeit, bestehend aus Ausbildung, Reinigungsdienst und Instandhaltungsarbeiten, betrug Anfang

der fünfziger Jahre an den Wochentagen sechseinhalb Stunden – zu wenig, um alle anfallenden Arbeiten »plangemäß« zu erledigen, befand Alois Hammer und verlängerte im März 1953 die tägliche Arbeitszeit für die Instandhaltung (Arbeitsdienst) um eine halbe Stunde. Wie eine Umfrage bei anderen Berufsfeuerwehren gezeigt hatte, passten sich die Augsburger mit der neuen Regelung den allgemein üblichen Zeiten an.

Von Montag bis Freitag galt folgender Dienstplan:

Dienstantritt/ Fahrzeugübernahme	7.30 Uhr
Ausbildung	7.45 bis 9.15 Uhr
Frühstückspause	9.15 bis 9.45 Uhr
Arbeitsdienst/Ausbildung	9.45 bis 12.00 Uhr
Mittagspause	12.00 bis 13.45 Uhr
Arbeitsdienst/Wartung	13.45 bis 17.00 Uhr
Bereitschaftsdienst/ Wachen	17.00 bis 7.30 Uhr

Der Samstag war für den Reinigungsdienst vorgesehen, der von 7.30 Uhr bis 12 Uhr dauerte und von der üblichen Frühstückspause (9.15 – 9.45 Uhr) unterbrochen wurde. Selbstverständlich waren die Feuerwehrmänner während dieser Zeit stets einsatzbereit.

Löschen mit Pulver

Der Brand in der Chemischen Fabrik in Pfersee im Oktober 1962 hatte gezeigt, dass Wasser und Schaum als Löschmittel allein nicht ausreichten. Wenn bestimmte Chemikalien, brennbare Flüssigkeiten oder elektrische Anlagen in Brand gerieten, brauchte die Feuerwehr Löschpulver oder chemische Löschmittel, um die Flammen zu ersticken. Weil die Industrie mehr und mehr gefährliche Stoffe einsetzte, nahm auch die Wahrscheinlichkeit zu, dass ein Brand ausbrach, der nur mit Löschpulver schnell zu löschen war.

Daher wurde die Berufsfeuerwehr im Juli 1964 mit einem hochmodernen Trockentanklöschfahrzeug ausgerüstet, ein Fahrzeugtyp, der zu dieser Zeit in Deutschland noch wenig verbreitet war. Das

Trockentanklöschfahrzeug erlaubte, mit Löschpulver, Schaum und mit Wasser zu löschen. Es besaß einen Löschpulvertank mit 750 Kilogramm Löschpulver, einen Wassertank und ein Schaumlöschgerät. Eine wichtige Investition, die die Stadt 80 000 Mark kostete, damals eine ungeheure Summe, die allerdings angesichts des zu erwartenden Nutzens »mehr als gerechtfertigt« erschien, wie die örtliche Presse schrieb.

Josef Korschinsky wird Leiter der Berufsfeuerwehr

Alois Hammer befand sich bereits ein Jahr als Beamter im Ruhestand und musste mit einem Sondervertrag weiterbeschäftigt werden, ehe er am 20. September 1966 nach 18-jähriger Dienstzeit die Leitung der Berufsfeuerwehr abgab. Sein Nachfolger wurde Brandamtmann Dipl. Ing. (FH) Josef Korschinsky, seit 1. Januar 1958 bei der Berufsfeuerwehr Augsburg. Zuvor hatte Korschinsky an der Fachhochschule Augsburg sein Ingenieurstudium in der Fachrichtung Bauwesen beendet, anschließend war er zwei Jahre in einem Architekturbüro tätig, eine Ausbildung, die der Feuerwehr vor allem bei der Gestaltung der neuen Hauptfeuerwache an der Berliner Allee zugute kommen sollte.

Neue Einsatzfahrzeuge

In den sechziger Jahren zeigte sich, dass der Fuhrpark gründlich modernisiert werden musste. Viele Fahrzeuge waren stark überaltert und sehr reparaturanfällig. Die Feuerwehr schlug Alarm: Mit diesem Fahrzeugbestand konnte der Brandschutz nicht mehr sichergestellt werden.

Also wurde der Fuhrpark nach und nach modernisiert und dem Bedarf angepasst. Ende 1970 verfügte die Berufsfeuerwehr über einen Bestand von insgesamt 21 Fahrzeugen.

Diese Fahrzeuge konnten mit 14 speziellen Anhängern ausgerüstet werden, wie einem Schlammpumpenanhänger, einem Motorboot-, einem Trockenlösch- oder einem Leichtschaum-Anhänger, sowie einer Anhängeleiter oder einem speziellen Anhänger für Straßenbahnunfälle.

Zusätzlich konnte die Feuerwehr noch auf den Fuhrpark des zivilen Katastrophenschutzes zurückgreifen: Ein Löschgruppenfahrzeug LF 16-TS, ein

1963 kann endlich ein leistungsfähiger Kranwagen mit 16 Tonnen Hubkraft der Fa. Magirus beschafft werden, der sich in zahlreichen Einsätzen bewährte.

Verrutschte Ladung bei einem Langholztransporter, für den Fahrer kommt jede Hilfe zu spät.

Die Augsburger Feuerwehr war der Besitzer dieses Leichtschaumgenerators.

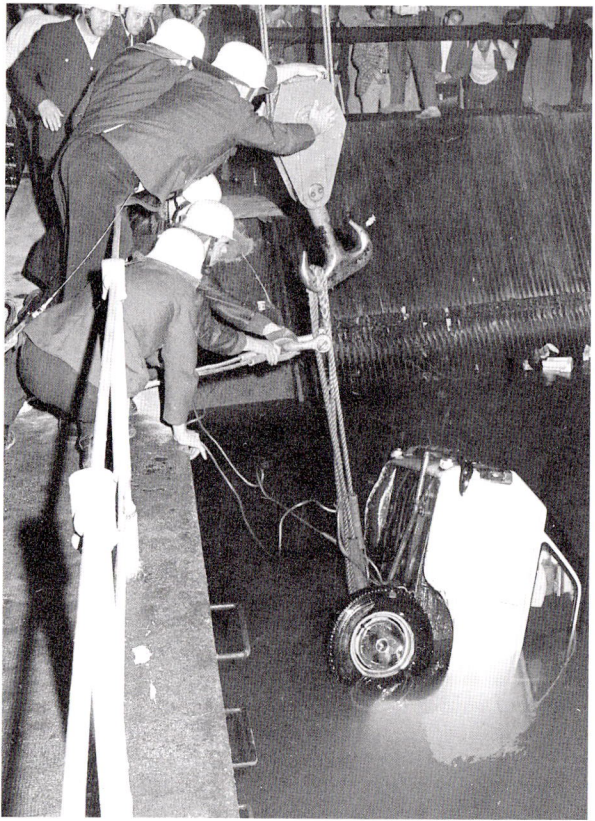

Links oben: Besonderes Detail: Die Drehleiter DL 30 verfügt erstmals über einen Korb, der an der Leiterspitze eingehängt werden kann und die Rettung gehunfähiger Personen ermöglicht sowie die Arbeitsmöglichkeiten der Feuerwehrmänner spürbar verbessert.

Rechts oben: Ein LKW verliert Betonträger in der Fuggerstraße. Die Beseitigung des Verkehrshindernisses erfolgt mithilfe des Kranwagens KW 16.

Links unten: 1969 wird eine weitere Drehleiter DL 30 MAN / Magirus in Dienst gestellt.

Rechts unten: Bergung eines PKW aus dem Stadtbach

Ganz oben: Dieser Löschzug der Berufsfeuerwehr Augsburg in den sechziger Jahren besteht aus einem Einsatzleitwagen ELW, einem Trockentanklöschfahrzeug TROTLF 16, einem Löschgruppenfahrzeug LF 16 und einer Drehleiter DL 30.

Oben: Ein Löschzug der Berufsfeuerwehr im Einsatz in der Innenstadt.

Links: Werkfeuerwehr bekämpft Brand in Augsburger Industriebetrieb.

Tanklöschfahrzeug TLF 16, ein Tanklöschfahrzeug TLF 8, ein Schlauchkraftwagen SKW und ein umgerüstetes Strahlenschutzfahrzeug. Alle diese Fahrzeuge waren Baujahr 1965.

> Der Fahrzeugbestand am 31. Dezember 1971:
> ▸ 2 Löschgruppenfahrzeuge LF 16 (Pumpenleistung 1600 l/min), Baujahr 1959 und 1970
> ▸ 1 Tanklöschfahrzeug TLF 16 (Pumpenleistung 1600 l/min), Baujahr 1955
> ▸ 1 Trockentanklöschfahrzeug TROTLF 16, (zum Löschen mit Löschpulver) Baujahr 1963
> ▸ 2 Drehleitern DL 30 (Steighöhe 30 m), Baujahr 1957 und 1969
> ▸ 1 Drehleiter DL 27 (Steighöhe 27 m), Baujahr 1937 (Umbau)
> ▸ 1 Kranwagen KW 16 (16 t Hubkraft), Baujahr 1963
> ▸ 1 Abschleppkranwagen AKW, Baujahr 1966
> ▸ 2 LKW, Baujahr 1964 und 1968
> ▸ 2 Kleinalarmfahrzeuge KLAF, Baujahr 1965 und 1966
> ▸ 1 umgebautes Öleinsatzfahrzeug, Baujahr 1943
> ▸ 1 Atemschutz- und Wasserrettungsfahrzeug, Baujahr 1970
> ▸ 1 Nachrichtenfahrzeug, Baujahr 1969
> ▸ 5 PKW (Alarmdienst, vorbeugender Brandschutz, Werkstätten), Baujahr 1961, 1965, 1967, 1968 und 1969
> Das Durchschnittsalter der Fahrzeuge betrug 8,4 Jahre.

Strahlenschutz

Zu den neuen Aufgaben der Feuerwehr zählten auch Einsätze bei radioaktiver Strahlung. Um diese Aufgabe erfüllen zu können, mussten die Feuerwehrmänner erst entsprechend ausgerüstet und ausgebildet werden. 1964 wurde ein Strahlendetektor beschafft, mit dem sich die Strahlenbelastung messen ließ. Die Zahl der Messgeräte nahm in den kommenden Jahren zu: Die Feuerwehr erhielt sieben Detektoren, neun so genannte »Stabdosimeter« und zehn »Filmdosimeter«, mit denen sich die Menge der erhaltenen radioaktiven Strahlung feststellen ließ. Außerdem wurde die Feuerwehr mit speziellen Schutzanzügen, Handschuhen und Bergungsgeräten ausgestattet.

Für die neuen Aufgaben wurden die Feuerwehrmänner in einem speziellen Lehrgang an der Bayerischen Landesfeuerwehrschule in Würzburg ausgebildet. Weil Plätze (auch für andere Lehrgänge) knapp waren, ergaben sich bei der Aus- und Weiterbildung häufig Engpässe. Dabei waren solche Lehrgänge wichtiger als je zuvor, denn die Anforderungen an die Feuerwehr nahmen ja beständig zu. Deshalb setzte sich der Augsburger Oberbürgermeister Wolfgang Pepper dafür ein, eine zweite Landesfeuerwehrschule in Augsburg einzurichten. Der Landtag entschied sich allerdings anders: Er beschloss am 27. November 1969, dass die neue Schule in Lappersdorf bei Regensburg eingerichtet werden sollte. Mittlerweile existiert eine dritte Schule in Bayern – im oberbayerischen Geretsried.

Asbestanzüge

Dezember 1969. Auf dem Werksgelände der Firma Brüder Schaefer lodern die Flammen, drei Männer in metallglänzenden Anzügen stapfen langsam hindurch, bleiben stehen, gehen langsam weiter. Sie sind mit Pressluftatemgeräten ausgestattet. Dass die Männer es so gar nicht eilig haben, durch die Flammen zu kommen, hat einen einfachen Grund: Sie tragen neue, hitzebeständige Asbestanzüge und wollen die Widerstandsfähigkeit der Schutzkleidung vorführen. Dazu laufen sie über brennende Strohmatten, die vorher mit einem brennbaren Flüssigkeitsgemisch übergossen worden sind. Die Anzüge sind eine Spende der Firma, auf deren Gelände die Feuerprobe stattfindet. Die Vorführung verläuft relativ glatt, nur die Uniformhosen unter den Schutzanzügen werden etwas angesengt. Was Feuerwehrchef Korschinsky allerdings nicht beunruhigt: »Im Ernstfall sollen meine Leute ja nicht in den Flammen stehenbleiben, wie sie es hier zeitweilig gemacht haben, sondern möglichst schnell an den Brandherd herankommen.«

Asbestanzüge halten kurzzeitig Temperaturen bis zu 1000 Grad aus; Brände mit großer Hitzeentwicklung können so wirksamer bekämpft werden. Die Feuerwehrleute können näher an den Brand heran, ja kurzzeitig sogar in den Brand hinein, um beispielsweise Menschen aus brennenden Fahrzeugen herauszuholen.

Feuermelder

In der Vergangenheit musste ein Brand immer von irgend jemandem entdeckt und sodann der Feuerwehr gemeldet werden. Besonders gefährdete Objekte wurden ständig überwacht – Tag und Nacht. Und wenn ein Feuer entdeckt wurde, hatte es nicht selten bereits einige Zeit gebrannt und schon beträchtlichen Schaden verursacht.

Einen erheblichen Fortschritt bedeutete daher Ende der fünfziger Jahre die Einführung von Wärme- und Ionisationsmeldern, die eigenständig Alarm auslösen. Da Brände in der Regel Hitze verursachen, reagieren Wärmemelder, sobald eine bestimmte Ansprechtemperatur überschritten wird. Noch früher lösen Ionisationsmelder aus, nämlich bereits, wenn Verbrennungsgase in die Messkammer gelangen. In beiden Fällen geht in der Hauptfeuerwache ein Alarmsignal ein. Die Feuerwehr kann ausrücken, noch bevor der Brand von jemandem entdeckt wird.Der Nachteil dieser automatischen Feuermelder: Es können Fehlalarme auftreten, etwa durch Zugluft, Dampf, Staubaufwirbelung oder durch technische Ursachen. Zur Ergänzung des Feuermeldesystems gibt es Feuermelder, die auf Knopfdruck Alarm auslösen.

Das Telefon erleichtert die Arbeit

Eine immer wichtigere Rolle spielt auch das Telefon. Gegenüber den reinen Feuermeldern hat es den Vorteil, dass der Anrufer mitteilen kann, was passiert ist. Je nachdem, ob ein Tanklastzug umgestürzt ist, ein Lebensmüder von einem Hochhaus springen will, ein Mietshaus, eine Wiese oder eine Bratpfanne brennt, die Feuerwehr kann entsprechend gerüstet ausrücken.

Anfang der sechziger Jahre verfügen noch längst nicht alle Haushalte über ein Telefon. Doch das Netz wird immer dichter. Für die Stadt Augsburg gilt der zentrale Notruf 112. In der Hauptfeuerwache stehen dafür zwei Leitungen zur Verfügung.

Als im Jahr 1978 die Einsatzzentrale der Berufsfeuerwehr die Alarmierung und Einsatzabwicklung der freiwilligen Feuerwehren des Landkreises Augsburg übernimmt, müssen Hilfesuchende über den »Umweg« Polizeinotruf 110 die Feuerwehr alarmieren. Im Landkreis Augsburg wird der Notruf 112 dann 1981 eingeführt.

Am 31.12.1969 gibt es in Augsburg:
▶ 45 öffentliche Feuermelder
▶ 128 private Feuermelder mit
▶ 1042 Druckknopfnebenmelder
▶ 1727 Wärmemelder
▶ 1661 Ionisationsmelder

Brandverhütung

Hin und wieder wird es vergessen: Die Feuerwehr löscht nicht nur Brände, sie kümmert sich auch darum, dass sie gar nicht erst entstehen. Durch den vorbeugenden Brandschutz. Im Feuerschutzamt arbeitet eine eigene Abteilung Brandverhütung mit zehn Beschäftigten. Fünf davon sind »Feuerbeschauer«, die Wohnungen, Gebäude und feuergefährliche Anlagen überprüfen, inwieweit sie den behördlichen Vorschriften entsprechen. Ob Fluchtwege vorhanden sind, Notausgänge sich auf Anhieb öffnen lassen und Feuerlöscher in Ordnung sind. Wenn es etwas zu beanstanden gibt, können saftige Bußgelder verhängt werden. Und bei der »Nachschau« vergewissert sich der Feuerbeschauer, ob die Mängel inzwischen behoben sind.

Außerdem hat die Abteilung noch eine Reihe weiterer Aufgaben: Sie begutachtet Bauanträge, überwacht die Schornsteinfeger in den 21 Kehrbezirken im Stadtkreis Augsburg, überprüft und überarbeitet Feuerlöschordnungen für Sammelunterkünfte und Betriebe, sie organisiert Probealarme in Betrieben, öffentlichen Gebäuden, Kaufhäusern, Schulen und bildet Helfer für den Selbstschutz aus.

Auch das gehört zum vorbeugenden Brandschutz: Großveranstaltungen brauchen eine feuerpolizeiliche Genehmigung, ebenso Sprengungen, Großfeuerwerke und ähnliche brandgefährliche Aktivitäten.

Vorbeugender Brandschutz 1969:
▶ Ordentliche Feuerbeschau in 1648 Gebäuden und 6678 Wohnungen
▶ Nachschau in 1134 Gebäuden und 1569 Wohnungen
▶ Außerordentliche Feuerbeschau in 296 feuergefährlichen Anlagen
▶ Begutachtung von 785 Bauanträgen
▶ Bearbeitung von 98 Feuerlöschordnungen.

Neue Hauptfeuerwache wird geplant

Bereits Anfang der sechziger Jahre erschien die Lage der Hauptfeuerwache mitten im dichtbesiedelten Geschäftsviertel der Innenstadt problematisch. Die Feuerwehr musste immer häufiger ausrücken und der Verkehr wurde immer dichter. Es erschien zwingend, die Hauptfeuerwache aus dem Innenstadtbereich zu verlegen.

Schließlich wurde ein geeignetes Areal gefunden: Das Gelände des städtischen Bau- und Holzhofes an der Oberen Lechdammstraße (der heutigen Berliner Allee) lag günstig und war mit 18 300 m^2 groß genug. Nach zähen Verhandlungen beauftragte die Stadt 1964 schließlich einen Architekten mit der Planung. Doch sein Entwurf wurde gestoppt, das Projekt zunächst wieder auf Eis gelegt.

Doch immerhin legte der Stadtrat am 20. November 1965 fest, dass das Grundstück der Standort der neuen Hauptfeuerwache werden sollte. Allerdings wurde erst im Juli 1971 die Planung wieder aufgenommen und der Architekt beauftragt, das Projekt fortzuführen. Unter der Leitung von Josef Korschinsky, dem gelernten Bauingenieur, erarbeitete die Feuerwehr ihr eigenes, praxistaugliches Konzept. Korschinsky beteiligte seine Mitarbeiter an der Planung und sorgte dafür, dass die Augsburger Feuerwehr ihre maßgeschneiderte Hauptfeuerwache bekam. Mit großem Engagement trieb er das Projekt voran, die Genehmigungen wurden zügig erteilt, und so konnte am 15. Oktober 1973 – bei strömendem Regen – der erste Spatenstich getan werden.

Oben: Das Zeughaus stößt in den sechziger Jahren zunehmend an seine Grenzen, die Nachrichtentechnik in der Einsatzzentrale ist technisch überholt und muss bald verbessert werden.

Unten und rechts: Drangvolle Enge herrscht in der Fahrzeughalle der Augsburger Feuerwehr.

Die Augsburger Feuerwehr in Zahlen

1971 verfügte die Berufsfeuerwehr über 117 Beschäftigte. Im selben Jahr rückte sie zu 2216 Einsätzen aus:

▶ 417 Brände
▶ 143 Menschenrettungen
▶ 220 Tierhilfen
▶ 100 Fehlalarme
▶ 39 böswillige Alarme
▶ 89 Wassernotdienst
▶ 1023 sonstige Einsätze
▶ 185 gewerbliche Einsätze

Am 31.12.1971 verfügte Augsburg über:

▶ 358 Überflurhydranten
▶ 3775 Unterflurhydranten
▶ 47 Löschbrunnen
▶ 15 Zisternen

Am 31.12.1971 verfügte die Feuerwehr über folgendes Schlauchmaterial:

▶ A-Saugschläuche: 47 Stück, zusammen 102,2 m
▶ B-Saugschläuche: 18 Stück, zusammen 28,8 m
▶ C-Saugschläuche: 6 Stück, zusammen 9,6 m
▶ B-Druckschläuche: 255 Stück, zusammen 5100 m
▶ C-Druckschläuche: 310 Stück, zusammen 4650 m
▶ C-Saugschläuche, elektrisch leitfähig: 6 Stück, zusammen 9,6 m
▶ C-Druckschläuche, elektrisch leitfähig: 18 Stück, zusammen 270 m

Zur Ausrüstung der Feuerwehr gehörten unter anderem:

▶ 5 Hitzeschutzanzüge
▶ 3 Säureschutzanzüge
▶ 6 Strahlenschutzanzüge
▶ 3 leichte Taucheranzüge
▶ 9 Schwimmwesten
▶ 1756 kg Löschpulver
▶ 880 kg Schaummittel
▶ 800 kg Leichtschaummittel
▶ 92 Sack Ölbindemittel

Chronik
der Feuerwehrgeschichte

1945   Berufsfeuerwehr wird zur »Fire Brigade«;
Leiter Josef Duna; Stellenplansoll 63 Mann
Freiwillige Feuerwehr wird verboten
»Fire Brigade« wird zur Stadtfeuerwehr; Leiter: Leopold Gumbold; Wiederaufbau

1946   Leopold Gumbold muss aus dem Dienst ausscheiden; Nachfolger: Anton Reiß,
dann Johann Memminger

1947   In Bayern werden neue Dienstkleidung und neue Abzeichen
eingeführt
Amerikanische Militärfeuerwehr wird eingerichtet

1948   Alois Hammer übernimmt zum zweiten Mal die Leitung
der Berufsfeuerwehr
»Notstandseinheit« wird aufgestellt

1949   Jubiläum zum 100-jährigen Bestehen der ehemaligen freiwilligen Feuerwehr;
Jubiläum zum 50-jährigen Bestehen der Berufsfeuerwehr

1950   Stadtfeuerwehr wird zum »Feuerschutzamt«

1951   Die 78-Stundenwoche wird eingeführt

1952   In der Hauptfeuerwache wird eine Funkstation eingerichtet
Die Augsburger Feuerwehrmänner gründen den Verein Augsburger Feuerwehrheim
Die Berufsfeuerwehr erhält vom Bayerischen Landesamt für Feuerschutz eine Prüf-
anlage für Sauerstoffschutzgeräte
Im »Ahornerhaus« werden 13 Dienstwohnungen an Berufsfeuerwehrmänner
übergeben

1953   Der Verein »Augsburger Feuerwehrheim« erwirbt in Trabers bei Oberstaufen
ein Ferienheim
Acht weitere Dienstwohnungen stehen im Neubau Zeuggasse 8
zur Verfügung

1954   RKW 10 wird in Betrieb genommen

1956   Das Tanklöschfahrzeug TLF 16 (Magirus) wird als erstes fabrikneues Fahrzeug nach dem Krieg in Dienst gestellt
Metz-Drehleiter von 1937 erhält neues MAN-Fahrgestell

1960   Löschfahrzeug LF 16 (MAN/Ziegler) wird in Dienst gestellt; die Berufsfeuerwehr verfügt wieder über einen modernen Löschzug
Jahrestagung der Vereinigung zur Förderung des deutschen Brandschutzes (VFDB) in Augsburg
Bayerisches Beamtengesetz tritt in Kraft

1964   Die Berufsfeuerwehr erhält ein Trockentanklöschfahrzeug und kann nun auch mit Löschpulver löschen
Neue Aufgabe Strahlenschutz: Feuerwehr erhält Messgeräte
Die 72-Stunden-Woche wird eingeführt
Der Verein Augsburger Feuerwehrheim wird zum Verein Augsburger Feuerwehren e.V. (VAF)
Planung der Hauptfeuerwache an der Berliner Allee beginnt, wird aus Kostengründen gestoppt

1965   Stadtrat beschließt: Grundstück an der Berliner Allee soll Standort der neuen Hauptfeuerwache werden

1966   Alois Hammer tritt in den Ruhestand. Sein Nachfolger wird Josef Korschinsky

1967   Die 64-Stundenwoche wird eingeführt

1968   Bayerisches Katastrophenschutzgesetz tritt in Kraft

1969   Die Feuerwehr wird mit Asbestanzügen ausgestattet

1970   Der Verein Augsburger Feuerwehren erwirbt neues Ferienheim in Laufenegg bei Oberstaufen
Bundesgesetz über die »Erweiterung des Katastrophen-schutzes« tritt in Kraft

1971   Die Planung für die neue Hauptfeuerwache wird wieder aufgenommen

Die Werk- und Betriebsfeuerwehren

Die Fabrikfeuerwehren spielten in einer Industriestadt wie Augsburg von Anfang an eine bedeutende Rolle. Sie schützten nicht nur den eigenen Betrieb, sondern verstärkten fast hundert Jahre lang die freiwillige Feuerwehr. Ihre Ausstattung und Ausbildung wurde im Laufe der Jahre immer besser. Doch konnten auch sie nicht verhindern, dass während des Zweiten Weltkriegs viele Betriebe zerstört wurden.

Nach dem Krieg nahm die Bedeutung der Fabrikfeuerwehren noch zu, denn die Freiwillige Feuerwehr Augsburg war ja aufgelöst worden. Für die Sicherstellung des Brandschutzes in der Stadt war die Berufsfeuerwehr auf die Unterstützung der Werk- und Betriebsfeuerwehren angewiesen, wie der Leitende Branddirektor Josef Korschinsky, bis 1992 Leiter der Berufsfeuerwehr, bestätigt: »Kaum ein größeres Schadensereignis konnte bis in die achtziger Jahre ohne die Hilfe einer oder mehrerer Werkfeuerwehren von der Berufsfeuerwehr allein bewältigt werden.«

Wenn im Unternehmen selbst ein Brand ausbrach, waren die eigenen Löschkräfte schnell vor Ort. Sie kannten die Produktion, das Gefahrenpotenzial, besondere Gefahrenquellen sowie das eigene Werksgelände natürlich am besten. Daher konnten sie rasch mit der Brandbekämpfung beginnen und der nachrückenden Berufsfeuerwehr die notwendigen Informationen geben.

Werkfeuerwehr oder Betriebsfeuerwehr?

Werkfeuerwehren gibt es erst ab 1949. Vorher nannte man die Brandschutzeinheiten in den Unternehmen »Fabrikfeuerwehren«, im Dritten Reich wurde daraus der »Werkluftschutz«, der sich nicht nur um Brandbekämpfung, sondern auch um Luftschutzräume kümmern musste und unter strenger staatlicher Aufsicht stand.

Mit der Gründung der Bundesrepublik Deutschland 1949 wird eine neue Regelung eingeführt, nach der bestimmte Betriebe gesetzlich verpflichtet sind, eine Werkfeuerwehr einzurichten. Ob eine Wehr gegründet werden musste, hing von der Größe des Betriebes und seinem Gefahrenpotenzial ab. Firmen, die leicht entzündliche Stoffe verarbeiten oder mit feuergefährlichen oder gar explosiblen Stoffen umgehen, sind natürlich eher zu dieser Maßnahme verpflichtet als andere Betriebe.

Werkfeuerwehren stehen, was ihre Stärke, Ausrüstung und Ausbildung betrifft, unter der Aufsicht der Brandschutzbehörde, in Augsburg also der Berufsfeuerwehr.

Die Einrichtungen werden laufend kontrolliert. Lehrkräfte der Berufsfeuerwehr schulen die Angehörigen der Werkfeuerwehren. Es gibt Lehrgänge für Kommandanten, Löschmeister, Maschinisten, des weiteren Schulungen in Erste Hilfe, Atemschutz, vorbeugenden Brandschutz und vieles mehr. Die Ausbildung ist anspruchsvoll, breit gefächert und den speziellen Gefahrenschwerpunkten in den Betrieben angepasst.

Fast alle Mitglieder der Werkfeuerwehren sind nebenamtlich tätig. Sie sind Betriebsangehörige, die zusätzlich den Brandschutz übernehmen. In größeren Werken gibt es ein bis zwei hauptamtliche Feuerwehrmänner, die genauso ausgebildet werden wie die Berufsfeuerwehrmänner der Stadt.

Die Einrichtung einer Betriebsfeuerwehr ist nicht gesetzlich vorgeschrieben. Es handelt sich vielmehr um eine freiwillige Einrichtung. Folglich unterliegt sie nicht der Aufsicht der Berufsfeuerwehr, was eine Zusammenarbeit natürlich nicht ausschließt.

In Augsburg gibt es bei der Ausbildung von Werk- und Betriebsfeuerwehren keine Unterschiede.

Die folgende Auswahl stellt einige Betriebs- und Werkfeuerwehren vor.

Betriebsfeuerwehr Böwe

Genau genommen war die Betriebsfeuerwehr Böwe für drei Unternehmen zuständig, die heute noch auf dem Werksgelände an der Haunstetter Straße tätig sind: Die Reinigungs- und Wäschereitechnik GmbH, die Böwe Systec AG und die Böwe GmbH. Alle drei Firmen sind aus einer Schlosserei hervorgegangen, die Max Böhler und Ferdinand Weber 1945 gegründet haben. Sieben Jahre später stellten sie die erste Chemischreinigungsmaschine her. Im Jahr darauf, 1953, begannen sie mit der Produktion von Schneideautomaten für Endlospapier. Die Böwe Systec hat sich als Hersteller von Informations- und Systemtechnik weltweit einen Namen gemacht.

Die Anfänge der Feuerwehr liegen im Jahr 1970. Damals bestand eine Brandschutzgruppe, die mit einem Hydrantenwagen und einer Tragkraftspritze TS 2/5 (Pumpenleistung 200 l/min bei 5 bar) ausgerüstet war. Das Feuerschutzamt stellte 1975 ein gebrauchtes Tanklöschfahrzeug TLF 16 KHD mit einer Pumpenleistung von 1600 l/min zur Verfügung, das 1983 gegen ein ebenfalls gebrauchtes Tanklöschfahrzeug (Daimler Benz/Metz) der Freiwilligen Feuerwehr Haunstetten ausgetauscht wurde. Das Fahrzeug war allerdings nur zwei Jahre im Einsatz. 1985 bekam die Feuerwehr ein Tragkraftspritzenfahrzeug TSF mit einer Ziegler Tragkraftspritze TS 8/8 (Pumpenleistung 800 l/min bei 8 bar). Das Fahrzeug verfügte über Pressluftatmer, Abdichtmaterial und Schaumausrüstung. 1992 gehörten der Betriebsfeuerwehr 13 Mann an. Am 30. Juni 1996 wurde sie aufgelöst. Für den Brandschutz sorgt heute die neue Feuerwache Süd der Berufsfeuerwehr, die sich in der Nachbarschaft befindet.

Betriebsfeuerwehr Haindl Papier GmbH

Deutschlands größte Papierfabrik befindet sich in Augsburg und wird seit 1849 mittlerweile in der fünften Generation geführt. Die Wurzeln des Unternehmens lassen sich sogar noch weiter zurückver-

Ganz oben: 1975 erhielt die Betriebsfeuerwehr der Firma Böwe dieses Tanklöschfahrzeug der Berufsfeuerwehr Augsburg. Der Magirus-Rundhauber landete schließlich auf dem Kinderspielplatz des Augsburger Zoos; jetzt ist er verschrottet.

Oben: Fahrzeuge der Betriebsfeuerwehr der Firma Haindl Papier GmbH.

folgen. 1688 richtete ein gewisser Thomas Lechler am Malvasierbach, also unter dem Lueginsland, eine Papiermühle ein. Diese Mühle erwarb 1849 der Unternehmensgründer Georg Haindl. Seine Söhne Friedrich und Clemens bauten die Mühle zu einer Holzstoff-Fabrik aus. In den zwanziger Jahren entstand auf dem heutigen Betriebsareal eine moderne Papierfabrik.

Im Jahr 1944 wurde das Werk besonders stark beschädigt und musste bis November 1945 die Produktion einstellen. In den Nachkriegsjahren ging es schnell wieder bergauf. Zur Zeit entsteht auf dem

erste Feuerlöschfahrzeug, ein TSF auf Ford-Fahrgestell, angeschafft. 1987 kam ein zweites Löschfahrzeug LF 8 von MAN hinzu. Heute hat die Betriebsfeuerwehr 23 Mitglieder.

Werkfeuerwehr Ackermann Nähgarne GmbH & Co.

In einem hochmodernen Werk im Augsburger Stadtteil Göggingen stellt die Firma Ackermann Näh-, Stopf- und Maschinenstickgarne her, die in viele Länder exportiert werden.

Das Unternehmen hat eine lange Tradition: 1855 vom Spinnereifachmann Eusebius Schiffmacher in Augsburg gegründet, zog es acht Jahre später nach Göggingen. Damals trug die Firma noch den Namen Zwirnerei und Nähfadenfabik Göggingen, kurz ZNFG.

1957 fusionierten die Gögginger mit dem Nähgarnhersteller Ackermann Heilbronn. Seit 1976 befindet sich der Sitz der Ackermann-Göggingen AG in Augsburg.

Die Werkfeuerwehr wurde 1876 gegründet. Die Mannschaftsstärke lag damals bei 52 Mann. Im Jahr 1967 wurde ein neues Gerätehaus bezogen. Seit der Eingemeindung von Göggingen 1972 untersteht die Werkfeuerwehr der Aufsicht durch die

von der Firma Dierig-Stadtbach erworbenen Gelände ein Fabrikationsgebäude für eine neue, moderne Papiermaschine.

Die Betriebsfeuerwehr wurde am 1. April 1933 gegründet, als »Vorsorge für passiven Luftschutz«. Schon am 26. Juli 1933 stand die Einheit mit 26 Mann – ausgerüstet und eingekleidet. Nach dem Krieg ließ das Unternehmen seine Betriebsfeuerwehr bestehen, auch wenn nun – Gott sei Dank – kein Luftschutz mehr nötig war. 1969 wurde das

Augsburger Berufsfeuerwehr und nimmt vor allem an Brandeinsätzen im Stadtteil Göggingen teil.

Heute besitzt die Werkfeuerwehr eine Mannschaftsstärke von 23 Mitgliedern und ist mit einem Tanklöschfahrzeug TLF 16 (Pumpenleistung 1600 l/min), einem Löschfahrzeug LF 16-TS und einem Mehrzweckfahrzeug MZF ausgerüstet.

Im Mai 1999 gab es für die Wehr einen Großeinsatz: Der Wertachdamm war gebrochen; das Wehr an der Wellenburger Straße sowie das betriebseigene Wehr wurden völlig zerstört. Sämtliche Produktions- und Lagerräume in den Kellern und zum Teil im Erdgeschoss waren überflutet. Die Aufräumarbeiten nahmen viel Zeit in Anspruch. Der Betrieb erlitt einen riesigen Schaden

Werkfeuerwehr Augsburger Flughafen GmbH

Nachdem sich auf dem Verkehrslandeplatz Augsburg der Flugbetrieb ausgeweitet hatte und größere Maschinen starten und landen durften, wurde die vorhandene Brandschutzeinheit den Anforderungen der Aufsichtsbehörde nicht mehr gerecht.

Nun musste eine Löschstaffel bei Flugbetrieb ständig einsatzfähig sein. Das hierfür vorgesehene Personal wurde durch die Berufsfeuerwehr ge-

Erstangriff der Werkfeuerwehr bei Triebwerksbrand.

schult, und die Führungskräfte erhielten an der Bayerischen Landesfeuerwehrschule eine umfassende Ausbildung. Die Stadt Augsburg erkannte die Werkfeuerwehr mit Bescheid vom 20. Oktober 1994 an. Sie ist nach den Vorschriften der internationalen Flugsicherungsorganisation (ICAO) ausgerüstet, hat Vielkanalfunk und eine Feuermelde- und Fernmeldedirektverbindung zur Berufsfeuerwehr. Untergebracht ist die Wehr in einem Feuerwehr-Gerätehaus.

Zur Zeit beträgt die Gesamtstärke der Werkfeuerwehr des Augsburger Flughafens 20 Mann.

Werkfeuerwehr der Augsburger Kammgarn Spinnerei AG.

Die Werkfeuerwehr ist ausgerüstet mit einem Schaumlöschfahrzeug SLF 4000 (4000 l Wasser und 300 l Schaumkonzentrat, Werfer) und einem SLF 1200/500, Unimog, (1200 l vorgemischte Wasser-/Schaumlösung und 500 kg Löschpulver, Werfer).

In ihrer noch kurzen Geschichte musste sie bereits mehrmals zu Einsätzen ausrücken, die sie gemeinsam mit der Berufsfeuerwehr und benachbarten freiwilligen Feuerwehren – wie Friedberg und Gersthofen – meisterte.

Werkfeuerwehr Augsburger Kammgarn Spinnerei AG

Die Augsburger Kammgarn-Spinnerei, kurz AKS, wurde 1836 gegründet und bereits 1845 in eine Aktiengesellschaft umgewandelt. Mitte der dreißiger Jahre produzierte der Betrieb ca. 2,7 Millionen kg Kammgarn per anno.

Seit 1992 fertigt die AKS rund 6 Millionen kg Kammgarn jährlich. Sie gehört in Europa zu den größten Kammgarnspinnereien, verfügt über eine eigene Färberei und Zwirnerei. Heute werden vornehmlich hochwertige Garne für die Autoindustrie hergestellt.

Die Spinnerei besitzt eine der ältesten Fabrikfeuerwehren in Deutschland. Bereits 1848 rief die Firma eine Löschmannschaft ins Leben, die 45 Mitglieder zählte. 1853 wurde sie aufgelöst, aber schon drei Jahre später wieder neu begründet. Heute ist die Werkfeuerwehr 19 Mann stark. In den langen Jahren ihres Bestehens hat die Werkfeuerwehr viele und sehr gefährliche Brände im Werk und im Stadtgebiet von Augsburg bekämpft bzw. die Berufsfeuerwehr hierbei unterstützt. Sie hat heute ein Tanklöschfahrzeug TLF 16/25, ein Löschfahrzeug LF 8, ein Tragkraftspritzenfahrzeug und einen Schaumgenerator.

Werkfeuerwehren Christian Dierig GmbH

Das traditionsreiche Textilunternehmen hatte in Augsburg vier Werke, davon verfügten zwei über eine eigene Werkfeuerwehr, nämlich die Spinnerei am Stadtbach und die Weberei am Mühlbach. Die Spinnerei am Senkelbach und die Wertach-Spinnerei hatten eine Betriebsfeuerwehr. Gegründet wurde die Firma 1805 in Langenbielau in Schlesien, damals noch als »Verlagsgeschäft«, die Weber arbeiteten also zu Hause und belieferten den »Verlag«. In Augsburg ist das Unternehmen seit 1863 tätig, damals wurde die Spinnerei am Stadtbach gegründet. 1871 stellte der Betrieb eine eigene Feuerwehr auf. Die Weberei am Mühlbach wurde 1918 von den Gebrüdern Schnell erworben.

Die 1907 für diesen Betrieb gegründete Werkfeuerwehr wurde ab 1918 von der Christian Dierig AG übernommen. 1944 wurden die Baumwollspinnerei am Senkelbach und die Wertach-Spinnerei durch Bomben völlig zerstört, auch die Weberei am Mühlbach und die Spinnerei am Stadtbach erlitten schwere Schäden. Die Betriebe mussten die Produktion einstellen. In den ersten Nachkriegsjahren lief die Produktion wieder an, je eine Löschmannschaft wurde für die Weberei am Mühlbach und die

Links oben: Werkfeuerwehr der Christian Dierig GmbH.

Links unten: Löschfahrzeug der Ferrozell GmbH.

Teleskopmast der Werkfeuerwehr der MAN B & W Diesel AG.

Spinnerei am Stadtbach aufgestellt und 1949 als Werkfeuerwehren anerkannt.

Beide Werkfeuerwehren wurden am 30. Juni 1997 aufgelöst. Zuletzt hatten sie zusammen 38 Mitglieder.

Werkfeuerwehr Ferrozell GmbH

Die Firma Ferrozell ist auf die Herstellung und Verarbeitung von technischen Schichtpressstoffen für die Elektro- und Elektronikindustrie spezialisiert. Diese Schichtstoffe kommen bei der Fertigung von Konstruktionselementen und Leiterplatten zum Einsatz.

Mitte der neunziger Jahre sind bei Ferrozell etwa 400 Mitarbeiter beschäftigt.

Eine Betriebsfeuerwehr wurde 1961 aufgebaut, personell und technisch war sie zunächst noch schwach ausgestattet. Dies änderte sich aber innerhalb von fünf Jahren und am 12. Juli 1966 wurde sie als Werkfeuerwehr anerkannt. Ihre Ausstattung wurde kontinuierlich verbessert. Man beschaffte mit Unterstützung der Berufsfeuerwehr zwei Trag-

kraftspritzenfahrzeuge TSF und ein Löschfahrzeug LF 8. Die Werkfeuerwehr hat heute eine Stärke von 22 Mann.

Werkfeuerwehr MAN B&W Diesel AG

Die MAN ist weltbekannt für ihre Dieselfahrzeuge und -motoren. Tatsächlich entwickelte Rudolf Diesel seinen Motor in den Jahren 1893 bis 1897 in Zusammenarbeit mit der Maschinenfabrik Augsburg AG, wie das Unternehmen damals hieß, ehe es zur Maschinenfabrik Augsburg-Nürnberg, kurz MAN wurde. Weniger bekannt: 1873 fertigte das Augsburger Unternehmen die erste Rotationsmaschine für Zeitungsdruck in Deutschland. 1924 baute das Augsburger Werk die ersten Dieselmotoren mit Abgasturboaufladung.

Seit 1971 werden im Betriebsteil »Neue Technologie« der MAN AG im Rahmen des Raumfahrtprojektes Teile für die Trägerrakete Ariane hergestellt. 1974 wurde hier die größte Rotationsdruckmaschine Europas gefertigt. Und 1987 lieferte das Augsburger Werk für das Kreuzfahrtschiff Queen Elisa-

Werkfeuerwehr der MAN B & W Diesel AG.

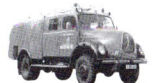

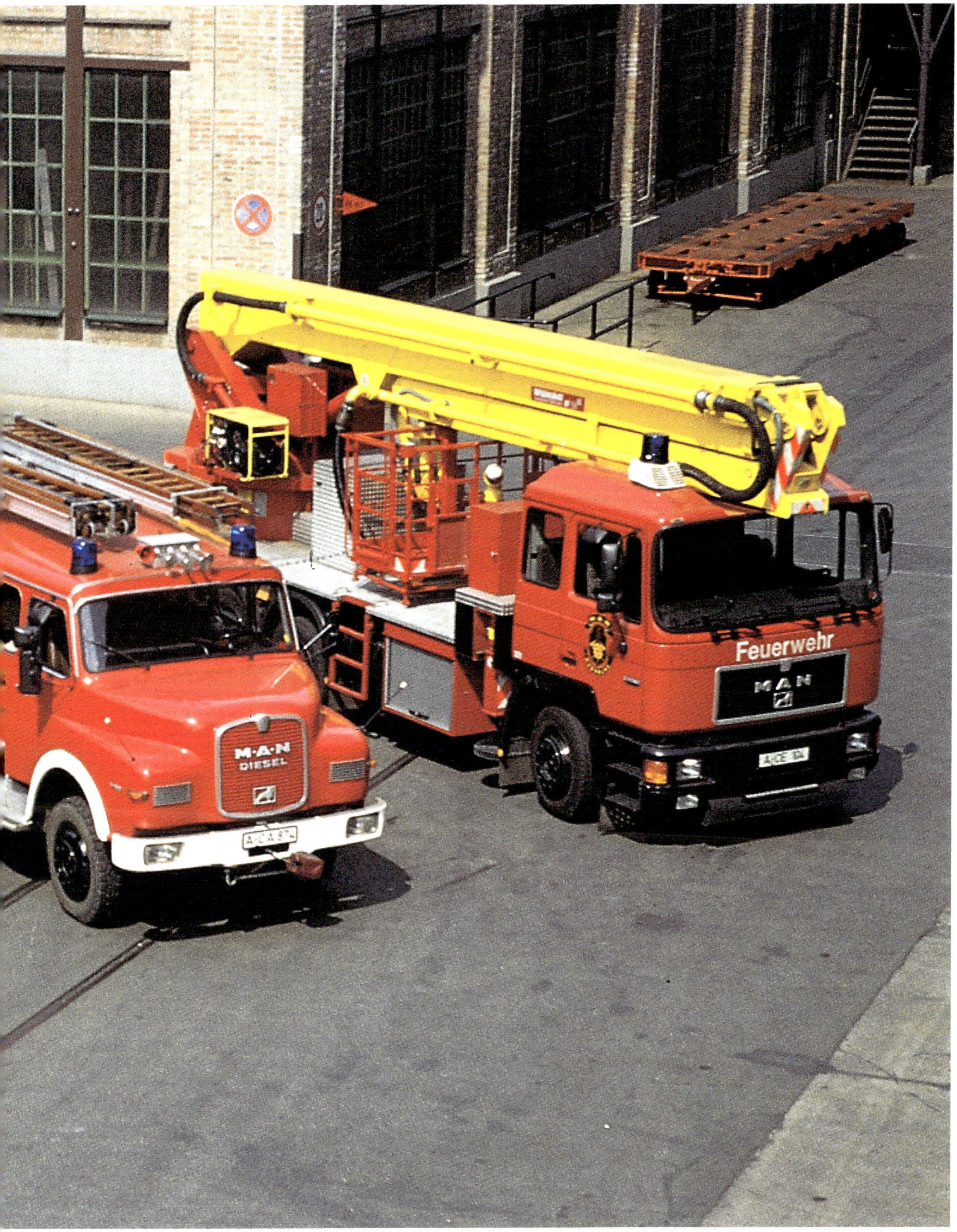

Eine sehr gut ausgerüstete Feuerwehr – MAN B&W Diesel AG

Werkfeuerwehr der Daimler-Chrysler Aerospace AG.

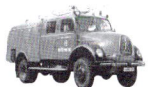

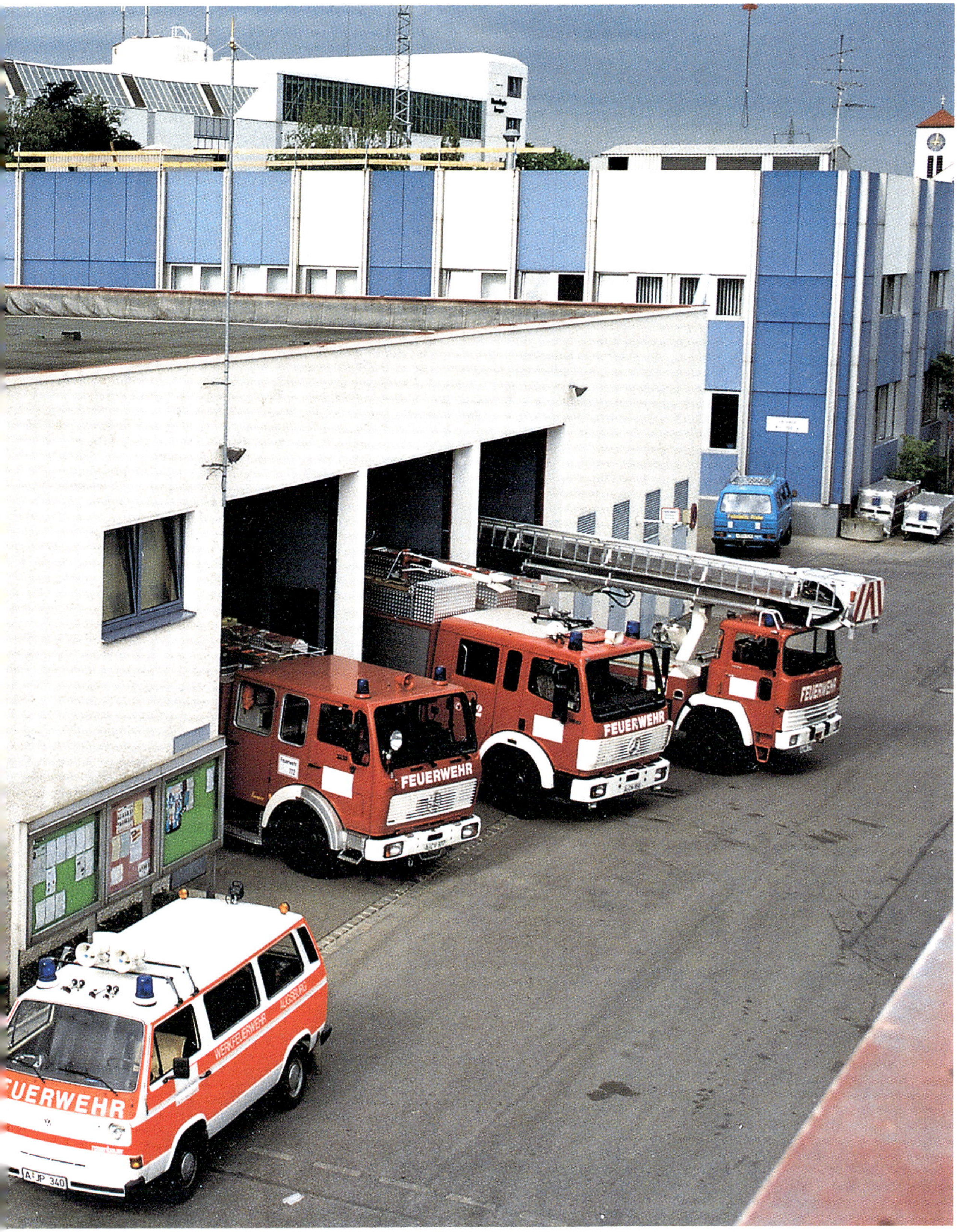
FEUERWEHR
FEUERWEHR
FEUERWEHR
WERKFEUERWEHR
AUGSBURG

Oben: Bei den öffentlichen Feuerwehren der Bundesrepublik dominiert bei den Hubrettungsgeräten noch immer die klassische Drehleiter. Die Werkfeuerwehr der MAN hingegen setzt diesen Teleskopmast auf MAN/Wumag von 1990 ein, der insbesondere als Arbeitsgerät für die unterschiedlichsten Anforderungen im täglichen Betrieb geeigneter erscheint.

Unten: Natürlich greift man bei der Werkfeuerwehr der MAN auf das hauseigene Fahrgestell zurück. Neueste Errungenschaft im Fuhrpark ist dieses Löschgruppenfahrzeug LF 8/6 MAN/Ziegler.

beth II. neun Viertakt-Dieselmotoren mit 130 000 PS – weltweit der größte dieselelektrische Antrieb für ein ziviles Schiff.

Die Werkfeuerwehr der Firma wurde 1897 gegründet und 1901 durch die Stadt anerkannt. Schon in ihrer Anfangszeit war die Werkfeuerwehr der MAN wegen ihrer Lage im Industriegürtel und ihrer Stärke und Ausrüstung häufig zu Einsätzen im Stadtgebiet unterwegs. Ab etwa 1934 bis 1945 war die Werkfeuerwehr des Rüstungsbetriebes in den Werkluftschutz eingebunden. Man hatte die Ausrüstung ganz erheblich verbessert, konnte aber während der zahlreichen Bombenangriffe den Verlust großer Betriebsteile nicht verhindern. Auch bei Aufgaben außerhalb des Stadtgebietes erfüllte die Wehr ihre Aufgaben sehr erfolgreich. Nach dem Zweiten Weltkrieg erhielt die Werkfeuerwehr wegen ihrer besonderen Ausrüstung und Stärke bei der Sicherung des Brandschutzes im Stadtgebiet über Jahrzehnte hinweg eine Schlüsselposition an der Seite der Berufsfeuerwehr.

Heute zählt die Werkfeuerwehr 31 Mitglieder. Sie besitzt ein Löschfahrzeug LF 16, ein LF 8, einen Teleskopmast, einen Einsatzleitwagen und ein Sonderfahrzeug.

Werkfeuerwehr Daimler-Chrysler Aerospace AG

In der Luftfahrtindustrie besitzt Augsburg, das nicht ohne Grund die »Fliegerstadt« genannt wurde, eine lange Tradition. 1916 errichteten hier die Berliner Rumplerwerke ein Zweitwerk, die Bayerischen Flugzeugwerke siedelten sich ab 1926 an; in den dreißiger und vierziger Jahren baute die Messerschmitt AG in Augsburger Werken ihre Maschinen.

Diese Tradition setzt das Fertigungswerk der Messerschmitt-Bölkow-Blohm GmbH fort, die zur Aerospace gehört. Das breit gefächerte Produktionsprogramm steht für High Tech und europäische Zusammenarbeit. Denn in Augsburg werden wichtige Teile für den Airbus gefertigt: das Rumpfende, verschiedene andere Rumpfkomponenten und Gleitführungen für die Landeklappen. Auch andere Serien- und Entwicklungsprogramme wie der Tornado und der Jäger 90, für die das Werk die Rumpfmittelteile liefert, werden im internationalen Fertigungsverbund erstellt. Bis 1945 arbeitete ein gut ausgerüsteter Werkluftschutz für die Messerschmitt Werke. Die völlige Zerstörung der Anlagen konnte er dennoch nicht verhindern. Als Rüstungsbetrieb waren die Messerschmitt-Werke bevorzugtes Ziel zahlreicher alliierter Bombenangriffe.

Oben: Gerätewagen der GW Umweltschutz.

Mitte: Über eine umfangreiche Beladung verfügt das HLF 16 der WF DASA auf Daimler Benz/Rosenbauer von 1991.

Unten: Die WF DASA verfügt in ihrem Fuhrpark über einen Gelenkmast Magirus/Simon Snorkel.

Erst 1960 konnte MBB wieder eine Betriebsfeuerwehr aufbauen. Die Werkteile II, III und IV bekamen je eine Löschgruppe zugeteilt. 1965 wurde die Feuerwehr als Werkfeuerwehr anerkannt.

Technisch und personell ist die Wehr sehr gut ausgestattet. Sie verfügt über ein Trockentanklöschfahrzeug TroTLF 16, ein Löschgruppenfahrzeug HLF 16, ein Mehrzweckfahrzeug MZF, einen Gerätewagen GW Gefahrgut und ein Gelenkmastfahrzeug. 1992 bezog die Werkfeuerwehr ein neues Gerätehaus in Werk IV. Heute hat die Werkfeuerwehr 29 Mitglieder, zwei davon arbeiten hauptamtlich.

Betriebs- und Werkfeuerwehr MCA Martini

Das Textilveredelungsunternehmen MCA Martini besaß zwei Werke in Augsburg, die schon frühzeitig eine eigene Fabrikfeuerwehr unterhielten. Beide Werke mussten in den neunziger Jahren die Produktion einstellen, die Feuerwehren wurden aufgelöst.

Das Werk in Haunstetten war die Keimzelle des Unternehmens. Der Gründer Clemens Martini erwarb 1832 das Bleichgut Haunstetten und baute sein Unternehmen auf. Fünfzehn Jahre später kaufte er mit seinem Bruder Ludwig Martini am östlichen Stadtrand von Augsburg die ehemalige Tabakmühle Ödenhausen und rüstete sie zur Hauptproduktionsstätte mit Bleicherei, Färberei, Textildruckerei und Appreturanstalt um.

Das Werk in Haunstetten bekam bereits 1896 eine eigene Fabrikfeuerwehr; beim Augsburger Werk dauerte es etwas länger. Den Anstoß zur

Links: Werkfeuerwehr der MCA Martini.

Unten: Betriebsfeuerwehr des Werkes MCA Martini Haunstetten.

Gründung der betriebseigenen Löschmannschaft gab ein Großbrand, der 1904 die Bleiche vollkommen zerstörte. Allerdings vergingen noch sieben Jahre, bis eine Fabrikfeuerwehr aufgestellt wurde. Ab 1934 wurden beide Werkfeuerwehren dem Werkluftschutz angegliedert, verstärkt und entsprechend ausgerüstet. Sie waren auch zu Einsätzen außerhalb der Stadt abkommandiert, beispielsweise nach München. Im Zweiten Weltkrieg wurde der Augsburger Betrieb fast völlig zerstört, auch der größte Teil der Feuerlöschgeräte wurde vernichtet. Die Feuerwehr wurde von den Fabrikdirektoren Martini neu aufgebaut und im Oktober 1949 als Werkfeuerwehr anerkannt. Die Werkfeuerwehr Martini sorgte in den stark expandierenden Betrieben, die sich bei der Verwendung von Material und Chemikalien permanent den Anforderungen der Abnehmer anpassen mussten, für den notwendigen Schutz.

Auch außerhalb des Betriebes war die Werkfeuerwehr Martini Augsburg eine der Werkfeuerwehren, auf die bei nahezu jedem größeren Brandeinsatz zurückgegriffen wurde. Am 30. Juni 1996 wurde sie aufgelöst. Zu diesem Zeitpunkt hatte sie 22 Mitglieder. In Haunstetten bestand die Betriebsfeuerwehr bis zum 1. Oktober 1993.

Werkfeuerwehr NAK

Eine der ältesten Werkfeuerwehren in Bayern besteht nicht mehr, denn am 30. Juni 1996 musste die Neue Augsburger Kattunfabrik (NAK), ein bedeutendes, altehrwürdiges Textilunternehmen, schließen. Die Anfänge der Firma lassen sich bis 1702 zurückverfolgen, als der Tischler Johannes Apfel die Apfelsche Kattundruckerei gründete. Drei Jahre später erwarb er ein Grundstück am Vogeltor, das er zunächst als Rasenbleiche nutzte und dann zur Färberei ausbaute. Bis zuletzt war hier der Betrieb ansässig, der im Laufe seiner langen Geschichte allerdings mehrmals umbenannt wurde: 1781 in Schöppler und Hartmann, 1824 in Forstersche Kattunfabrik, 1885 schließlich in Neue Augsburger Kattunfabrik.

Die Anfänge der NAK-Fabrikfeuerwehr reichen bis 1848 zurück. Aus den alten Firmenbüchern geht hervor, dass damals bereits eine eigene Löschmaschine existiert hat. Im September 1849 gab es eine ausgebildete Löschabteilung, der 50 Mann ange-

Ganz oben: Bis in die siebziger Jahre gehörte dieses Magirus LF 25 (Baujahr um 1940) zum Fahrzeugbestand der NAK Augsburg.

Oben: Nach Auflösung der Werkfeuerwehr existiert im Siemens Technopark noch eine Brandschutzgruppe, der zur Erfüllung ihrer Aufgaben ein modernes Mehrzweckfahrzeug zur Verfügung steht.

hörten, ein Jahr später waren es sogar doppelt so viele. Wie bei der freiwilligen Feuerwehr wurde die Löschmannschaft in Rotten eingeteilt.

In den kommenden Jahren entwickelte sich die Feuerwehr der Kattunfabrik zu einer wichtigen Stütze der Augsburger Feuerwehren. Sie war gut ausgestattet und schon früh beteiligte sie sich auch an Einsätzen außerhalb des Werksgeländes. 1923 wurde die erste Motorspritze beschafft, 1927 kam ein LKW für die Mannschaft hinzu. Im Zweiten Weltkrieg rückte der »Fabrikluftschutz« zu zahlreichen

Oben: Die Chemische Fabrik Pfersee verfügte im alten Augsburger Werk von 1968 bis zur Verlagerung des Betriebes nach Langweid in den achtziger Jahren über ein für die betrieblichen Erfordernisse modifiziertes Tragkraftspritzenfahrzeug TSF mit zusätzlicher Schaumausrüstung auf Ford Transit/Bachert.

Mitte: Bis zur Werkstilllegung 1991 bildete dieses Tanklöschfahrzeug TLF 15 Daimler Benz/Metz von 1951 das Rückgrat der Werkfeuerwehr Prinz Textildruck GmbH.

Unten: Werkfeuerwehr der Spinnerei und Weberei Augsburg SWA 1983. Umgebauter TRO TLF und drei als TSF umgebaute VW-Transporter

Werkfeuerwehr Siemens Technopark

1959 richtete die Firma Siemens in Augsburg eine Fertigungsstätte für Relais und signaltechnische Anlagen ein. Begonnen wurde mit 760 Mitarbeitern und einer Nutzfläche von 6000 m². 1967 werden erstmals Datenverarbeitungsanlagen gefertigt, 1975 erfolgt die Gründung des Zweiges für Systeme mit den Standorten Augsburg und München, und es werden erste Großrechner geliefert. 1979 liegt der Schwerpunkt der Produktion bei Datensichtgeräten und Personalcomputern. Im Laufe der Jahre expandierte das Werk beträchtlich. 1980 arbeiteten hier 4000 Mitarbeiter; das heutige Gelände übertrifft die Fläche des ursprünglichen um mehr als das 20-fache.

Die Werkfeuerwehr wurde am 1. Oktober 1981 gegründet. Sie war vorschriftsmäßig ausgebildet und ausgerüstet und besaß ein LF 8. Im Jahre 1987 erfolgte eine Werksteilung, der Standort Augsburg erhielt einen zweiten Fertigungsbetrieb in der Bürgermeister-Ulrich-Straße; dort werden bis heute Arbeitsplatzsysteme hergestellt. Im »alten« Betrieb wurde eine Reinraumfertigung für Multi-Chipmodule aufgebaut.

Die Fertigung im Betrieb Haunstetter Straße wurde mehr und mehr abgebaut, den ehemaligen »Computerbetrieb« nutzt man heute als Technopark. Die Werkfeuerwehr wurde am 1. März 1997 aufgelöst. Im neuen Werk gibt es seit 1987 eine Betriebsfeuerwehr.

auswärtigen Bränden aus, Bei den Luftangriffen am 25./26. Februar 1945 erlitt das Werk schwere Treffer. Nach dem Krieg wurde es wieder aufgebaut und eine Werkfeuerwehr mit drei Löschgruppen eingerichtet. Diese erhielt ihre Anerkennung am 11. Juni 1949. Im Zweigwerk am Sparrenlech wurde noch eine vierte Löschgruppe aufgestellt. Doch die Krise der Textilindustrie führte zur Schließung des Betriebes.

Was bleibt, sind die Erinnerungen an eine bedeutende Werkfeuerwehr. Ein altes Löschfahrzeug LF 25 aus der Zeit des Zweiten Weltkrieges (in »Polizeigrün«) steht heute im Deutschen Museum in München.

Die Werkfeuerwehren auf einen Blick

Name	Gründung	anerkannt	aufgelöst
Ackermann Nähgarne	6.3.1876	1949	
Augsburger Buntweberei Riedinger (ab 1971 Riedinger Jersey AG)	10.8.1882	11.6.1949	1.9.1980
Augsburger Kammgarn Spinnerei	1.8.1856	27.4.1949	
Augsburger Flughafen GmbH	1968	20.10.1994	
Christian Dierig GmbH Mühlbachweberei	1907	11.6.1949	30.6.1997
Christian Dierig GmbH Stadtbachspinnerei	1.7.1871	11.6.1949	30.6.1997
Deutsche Aerospace AG (MBB)	Juni 1960	11.11.1965	
Ferrozell GmbH	8.5.1963	12.7.1966	
MAN B&W Diesel AG	1897	11.6.1949	
MCA Martini & Cie	1911	18.10.1949	30.6.1996
NAK-Stoffe AG	10.9.1849	11.6.1949	30.6.1996
Chemische Fabrik Pfersee	1.9.1962	31.10.1990	
Spinnerei und Weberei Augsburg	1.7.1874	2.6.1953	15.12.1988

Die Betriebsfeuerwehren auf einen Blick

Name	Gründung	aufgelöst
BÖWE Passat GmbH	1.2.1970	30.6.1996
Haindl Papier GmbH	1.4.1933	
MCA Martini & Cie, Haunstetten	1.7.1896	1.10.1993
Prinz Textildruck GmbH	1.1.1913	1.8.1991
Siemens Technopark	Dez. 1981	1.3.1997
Siemens (Nixdorf)	1987	

Die Augsburger Feuerwehr heute

Die Entwicklung der Feuerwehr ging unaufhörlich weiter. Von 1972 bis heute gibt es nahezu in allen Bereichen eine Fülle von Veränderungen.

Die Feuerwehr bezieht eine neue Hauptfeuerwache und bekommt endlich eine zweite Feuerwache. Die Männer erhalten neue Uniformen, neue Fahrzeuge und neue Aufgaben. Die Ausrückordnung und der Dienstplan werden geändert, die Einsatzzentrale wird komplett umgerüstet, der Computer hält Einzug und die Einsatzorganisation wird reformiert.

Alle Neuerungen aufzuzählen ist beinahe unmöglich. Doch die einschneidendste Änderung war die Gebietsreform 1972, durch die Augsburg wieder freiwillige Feuerwehren bekam. Damit konnte an eine damals 123-jährige Tradition wieder angeknüpft werden.

Gebietsreform

Am 1. Juli 1972 trat eine umfassende Gemeindegebietsreform in Kraft. Alle bisherigen Landkreise in Bayern wurden aufgelöst und ihre Grenzen neu festgelegt. So entstanden 71 neue Landkreise. Kreisfreie Städte dehnten sich mitunter beträchtlich aus, vormals selbständige Orte wurden eingemeindet.

Für Augsburg hatte die Reform weit reichende Folgen: Die Stadt vergrößerte sich um über 40 Prozent ihrer Fläche und bekam fast 50 000 neue Einwohner hinzu. Von Norden nach Süden erstreckt sie sich nicht mehr auf 13, sondern auf 23 Kilometer, von Osten nach Westen wuchs die Entfernung von neun auf 14 Kilometer.

Für die Feuerwehr gab es zwei einschneidende Konsequenzen: Das Einsatzgebiet der Berufsfeuerwehr hatte sich schlagartig sehr stark vergrößert. Und fast dreißig Jahre nach Kriegsende bekam Augsburg wieder eine freiwillige Feuerwehr. Genauer gesagt: Es waren gleich vier freiwillige Feuerwehren, mit jeweils eigener, rund hundertjähriger Tradition, die nun zu Augsburg gehörten.

Freiwillige Feuerwehr Bergheim

Auf Anordnung der königlichen Regierung von Schwaben und Neuburg gründete die Gemeindeverwaltung von Bergheim am 20. Januar 1875 eine freiwillige Feuerwehr. Bereits zu Beginn zählte sie 48 Mitglieder. Die Gemeinde stellte Geräte und Ausrüstung zur Verfügung, im Mai 1875 wurde bereits die erste Übung abgehalten. Die freiwillige Feuerwehr war bei Bränden und Wassernoteinsätzen in Bergheim und in der Nachbarschaft (Göggingen, Gut Bannacker, Schloss Wellenburg) tätig. Besondere Ereignisse waren die Großbrände von 1919, 1924 und 1926 sowie die zahlreichen Wassernoteinsätze in Bergheim und in den Nachbargemeinden im Mai 1964. 1965 bekam die Feuerwehr ein Löschfahrzeug LF 8.

1975 feierte sie ihr hundertjähriges Bestehen. Heute hat die Freiwillige Feuerwehr Bergheim 49 Aktive, die 1998 drei Einsätze fuhren. Die Wehr

Freiwillige Feuerwehr Bergheim

besitzt heute ein Löschfahrzeug LF 8 und ein Tank-löschfahrzeug TLF 8.

Freiwillige Feuerwehr Göggingen

Am 9. Juni 1864 wütete ein schwerer Brand in Göggingen. Dies war Anlass für die Gögginger Bürger, eine freiwillige Feuerwehr ins Leben zu rufen. Schon am 4. Juli 1864 wurde ein Verein gegründet, ihm gehörten 91 Feuerwehrmänner an. Die ließen sich ausbilden und schulen. Wie bei der Augsburger Feuerwehr mussten sie ihre Ausrüstung zunächst aus eigener Tasche bezahlen.

Obwohl die freiwillige Feuerwehr zahlenmäßig recht stark war, wurde 1875 noch eine Pflichtfeuerwehr eingeführt, die neben der freiwilligen Feuerwehr bis 1907 aktiv war. 1876 kam noch die Fabrikfeuerwehr der Zwirnerei und Nähfadenfabrik hinzu.

Zu Beginn des Ersten Weltkriegs zählte die freiwillige Feuerwehr 163 aktive Mitglieder. Weil in den dreißiger Jahren die Zahl der Einsätze immer mehr zunahm, wurde für die nördlichen Stadtteile schließlich ein eigener Zug mit Requisitenhaus gegründet.

Schon frühzeitig war die Gögginger Feuerwehr auch außerhalb der eigenen Stadt tätig, etwa in Augsburg, Pfersee und Haunstetten. Während des Zweiten Weltkriegs wurde sie sogar in München eingesetzt.

Die Freiwillige Feuerwehr Göggingen hat hunderte von Einsätzen erfolgreich bestanden, Ausrüstung und Ausbildung wurden ständig den Erfordernissen angepasst. Durch die Übernahme des 4. Löschzugs des erweiterten Katastrophenschutzes (LZR-A) kamen wieder viele junge Bürger zur Wehr. Sie verfügt über eine starke Jugendgruppe, die nahtlos für fachkundige Verstärkung sorgt. Auch Damen haben mittlerweile den Zugang zur Wehr gefunden.

Heute hat die Gögginger Feuerwehr mehr als 110 aktive Mitglieder, die bestens ausgebildet und ausgerüstet sind. Für die Berufsfeuerwehr ist sie eine unverzichtbare Verstärkung. 1998 fuhr die Wehr insgesamt 73 Einsätze. Sie verfügt heute über folgende Fahrzeuge: Löschfahrzeug LF 16-TS, Löschfahrzeug LF 16/12, Tanklöschfahrzeug TLF 16, Rüstwagen RW 1, Kleinalarmfahrzeug KLAF, Mehrzweckfahrzeug MZF, P 250.

Ganz oben: Freiwillige Feuerwehr Göggingen.

Oben: Freiwillige Feuerwehr Haunstetten.

Freiwillige Feuerwehr Haunstetten

Noch 1870 befand der Gemeindeausschuss, eine freiwillige Feuerwehr sei zu teuer für Haunstetten. Drei Jahre später, am 12. Mai 1873, wurde dann doch eine gegründet. Bis dahin gab es nur eine Löschmaschine mit Zubehör.

1876 wurde in einem Teil des Schulgartens an der Krankenhausstraße ein Gerätehaus errichtet, das 1909 ausgebaut wurde. Als 1961 in der Krankenhausstraße ein kommunales Mehrzweckgebäude entstand, erhielt die Feuerwehr dort neue Räume.

Im Laufe der Jahre ist Haunstetten außerordentlich stark expandiert – es entwickelte sich von einer beschaulichen 200-Seelen-Gemeinde zu einem großen, modernen Stadtteil mit vielen Industriebetrieben und mehr als 25 000 Einwohnern. Dies veränderte natürlich auch Bedeutung und Arbeit der Feuerwehr. Ausbildung und Ausrüstung wurden den gestiegenen Anforderungen angepasst.

Die Stadt Augsburg unterstützte die Arbeit der Haunstetter Feuerwehr. Sie half beim Ausbau des Gerätehauses, beschaffte die notwendigen Fahrzeuge und wies der Freiwilligen Feuerwehr Haunstetten den 2. Löschzug »Rettung« des erweiterten Katastrophenschutzes (2. LZR-A) zu. Zum Jubiläum des 100-jährigen Bestehens 1973 erhielt die Feuerwehr eine neue Drehleiter DLK 30 (Auszugshöhe 30 m) mit Rettungskorb. Damit war sie besser ausgestattet als die Augsburger Berufsfeuerwehr, die zu diesem Zeitpunkt noch mit zwei älteren Drehleitern (Baujahr 1937 und 1958) auskommen musste. Heute hat die Freiwillige Feuerwehr Haunstetten 88 Mitglieder und fährt von den freiwilligen Feuerwehren die meisten Einsätze. 1998 waren es 89. Die Wehr verfügt über folgende Fahrzeuge: Löschfahrzeug LF 16-TS, Löschfahrzeug LF 16/12, zwei Tanklöschfahrzeuge TLF 16/25, Drehleiter DLK 23/12, Rüstwagen RW 1, Gerätewagen GW Atemschutz/Strahlenschutz, Mehrzweckfahrzeug MZF, TSA, Ölschaden-Anhänger und P 250.

Freiwillige Feuerwehr Inningen

Am 16. Februar 1873 rief die Gemeindeverwaltung Inningen die Bürger auf, eine freiwillige Feuerwehr zu gründen. Schon drei Wochen später, am 9. März, wurde der Verein ins Leben gerufen. Er hatte auf Anhieb 45 Mitglieder.

Am 5. Februar 1893 kam es im Ort zu schweren Überschwemmungen. Die freiwillige Feuerwehr leistete bei zahlreichen Wassernoteinsätzen Hilfe.

Im Zweiten Weltkrieg fuhr sie Einsätze bis nach München. In der Bombennacht vom 24. Februar 1944 war sie in Augsburg und in Inningen tätig, wo es ihr gelang, mehrere Brände in der Turnhalle zu

Als größte unter den freiwilligen Feuerwehren der Stadt Augsburg verfügt die Freiwillige Feuerwehr Haunstetten auch über den umfangreichsten Fahrzeugpark; von links: Mehrzweckfahrzeug MZF, Rüstwagen RW 1, 2 baugleiche Tanklöschfahrzeuge TLF 16/25, Löschgruppenfahrzeug LF 16-TS, Löschgruppenfahrzeug LF 16 und Drehleiter DLK 23-12 .

löschen, in der eine Abteilung der Messerschmitt Flugzeugwerft untergebracht war.

Am 18. Februar 1966 bezog die Freiwillige Feuerwehr Inningen ein neues Gerätehaus und erhielt ein neues Löschfahrzeug LF 16/12. Nach der Gebietsreform übernahm sie einen Teil des 4. Löschzugs »Rettung« des erweiterten Katastrophenschutzes.

Heute hat die Wehr 62 Mitglieder und leistet einen wichtigen Beitrag zur Sicherung des Brandschutzes im Augsburger Süden. 1998 fuhr sie 23 Einsätze. Sie verfügt über ein Löschfahrzeug LF 16-TS, ein Löschfahrzeug LF 16/12 und ein Mehrzweckfahrzeug MZF.

Ein schwieriger Anfang

Die Zusammenarbeit zwischen Berufsfeuerwehr und den freiwilligen Feuerwehren hat sich längst gut eingespielt. Doch 1972 verlief die Einbindung nicht ganz ohne Schwierigkeiten. Zwar bemühten sich die Verantwortlichen der Stadt und der Berufsfeuerwehr schon frühzeitig darum, Befürchtungen entgegenzuwirken, die »Freiwilligen« könnten ihre Kompetenzen verlieren. Doch ohne Erfolg. Schon die Eingemeindungen als solche stießen auf schroffe Ablehnung und hartnäckigen Widerstand. Manche der freiwilligen Feuerwehren drohten sogar einen Löschstreik an.

»Feuerwehr-Krieg flammt wieder auf«, »Kommandanten treten aus Protest ab«, meldete damals die Augsburger Allgemeine Zeitung. Und es waren nicht nur die Kommandanten, die der Zusammenarbeit mit der Berufsfeuerwehr nicht eben freudig entgegensahen. Vor allem bei den beiden größeren Wehren, in Göggingen und Haunstetten, kochten die Emotionen hoch. Fast die Hälfte aller Mitglieder trat aus.

Krisenmanagement war gefragt. Branddirektor Josef Korschinsky bemühte sich intensiv um die Zusammenarbeit mit den verbliebenen Mitgliedern. Gemeinsam erarbeiteten die freiwilligen Feuerwehren und die Berufsfeuerwehr tragfähige Konzepte, um die Brandsicherheit in den betreffenden Stadtteilen zu gewährleisten. Das nahm einige Wochen in Anspruch, doch hatten die Bemühungen schließlich Erfolg. Besonderen Anteil daran hatten der Landtagsabgeordnete Hans Marxreiter (später Pfleger der Berufsfeuerwehr) und der 1. Vorstand der Freiwilligen Feuerwehr Göggingen Otto Durner.

Brand in Bergheim

Die Bewährungsprobe folgte rasch. Am 8. August 1972 stand im Stadtteil Bergheim ein großes landwirtschaftliches Anwesen in Flammen, 1500 Zentner Heu und viele Maschinen brannten. Die Ortsfeuerwehr Bergheim, die freiwilligen Feuerwehren

Beim Brand in einem landwirtschaftlichen Anwesen wird der brennende Heustock abgetragen, um an die Glutnester heranzukommen.

von Göggingen und Haunstetten, die Werkfeuerwehr der Nähfadenfabrik Göggingen und die Berufsfeuerwehr waren im Einsatz. Gemeinsam setzten sie neun Rohre ein, das Löschwasser musste zum Teil über weite Entfernungen herangeführt werden.

Die Zusammenarbeit klappte vorzüglich. Nach einer dreiviertel Stunde hieß es »Feuer aus«, die Nachlöscharbeiten konnten beginnen. Das Wohnhaus und der gesamte Viehbestand wurden gerettet. Der Sachschaden betrug mehr als 150 000 Mark. Der Augsburger Oberbürgermeister Hans Breuer erschien vor Ort, um sich über den ersten Einsatz der Berufsfeuerwehr außerhalb der alten Stadtgrenzen zu informieren. »Trotz des unerfreulichen Anlasses war es erfreulich zu sehen, wie gut alles lief«, stellte Breuer erleichtert fest.

Die Erkenntnisse aus diesem Brand führten dazu, dass die Löschwasserversorgung Zug um Zug verbessert wurde.

Brand im Gögginger Kurhaus

Es verging nicht einmal ein Vierteljahr, da hatten die Feuerwehren abermals Gelegenheit zu zeigen, wie gut sie zusammenarbeiteten. In der Nacht zum 31. Oktober 1972 brach im Gögginger Kurhaus Feuer aus. Das damals leer stehende Gebäude hatte lange als Operettentheater, Ballsaal und Kino gedient. Nun drohte es völlig niederzubrennen. Innerhalb weniger Minuten war die Freiwillige Feuerwehr Göggingen zur Stelle. Kurze Zeit später erhielt sie Verstärkung durch die Werkfeuerwehr der Zwirnerei und Nähfadenfabrik, die der MAN und die Berufsfeuerwehr. Die Löschtrupps drangen, durch das Tor des Bühnenhauses und durch die Seiteneingänge in die Innenräume vor. Gleichzeitig waren mehrere Drehleitern im Einsatz, von denen aus die Feuerwehrmänner ihre Strahlrohre von außen auf die brennende Kuppel richteten (drei B- und zehn C-Rohre).

Zwar brannte der ehemalige Operettensaal völlig aus, doch es gelang, Nebenräume und Teile vom Dach des Bühnenhauses zu retten. Vor allem aber konnten die eiserne Trag- und Dachkonstruktion und die gusseisernen Säulen vor dem Einsturz bewahrt werden. Und das sollte sich noch als Glücksfall erweisen.

Der Einsatz der Feuerwehr rettete das Kurhaus nämlich nicht nur vor den Flammen, sondern auch vor der Abrissbirne. Der damalige Eigentümer wollte das Gebäude eigentlich abreißen lassen, um auf dem Grundstück eine Wohnanlage zu errichten. Erst nach dem Brand, der diverse nachträgliche Ein- und Umbauten zerstörte, wurde die ursprüngliche Architektur wiederentdeckt: Ein kleines Juwel unter den Theaterbauten des ausklingenden 19. Jahrhunderts, 1885 geplant von dem Architekten Jean Keller. Die Stadt stellte das Theater unter Denkmalschutz und kaufte es 1974 zurück. 1988 gründeten Stadt und Bezirk einen Sanierungszweckverband. Kurze Zeit später begannen die Renovierungsarbeiten. Architekt war Egon Georg Kunz, die Oberleitung hatte das Bayerische Landesamt für Denkmalpflege. Nach acht Jahren akribischer Sanierung konnte am 3. Februar 1996 das Kurhaus Göggingen im neuen alten Glanz wieder eröffnet werden.

Zusammenarbeit festigt sich

Für die freiwilligen Feuerwehren bedeutete es zunächst eine Umstellung, dass sie nicht mehr direkt alarmiert wurden, wenn es in ihrem Stadtteil brannte, sondern durch die Einsatzzentrale in der Augsburger Hauptfeuerwache. Hier liefen alle Fäden zusammen, denn hier wurden alle Einsätze im Stadtgebiet geplant und koordiniert. Es gab beim einen oder anderen Befürchtungen, die freiwilligen Feuerwehren könnten dadurch zum Anhängsel der Berufsfeuerwehr werden und nur noch eine untergeordnete Rolle spielen. Doch das Gegenteil war der Fall, wie sich bald zeigte. Die freiwilligen Feuerwehren wurden immer wichtiger. Auf ihren Einsatz konnte immer weniger verzichtet werden, nicht zuletzt auch weil die Zahl der vormals so starken Werkfeuerwehren zurückging.

In ihrem angestammten Stadtteil blieben die freiwilligen Feuerwehren ohnehin für den Ersteinsatz zuständig. Sie wurden von der Einsatzzentrale sofort über Funkwecker und Sirenen alarmiert. Bei größeren Einsätzen bekamen die freiwilligen Feuerwehren Unterstützung von der Berufsfeuerwehr.

Allmählich wich die anfängliche Skepsis gegenüber der Berufsfeuerwehr. Das Verhältnis entspannte sich zusehends. Schon bald traten die vier »neuen« Wehren ganz in die Fußstapfen der »alten« Augsburger freiwilligen Feuerwehr.

Olympische Spiele in Augsburg

Die Olympiade 1972 fand nicht nur in München statt. Die Segelregatten wurden in Kiel, die Kanuwettbewerbe in Augsburg ausgetragen. Schon frühzeitig entwickelte die Stadt mit dem Organisationsteam der Spiele, den eigenen Organisatoren und den Hilfsorganisationen ein Sicherheitskonzept. Auch die Feuerwehr war daran beteiligt. Die sorgfältige Planung sollte sich lohnen: Es gab keinerlei Zwischenfälle, obwohl der Besucherandrang an der Slalomstrecke enorm war.

Die Stimmung war gelöst, Augsburg durchwehte olympisches Flair. Hinter den Kulissen waren die Feuerwehren ständig im Einsatz. Im Siebentischwald wurden Waldbrandpatrouillen durchgeführt, der dortige Feuerwachturm und mehrere Aussichtspunkte auf Hochhäusern waren ständig besetzt. Die Werkfeuerwehren befanden sich in erhöhter Bereitschaft, ebenso die freiwilligen Feuerwehren der benachbarten Landkreise.

Für Flugplätze und Verkehrslandeplätze im Großraum München wurde erhöhte Alarmbereitschaft verfügt. Auch auf dem Augsburger Flughafen traf die Feuerwehr entsprechende Vorkehrungen.

Das Augsburger Modell

1974 gab es eine Gesetzesänderung, die für die Berufsfeuerwehr weit reichende Folgen hatte. Die wöchentliche Dienstzeit wurde um acht Stunden auf 56 Stunden verkürzt. Mit dem vorhandenen Dienstplan war diese Regelung nicht umzusetzen, zumal das Personal nicht wesentlich erhöht werden durfte.

In Abstimmung mit der Personalvertretung unter Vorsitz von Manfred Ruckerbauer wurden verschiedene Modelle geprüft und wieder verworfen. Schließlich entwickelte Augsburg ein ganz eigenes Arbeitszeitmodell, einen Dienstplan mit vier Wach-

schichten, der als Augsburger Modell bekannt wurde:

Es wird zwischen einem 24-stündigen Wachdienst und einem neunstündigen Tagesdienst unterschieden. An Wochentagen haben jeweils zwei Abteilungen Dienst, die eine den 24-stündigen Wachdienst, die andere den neunstündigen Tagesdienst. An Wochenenden fällt der Tagesdienst weg, die Wache ist tagsüber also schwächer besetzt. Dies kann jedoch in Kauf genommen werden, denn es gibt ja die freiwilligen Feuerwehren und die Werkfeuerwehren, die gerade zu diesen Zeiten gut erreichbar sind.

Mehrere Stadtverwaltungen, etwa von München oder Regensburg, prüften das Augsburger Modell für ihre eigenen Feuerwehren. Tatsächlich realisiert hat es allerdings nur Augsburg. Nach einem Probelauf wurde das Modell ab Juli 1975 offiziell eingeführt. Im Prinzip ist es bis heute in Kraft.

Die neue Hauptfeuerwache

Am 26. Juli 1975 war es endlich soweit: Die neue Hauptfeuerwache an der Berliner Allee konnte feierlich eingeweiht werden. Der Architekt Erich Chr. Müller übergibt die Schlüssel. Oberbürgermeister Hans Breuer und der bayerische Innenminister Bruno Merk würdigten den vorbildlichen Bau, der anschließend von Diözesanbischof Dr. Josef Stimpfle und dem evangelischen Dekan Rupprecht geweiht wurde.

Eine Woche zuvor hatte die Wache noch ihre »Feuertaufe« zu bestehen. Bei Dacharbeiten waren verschiedene Materialien in Brand geraten. Die Feuerwehr eilte von der alten zur neuen Hauptfeuerwache und löschte das Feuer.

Wegen der Einweihung der Wache wurde das Jubiläum (125 Jahre Freiwillige Feuerwehr Augsburg, 75 Jahre Berufsfeuerwehr) mit einem Jahr Verspätung gefeiert. Der Festakt fand am Abend der Einweihung statt. Am folgenden Tag öffnete die Feuerwehr ihre Tore für die Augsburger Bürger. Rund 5000 Interessierte warfen einen Blick hinter die Kulissen der neuen Wache.

Die Lage der Wache

Die neue Wache liegt nicht mehr direkt im Zentrum, sondern am nordöstlichen Rand des Stadtkerns. Diese Lage bietet manche Vorteile, die Feuerwehr muss nicht bei jedem Einsatz durch den dichten Innenstadtverkehr fahren. Andererseits sind manche Stadtteile im Süden oder Westen nicht so schnell zu erreichen.

Gesetzlich ist eine Frist von zehn Minuten vorgeschrieben, in der die Feuerwehr am Brandort sein muss. Um diese Vorgabe einzuhalten, wurde 1975

ein neues Konzept umgesetzt: Die »Grüne Welle« für die Feuerwehr.

Für fünf Hauptanfahrtswege wurde eine Ampelschaltung eingerichtet. Wenn die Feuerwehr in eine bestimmte Richtung ausrückt, werden nacheinander alle Ampeln, die sie passieren muss, automatisch auf Grün geschaltet. Das verkürzt die Anfahrtszeit beträchtlich. Für diese Maßnahme wurden 10 000 m Kabel in Straßen und Gehwegen verlegt. 18 Kreuzungen und die Schaltzentrale der Polizei wurden umgerüstet. Schnell zeigte sich: Die »Grüne Welle« funktioniert hervorragend. In den folgenden Jahren wurde das System durch Ampelschaltungen in Lechhausen, nach Göggingen und in der Ulmer Straße noch erweitert.

Die Feuerwache besteht aus zwei Gebäudeteilen, die im rechten Winkel zueinander liegen und im Grundriss ein großes L bilden: Das Alarmdienstgebäude und das Bürogebäude mit den Werkstätten. Als Bindeglied dient die Eingangshalle, von der aus beide Gebäude und der Hof zu erreichen sind.

Die Fassade mit den Balkonen ist so gestaltet, dass das gesamte Gebäude für alle denkbaren Übungen genutzt werden kann.

Das Alarmdienstgebäude

Im Erdgeschoss befindet sich die Fahrzeughalle mit 19 Ausfahrtstoren, davor liegt ein etwa 20 m breiter Platz, den die Fahrzeuge zum Manövrieren nutzen können, ehe sie sich in den Verkehr einfädeln. Die Fahrzeughalle bietet sehr viel Platz, sie misst 18 m in der Tiefe und ist stützenfrei gebaut. An der Hofseite befinden sich die Einfahrtstore. Wenn die Fahrzeuge von einem Einsatz zurückkehren, fahren sie über den Hof. Hier können sie in einer Grobwaschanlage vorgereinigt, aufgetankt und teilbestückt werden, ehe sie zu ihren Standplätzen in der Halle zurückkehren. Verschmutzte Schläuche können noch vom Hof über eine Rutsche in die Schlauchwaschanlage im Keller befördert werden.

Im Obergeschoss sind die Unterkunfts-, Sanitär- und Aufenthaltsräume für 140 Feuerwehrleute

Löschzug der Berufsfeuerwehr bei einer Übung.

Ganz oben: Gut zu erkennen ist, dass die neue Fahrzeughalle ohne Stützen gebaut wurde.

Oben: Seit Januar 1999 wird eine neue Einsatzzentrale auf dem Dach des Alarmdienstgebäudes gebaut. Mit der Fertigstellung wird im Dezember 1999 gerechnet.

untergebracht, außerdem eine Küche, ein Speise-, ein Sport- und ein Unterrichtsraum.

Im Erdgeschoss, direkt neben der Fahrzeughalle, liegt die Einsatzzentrale. Von hier aus kann man die Halle und den Ausfahrtsbereich überblicken und die Eingangshalle überwachen.

Im Kellergeschoss befindet sich das Tauch- und Lehrschwimmbecken mit Dusch- und Umkleideräumen. Außerdem ist dort ein großer Lagerraum, mehrere Technik- und Batterieräume, der Aufbewahrungsraum für Einsatzdienstkleidung, eine ABC-Messstelle und die Auslösestelle für den Warn- und Alarmdienst sowie die Heizungs- und Lüftungsanlage untergebracht.

Das Bürogebäude mit den Werkstätten

Im Erdgeschoss sind die Werkstätten untergebracht: Kfz-Werkstatt mit Büro, Schreinerei, Schweißerei und andere. Das Lager für die Schläuche und die Schlauchreparaturwerkstatt befinden sich direkt am Schlauchtrockenturm.

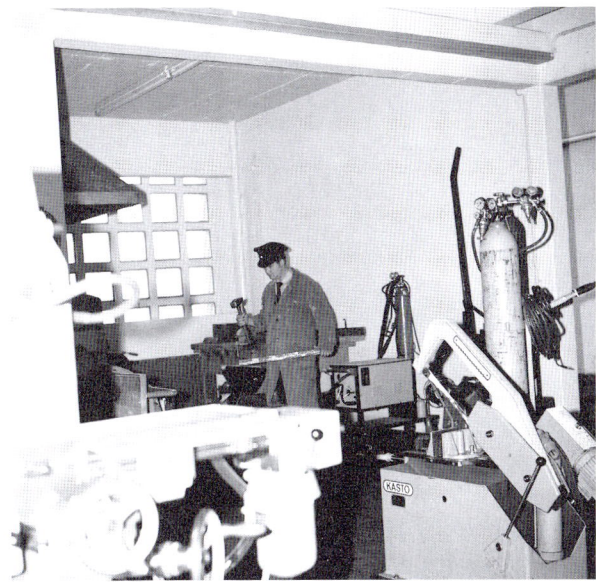

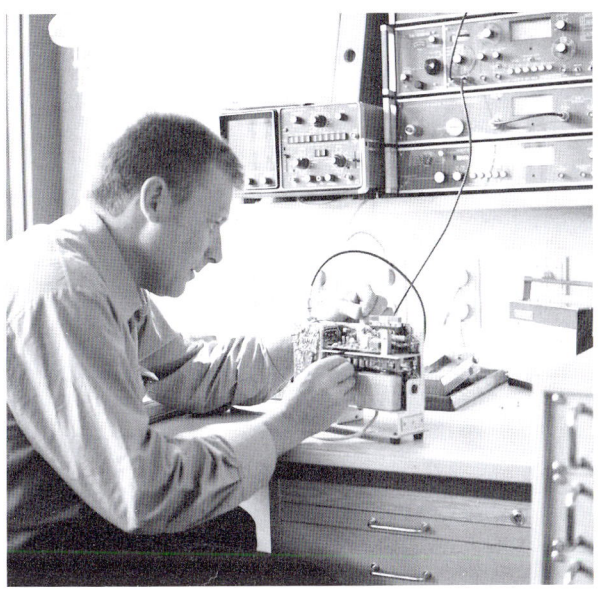

Ganz oben: Hier werden die Fahrzeuge der Feuerwehr gewartet – in der eigenen KFZ-Werkstatt.

Oben: Die Funkwerkstatt gehört zur unerlässlichen Ausstattung einer allzeit einsatzbereiten Feuerwehr.

Ganz oben: Mechanische Werkstätte.

Oben: Atemschutzübungsraum mit Endlos-Leiter und Schlagmessgerät.

Im Zwischengeschoss liegen die Lehrsäle für die freiwilligen und die Werkfeuerwehren sowie für die Zivilschutzeinheiten des Brandschutzdienstes. Im Katastrophenfall kann das Geschoss innerhalb kürzester Zeit als Einsatzleitstelle genutzt werden. Die entsprechenden Kommunikationsanlagen stehen bereit. Wenn 1999 die neue Einsatzzentrale in Betrieb genommen wird, soll dieser Raum in den Neubau verlagert werden.

Im ersten Obergeschoss wurden bis zur Einweihung der neuen Feuerwache Süd im März 1999 die Atemschutzgeräte überprüft, repariert und gelagert. Daneben befinden sich Büros, ein Lehrsaal und ein Raum für Planspiele in diesem Stockwerk.

Ganz oben: Hakenleitergang am Schlauchtrockenturm.

Oben: Auch für die Werk- und freiwilligen Feuerwehren eröffneten sich mit der neuen Hauptfeuerwache optimale Möglichkeiten der Ausbildung, u.a. hier im technischen Hilfsdienst.

Das zweite Obergeschoss dient als Verwaltungstrakt. Hier liegen die Büros der Amtsleitung, der Beamten des Leitungsdienstes, der Verwaltung, des Personalrats und, seit März 1999, der Abteilung Vorbeugender Brandschutz/Feuerbeschau. Außer

dem befindet sich hier die Bekleidungskammer, in der die Dienstkleidung gereinigt, in Ordnung gebracht und aufbewahrt wird.

Im Kellergeschoss gibt es Räume zur Lagerung von Fahrzeugteilen, ein Ölkabinett für die diversen Spezialöle, ein Lager für Reifen und Schneeketten, einen Atemschutzübungsraum und den Raum für den Atemluft-Kompressor.

Der Schlauchtrockenturm

Im Schlauchtrockenturm ist eine vollautomatische Schlauchaufhängevorrichtung montiert, die bis zu 400 Schläuche aufnehmen kann. Im oberen Teil des Turms befinden sich die Ausdehnungsgefäße für die Heizung, ein Technikraum für die Funkantenne, die oben auf den Turm montiert ist und ca. 20 m aufragt. Wie in der alten Feuerwache wird der Schlauchtrockenturm auch als Übungsturm für Leiterübungen genutzt.

Die neue Hauptfeuerwache war sorgfältig geplant und durchdacht umgesetzt worden. Aufteilung und Gestaltung der Räume orientierten sich an den Abläufen bei der Feuerwehr. Ein erfolgreiches Konzept. Schnell wurde die Augsburger Wache zum Vorbild für andere. In den kommenden Jahren entstanden – nicht nur in Deutschland – zahlreiche Feuerwachen, bei denen das Gebäude an der Berliner Allee als Muster diente. Beispiele sind die Wachen in Bremerhaven, Ingolstadt, Pforzheim, Salzburg, Wels und Straßburg.

Und noch etwas erscheint außergewöhnlich, zumal bei einer öffentlichen Baumaßnahme: Der vorgegebene Kostenrahmen wurde eingehalten.

Die Hauptfeuerwache in Zahlen

Das gesamte Gebäude hat ca. 7500 m² Grundfläche, weitere 2500 m² Nutzfläche in den Kellerräumen
Umbauter Raum:
▶ Alarmdienstgebäude 28 059 m³
▶ Werkstättengebäude 17895 m³
▶ Schlauchtrockenturm 930 m³

Gesamtkosten: rd. 19 Millionen DM (einschließlich Maschinen und Inventar/ Büroeinrichtungen).

Ganz oben links: In den siebziger Jahren konnte der Fahrzeugpark der Berufsfeuerwehr im Bereich Sonderfahrzeuge
entscheidend verstärkt werden. So wurde für technische
Hilfeleistungen u.a. ein Rüstwagen RW 2 auf Magirus-Eck-
hauber-Fahrgestell in Dienst gestellt.

Ganz oben rechts: Zur Abdeckung der zahlreicher gewordenen Aufgaben auf dem Gebiet des Umweltschutzes
wurde ein Rüstwagen RW-Öl auf MAN/Ziegler in Betrieb
genommen.

Oben: Das mit 5000l Wasser/500l Schaummittel und fest
eingebautem Schaumwasserwerfer ausgerüstete Tanklöschfahrzeug TLF 24/50 ist besonders geeignet für folgende
Einsätze: Löschwasserversorgung im Pendelverkehr, Bekämpfung von brennenden Mineralöltankwagen, von
Flächenbränden vom fahrenden Fahrzeug aus, Brandbekämpfung außerhalb von Ortschaften und in Außen-
bereichen ohne ausreichende Löschwasserversorgung,
z.B. auf Autobahnen oder bei Waldbränden.

Oben rechts: Großschadensereignisse Mitte der siebziger
Jahre (z.B. Waldbrandkatastrophe in der Lüneburger Heide

1975) machten deutlich, dass beim Zusammenwirken
größerer taktischer Einheiten der Einsatzleitung ein mit
den entsprechenden Führungsmitteln (Besprechungsraum,
Funkraum etc.) ausgestattetes Fahrzeug zur Verfügung
stehen muss. Auch in Augsburg wurde 1976 ein Katastro-
phen-Einsatzleitwagen KELW in Dienst gestellt, der bei
zahlreichen Einsätzen gute Dienste leistete.

Das erste computergestützte Einsatzleitsystem Europas

Für nicht weniger Aufsehen sorgte die neue Einsatzleittechnik in der Hauptfeuerwache. Damals eine Sensation: Der Einsatzleitrechner EZ 2000 machte es möglich, Einsätze komplett am Computer zu planen. Der Einsatzbeamte konnte verschiedene Vorschläge abrufen, wobei Art und Ort des Einsatzes ebenso berücksichtigt wurden wie die Alarm- und Ausrückordnung, der Zustand der Fahrzeuge, die Daten des betreffenden Objekts, beispielsweise besondere Gefahrenpunkte, Lösch- und Meldeeinrichtungen, Brandabschnitte und vieles mehr. Alle Fahrzeuge der Berufs-, Freiwilligen und Werkfeuerwehren waren mit augenblicklichem Einsatzzustand und Ausrüstung erfasst. Alle Wachen und Einsatzkräfte, die zu alarmieren waren, wurden aufgelistet.

Doch damit nicht genug: Aus den Daten, die während des Einsatzes in der Leitstelle eingingen, erstellte der Rechner einen Einsatzbericht. Außerdem protokollierte er alle Einsätze im so genannten Betriebstagebuch. Liefen gleichzeitig mehrere Meldungen in der Einsatzzentrale ein, die nicht alle sofort bearbeitet werden konnten, speicherte er die

betreffenden Meldungen. Sobald Einsatzkräfte frei wurden, wählte der Rechner die Meldungen nach Dringlichkeit aus. Diese Funktion war außerordentlich hilfreich, um auch in Situationen extremer Beanspruchung, etwa bei Hochwasser oder Umweltkatastrophen, die vorhandenen Kräfte sinnvoll einzusetzen.

Diese Leistungen konnte der Computer nur erbringen, weil er mit dem erforderlichen Datenmaterial der Feuerwehr »gefüttert« worden war. Was vorher verstreut auf vielen Listen und Zetteln vermerkt war, das musste in ein System gebracht und dann im Computer erfasst werden. Eine sehr anspruchsvolle und zeitaufwendige Arbeit, die damals – im Zeitalter des PCs nur schwer vorstellbar – mit Lochkarten und Lochstreifen erledigt wurde.

Die Brauchbarkeit und Genauigkeit der Einsatzvorschläge hängt vor allem davon ab, dass die Daten ständig aktualisiert und »gepflegt« werden. Dazu brauchte die Feuerwehr entsprechend geschultes Personal. Sicherheitshalber wurde die Zentrale so konzipiert, dass Einsätze auch noch konventionell abgewickelt werden konnten.

Doch das war kaum nötig und wohl immer weniger möglich, denn die Daten über Betriebe, Sonder-

Trotz mehrfacher Erneuerung ist die mittlerweile 25 Jahre alte Einsatzzentrale nicht »Jahr-2000-fähig«. Zum Jahresende 1999 wird daher eine vollständig neue, derzeit im Bau befindliche Einsatzzentrale ihren Betrieb aufnehmen.

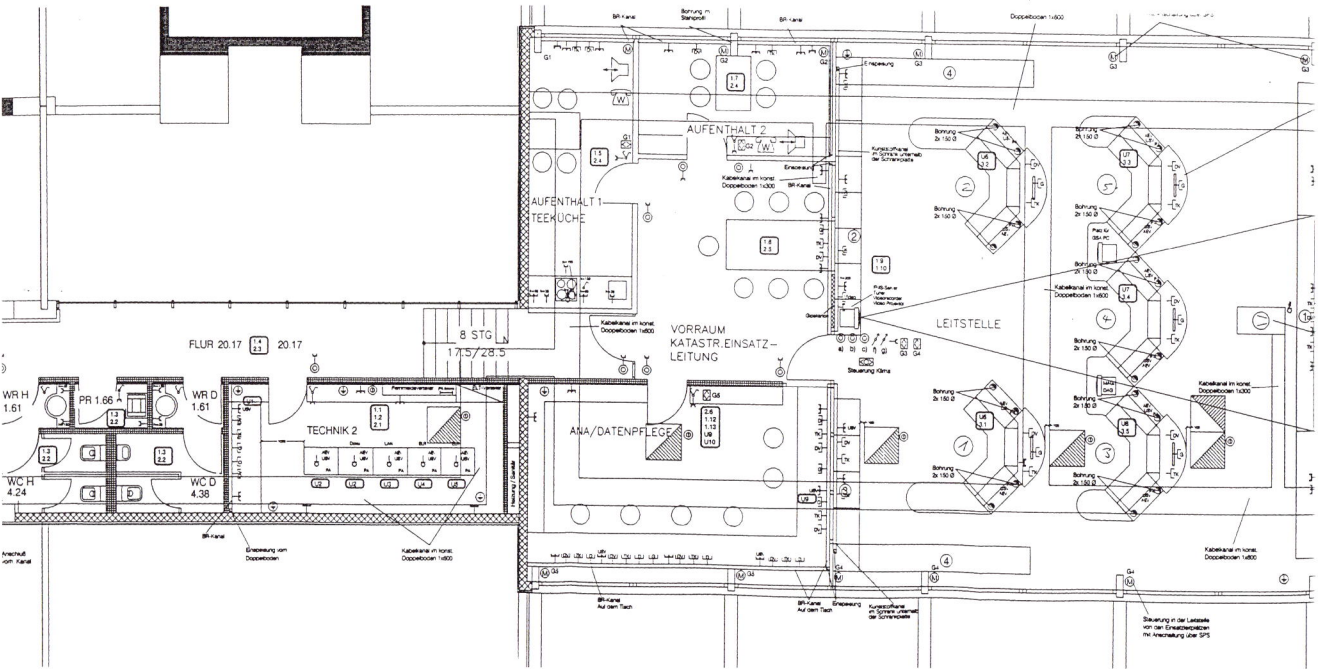

Meilenstein der Nachrichtentechnik und Herzstück der neuen Wache: Der von der Firma Siemens konzipierte Einsatzleitrechner EZ 2000 für die neue Einsatzzentrale; Blickfang links ist der erste von Werner von Siemens gebaute Feuermelder der Welt.

objekte und Sondereinsatzfälle hatten ein Ausmaß angenommen, das niemand mehr überblicken konnte. Der Computer hat die Feuerwehr schneller und sicherer gemacht.

Augsburg hatte beim Einsatz dieser Technologie die »Nase vorn«. Die Feuerwehr verfügte über das erste computergestützte Einsatzleitsystem in Europa. Experten aus Deutschland und anderen europäischen Ländern, aus Afrika, Brasilien, den USA und China fragten in Augsburg an, um sich über den Einsatzleitrechner zu informieren. Zahlreiche Delegationen reisten an, um sich das System vor Ort anzusehen.

Heute gibt es kaum eine Großstadtfeuerwehr, die ihre Einsätze noch ohne Computer durchführt. Was

damals so revolutionär erschien, ist inzwischen längst museumsreif. Mittlerweile ist die vierte Rechnergeneration im Einsatz. Die fünfte Generation wird gerade in der neu errichteten Einsatzzentrale eingebaut. Doch wird dort nicht nur der Rechner erneuert, auch sämtliche Peripheriegeräte (Telefon, Funk, Alarmierungssystem etc.), die zum Teil 25 Jahre alt sind, werden durch neue ersetzt. Es wird außerdem berücksichtigt, dass sich die Zahl der bisher vorhandenen Notrufabfragestellen als unzureichend erwiesen hat.

Dasselbe gilt auch für die Bereich des Landkreises Augsburg. Es werden zusätzliche Leitungen geschaltet sowie die Zahl der Abfrage- und Alarmierungsstellen erhöht.

Die Feuerwehr im Einsatz

Die Feuerwehr rückt aus

Jemand ruft bei der Feuerwehr an und meldet: »Feuer in der XY-Straße«. Der Einsatzbeamte gibt die Informationen stichwortartig in den Computer ein. Sekunden später erscheint auf seinem Bildschirm ein »Alarmvorschlag«. Aufgeführt sind Einsatzort, die verfügbaren Einsatzkräfte und die benötigten Geräte. Akzeptiert der Beamte den Vorschlag, dann läuft nach seinem Tastendruck die Alarmierung vollkommen automatisch ab. Der Beamte kann den Vorschlag, wenn erforderlich, aber auch selbst abändern und den geänderten Einsatzvorschlag eingeben.

Die zuständige Mannschaft wird alarmiert. Ein Alarmplan und die Zufahrtsbeschreibung (mit Angabe über Besonderheiten des Objekts und Lage der Hydranten) werden ausgedruckt. Die Fahrzeugführer holen sich den Ausdruck bei der Einsatzzentrale ab. Die Ausfahrtstore vor den aus-rückenden Fahrzeugen öffnen sich automatisch, die Ampeln an der Berliner Allee schalten auf Rot und der Löschzug rückt ab. Der ganze Vorgang dauert weniger als eine Minute!

Der Löschzug fährt zum Einsatzort. Dabei nutzt er weitgehend die Hauptanfahrtsstraßen, bei denen die Ampeln nach einem Weg-/Zeit-Diagramm auf Grün geschaltet sind. Damit der übrige Verkehr nicht zu lange aufgehalten wird, sind die Strecken in mehrere Abschnitte geteilt, die nach und nach aktiviert und wieder freigegeben werden. Im Übrigen ist die ´»Grüne Welle« der Feuerwehr in andere »Grüne Wellen« für den normalen Verkehr eingebunden. Auf diese Weise wird der Verkehr so wenig wie möglich und nur so viel wie nötig beeinträchtigt. Trotzdem kommt die Feuerwehr schnell zu ihrem Ziel. Ein Löschzug benötigt beispielsweise für die Strecke von der Hauptfeuerwache bis zum acht Kilometer entfernten Zentralklinikum ungefähr acht Minuten.

Einsatzzentrale für den Landkreis

Durch die Gebietsreform 1972 war der neue, große Landkreis Augsburg entstanden. Für ihn wurde eine Alarmzentrale in Göggingen eingerichtet, die rund um die Uhr, zunächst nur von einer Person, besetzt war. Doch war das keine zufriedenstellende Lösung.

Es fiel zunehmend schwerer, die Zentrale durchgängig zu besetzen. 1977 bot deshalb die Stadt Augsburg dem Landkreis an, die Alarmierung der Feuerwehren im Landkreis (Kreisbrandrat Karl Wiedemann) durch die moderne Einsatzzentrale der Berufsfeuerwehr zu übernehmen.

Ein Jahr später schlossen Stadt und Landkreis einen Vertrag über die Nutzung der Einsatzzentrale. Die Zentrale und die Feuerwehren im Landkreis mussten entsprechend mit Sirenensteuerung und Funk umgerüstet werden.

Anfangs gab es gewisse Verständigungsprobleme und bei der Alarmierung traten Verzögerungen auf. So liefen die Alarme zuerst nicht direkt bei der Einsatzzentrale ein, sondern kamen von den Polizeiinspektionen des Landkreises über den Ruf 110. Das hat zwar den Vorteil, dass die jeweils zuständige Polizeidienststelle unmittelbar über das Ereignis unterrichtet war, es ergaben sich jedoch Fehlerquellen bei der Übermittlung der Alarmmeldungen und der Anlässe.

Doch konnten diese Probleme nach kurzer Zeit ausgeräumt werden. Seit dem 1. August 1981 gilt auch im Landkreis die Notrufnummer 112 als direkte Verbindung zur Feuerwehr.

Die gemeinsame Nutzung der Einsatzzentrale stieß von Anfang an auf großes Interesse bei den Kommunen, den Landespolizeidienststellen, beim Bayerischen Innenministerium und beim Landesamt für Brand- und Katastrophenschutz. Immerhin handelte es sich um die erste gemeinsame Einsatzzentrale einer Großstadt mit Berufsfeuerwehr und eines Flächenlandkreises mit freiwilligen Feuerwehren.

Freiwillige Feuerwehren in Kriegshaber, Pfersee und Oberhausen

Eigentlich sollte im Augsburger Westen an der Reinöhlstraße eine zweite Feuerwache eingerichtet werden, damit die Berufsfeuerwehr die westlichen Stadtteile schneller erreichen konnte. Wegen dich-tem Verkehr, Baustellen und dem schlechten Zustand mancher Straßen dauerte die Anfahrt von der Hauptfeuerwache nämlich trotz »Grüner Welle« oft länger als die gesetzlich vorgeschriebenen zehn Minuten.

Der Bau der zweiten Wache war also notwendig, und die Stadt hatte ihn auch fest zugesagt.

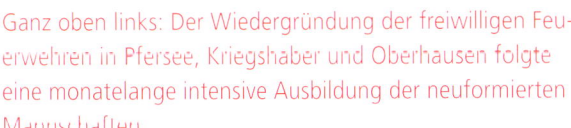

Ganz oben links: Der Wiedergründung der freiwilligen Feu-erwehren in Pfersee, Kriegshaber und Oberhausen folgte eine monatelange intensive Ausbildung der neuformierten Mannschaften.

Ganz oben rechts: Die neu aufgestellten Einheiten konnten im Wesentlichen mit bundeseigenen Fahrzeugen des er-weiterten Katastrophenschutzes ausgestattet werden.

Oben: Ab 1980 wurden die drei Neugründungen zu Brand-einsätzen herangezogen; sie waren feste Bestandteile im Sicherheitskonzept der Stadt geworden.

Rechts: Einsatzstellen sind nicht immer leicht zu erreichen. Hier mußten die Helfer eine fünf Meter hohe Mauer über-winden, um Mann und Gerät an die richtigen Stelle zu bringen.

Linke Seite:
Oben links: Freiwillige Feuerwehr Pfersee.

Oben rechts: Freiwillige Feuerwehr Kriegshaber.

Mitte: Nach der Neuordnung des Katastrophenschutzes haben die Freiwilligen Feuerwehren Kriegshaber und Haunstetten vom Malteser-Hilfsdienst Aufgaben des ABC-Dienstes (Abwehr gegen atomare/ biologische/ chemische Gefahren) übernommen. Die Fahrzeuge des ABC-Zuges wurden vom Bund und vom Freistaat Bayern zur Verfügung gestellt. Von links: Erkundungskraftwagen VW Kübel, VW Bus, Gerätewagen Atemschutz/Strahlenschutz, De-kontaminationsmehrzweckfahrzeug DMF.

Unten: Insbesondere dem Entgiften dient die Ausrüstung des Dekontaminationsmehrzweckfahrzeugs DMF.

Rechte Seite: Freiwillige Feuerwehr Oberhausen.

Doch nun fehlte das Geld. Das Projekt musste auf unbestimmte Zeit verschoben werden. Schließlich forderte die Regierung von Schwaben, dass der Brandschutz für die nördlichen und westlichen Stadtteile verbessert werden müsse. Denn hier befanden sich zahlreiche »Sonderobjekte« wie das Gaswerk, Öltanklager, Bahnhofsanlagen, große Industriebetriebe, die Kasernen der US-Streitkräfte, und das Zentralklinikum wurde gebaut. Deshalb sollten zur Unterstützung der Berufsfeuerwehr in diesen Stadtteilen freiwillige Feuerwehren gegründet werden. Die vereinten Bemühungen des städtischen Fachreferats für öffentliche Sicherheit und Ordnung unter Leitung von Bernd Kränzle und des Feuerschutzamts hatten schließlich Erfolg: Bereits am 20. November 1975 wird die Freiwillige Feuerwehr Pfersee wiedergegründet. Im Jahr darauf folgt die Gründung der Freiwilligen Feuerwehren Kriegshaber (am 15. März 1976) und Oberhausen (am 13. Juli 1976).

Die Zahl der Aktiven war anfangs recht gering, sie lag zwischen 15 und 18 Mann pro Wehr. Weil die Ausbildungsmöglichkeiten begrenzt waren, war dies zunächst kein Nachteil. Kurze Zeit später erhöhte sich die Zahl der Aktiven aber relativ schnell. Die Feuerwehren bekamen den 1. und den 3. Rettungszug und den 1. Wasserversorgungszug des erweiterten Katastrophenschutzes zugeteilt (1. und 3. LZR-A, 1. LZW-A). Die komplette persönliche Ausstattung und Ausrüstung stellte in den ersten Jahren die Stadt zur Verfügung. Die Fahrzeuge kamen alle vom erweiterten Katastrophenschutz des Bundes.

Zusätzlich sorgte die Stadt für geeignete Räumlichkeiten, die die Mitglieder der Freiwilligen Feuerwehren allerdings zum Teil selbst noch ausbauen mussten. Doch mit viel Engagement und Geschick richteten sie ihre eigenen Gerätehäuser her.

Der Aufbau einer freiwilligen Feuerwehr braucht Zeit, zumal die Einsätze immer vielfältiger und die technischen Abläufe immer komplizierter geworden sind. Die Mannschaften müssen nicht nur entsprechend ausgerüstet, sie müssen vor allem auch gründlich ausgebildet werden, ehe sie zum Einsatz

kommen können. Die drei wiedergegründeten freiwilligen Feuerwehren schafften die Anforderungen in relativ kurzer Zeit. Sie wurden von der Berufsfeuerwehr ab 1980 zu Brandeinsätzen herangezogen.

Die Freiwillige Feuerwehr Pfersee verfügte 1998 über:
▸ 38 aktive Mitglieder, die 61 Einsätze fuhren
▸ 2 Löschfahrzeuge LF 16-TS
▸ 1 Löschfahrzeug LF 16
▸ 1 Tanklöschfahrzeug TLF 8.

Die Freiwillige Feuerwehr Kriegshaber verfügte 1998 über:
▸ 30 aktive Mitglieder, die 52 Einsätze fuhren
▸ 1 Löschfahrzeug LF 16
▸ 1 Tanklöschfahrzeug TLF 16
▸ 1 Dekontaminationsmehrzweckfahrzeug DMF
▸ 1 Mehrzweckfahrzeug MZF.

Die Freiwillige Feuerwehr Oberhausen verfügte 1998 über:
▸ 34 aktive Mitglieder, die 98 Einsätze fuhren
▸ 1 Löschfahrzeug LF 16
▸ 1 Tanklöschfahrzeug TLF 16.

Die freiwilligen Feuerwehren haben sich recht schnell bewährt. Als der Bau einer Nebenwache wieder in den Bereich des Denkbaren rückte, erschien es nicht mehr so zwingend, sie im Westen der Stadt zu errichten. Vielmehr sollte die zweite Wache im Süden gebaut werden. Hier waren die Anfahrtszeiten immer ungünstiger, und während in den nordwestlichen Stadtteilen die Zahl der »Sonderobjekte« wieder rückläufig war, nahm sie im aufstrebenden Wohn-, Industrie- und Univiertel stark zu. Schließlich erwarb die Stadt ein geeignetes Grundstück am Alten Postweg. Die Planung wurde aus finanziellen Gründen allerdings schnell wieder gestoppt. Und so lag auch dieses Projekt einige Jahre »auf Eis«, ehe die Mittel doch noch bereitgestellt wurden und noch rechtzeitig im Jubiläumsjahr am 15. März 1999 die neue Feuerwache Süd eröffnet werden konnte. Dort versehen seither zwölf Feuerwehrmänner mit insgesamt fünf Feuerwehrfahrzeugen rund um die Uhr Einsatzdienst.

Einsätze

Im Vergleich zu früheren Jahren nahm in den siebziger und achtziger Jahren die Zahl der Einsätze noch einmal kräftig zu. Erschienen in den fünfziger Jahren 1000 Einsätze pro Jahr ungewöhnlich viel, so wurde 1980 erstmals die Marke von 4000 Einsätzen überschritten. Dies lag nun nicht etwa daran, dass das Leben in Augsburg im Laufe der Jahre gefährlicher geworden wäre. Vielmehr hatten sich die Aufgaben der Feuerwehr beträchtlich erweitert. Bei Unfällen im Verkehr, im Haus und in den Betrieben, bei Sturm- und Orkanschäden, Überschwemmungen, bei eingeschlossenen Personen, schwärmenden Bienen, entgleisten Zügen und Straßenbahnen und vor allem wenn gefährliche Stoffe im Spiel sind, muss die Feuerwehr helfen.

Wenn man allein die Zahl der Einsätze betrachtet, spielen Brände tatsächlich nur noch eine untergeordnete Rolle. 1995 machten sie gerade einmal acht Prozent aller Einsätze aus, demgegenüber betrug der Anteil der Fehlalarme im gleichen Jahr 21 Prozent! Die bei weitem meisten Einsätze, nämlich 71 Prozent, fielen unter die Kategorie »technische Hilfeleistungen«: überschwemmte Keller auspumpen, Verunglückte retten und bergen, Öl von der Fahrbahn entfernen, große und kleine Tiere retten, verwahren und versorgen, Eingeschlossene befreien, umgestürzte Bäume wegräumen und vieles, vieles mehr. Das Spektrum ist so vielfältig, dass fast die Hälfte aller technischen Hilfeleistungen »sonstige« Leistungen sind, die sich keiner vorgegebenen Kategorie zuordnen lassen.

Doch die Zahl der Einsätze allein ist nicht entscheidend. Nicht weniger aufschlussreich ist die Zahl der »geleisteten Mannstunden«, also die Zeit, die ein Feuerwehrmann im Einsatz gewesen ist. Und hier zeigt sich, knapp die Hälfte aller »Mannstunden« wird bei der Brandbekämpfung geleistet; denn diese Einsätze dauern länger und es wird mehr Personal gebraucht als bei vielen der technischen Hilfeleistungen.

Die Ausweitung des Einsatzspektrums hat auch noch weitere Konsequenzen: Für die speziellen Hilfeleistungsfälle wird zum Teil sehr teures Sondergerät notwendig.

Zudem müssen die Feuerwehrangehörigen an diesen Geräten intensiv und besonders ausgebildet werden.

Einsätze der Berufsfeuerwehr

Gesamtanzahl der Einsätze der Berufsfeuerwehr
(ausgewählte Jahre)

Jahr	Einsätze
1901	35
1912	105
1920	221
1929	312
1937	312
1946	1225
1950	668
1960	1310
1970	2040
1980	4088
1990	4626
1998	4365

Einsätze der Berufsfeuerwehr 1987–1998

Jahr	Brände	Menschen-rettungen	Böswillige und Fehl-alarme	Hilfe-leistungen	Gesamt-einsätze
1987	422	198	623	3017	4062
1988	399	67	682	3203	4283
1989	342	140	747	2872	3960
1990	353	222	930	3343	4626
1991	350	219	808	2607	3765
1992	389	220	778	3231	4398
1993	375	268	896	3129	4400
1994	340	399	797	2630	3767
1995	363	317	844	2881	4088
1996	375	453	863	2875	4239
1997	437	328	894	2704	4363
1998	413	374	1048	2530	4365

Einsätze der Berufsfeuerwehr 1998

Gesamteinsätze 4365

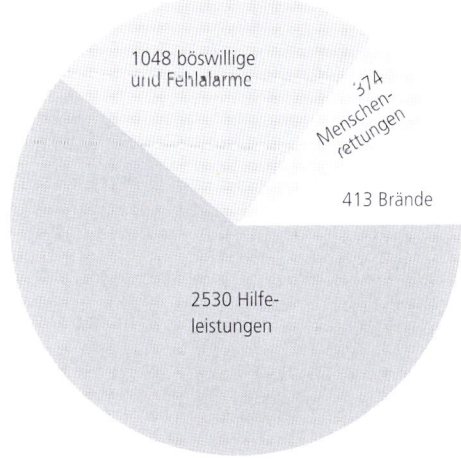

1048 böswillige und Fehlalarme

374 Menschen-rettungen

413 Brände

2530 Hilfe-leistungen

Geleistete Mannstunden bei Einsätzen der Berufsfeuerwehr 1998

53 % Mannstunden bei technischen Hilfeleistungen

47 % Mannstunden bei Bränden

Auf den ersten Blick entsteht durch die Einsatzzahlen der Eindruck, dass für die Feuerwehr mehr Arbeit bei technischen Hilfe-leistungen anfällt als bei Bränden. Eine Auswertung der geleisteten Mannstunden durch die Berufsfeuerwehr macht jedoch deut-lich, dass auch heute noch ein großer Teil der geleisteten Einsatzstunden bei Brandeinsätzen anfallen.

Besondere Einsätze

Am 29. Juli 1972 ereignete sich in einem Einfamilienhaus an der Haunstetter Straße eine Gasexplosion. Durch die Druckwelle wurde das Haus fast völlig zerstört. In einem mehrstündigen Einsatz mit Hydraulikhebern, Winden und Räumgeräten konnte die Feuerwehr fünf verschüttete Bewohner retten. Zwei Bedienstete der Stadtwerke, die zur Zeit der Explosion die schadhafte Gasleitung reparieren wollten, konnten nur noch tot geborgen werden.

Am 9. August 1972 brannte in der Kammgarnspinnerei das Garnlager im ausgedehnten Kellergeschoss. Unsachgemäß durchgeführte Schweißarbeiten waren die Brandursache. Werkfeuerwehren AKS, Martini und die Berufsfeuerwehr löschten den Brand in rund vier Stunden mit 5C- und zwei Mittelschaumrohren sowie einem Leichtschaumgenerator (Verbrauch: ca. 700 kg Leichtschaumkonzentrat). Es wurden 76 Pressluftatmer eingesetzt. Es entstand ein Millionenschaden.

Am späten Nachmittag des 8. Februar 1975 fuhren bei der Autobahnausfahrt Augsburg-Ost vier LKW und zehn PKW in dichtem Nebel ineinander. Der Rüstzug der Berufsfeuerwehr beteiligte sich an den schwierigen Bergungsarbeiten. In weniger als einer Stunde konnten alle Verletzten aus den ineinander verkeilten Autowracks befreit werden. Nach einer weiteren Stunde konnte eine Fahrspur frei gemacht werden.

Kurze Zeit später rasten auf derselben Autobahn bei Adelzhausen etwa vierzig Fahrzeuge ineinander. Die Augsburger Feuerwehr eilte zu Hilfe. Der gesamte Einsatz dauerte bis in die frühen Morgenstunden des folgenden Tages. Die Bilanz: Ein Toter, 20 zum Teil schwer Verletzte und mehr als 50 Autowracks.

Am 30. September 1976 war ein Tanklastzug mit 30 000 l Kerosin (Flugbenzin) in der Kurve Rote Torwall Straße-Friedberger Straße vermutlich we-

gen zu hoher Geschwindigkeit umgestürzt und leckgeschlagen. Aus mehreren Tankkammern floss der Treibstoff in einem breiten Strom auf die Straße, lief zum Teil in Gullis ab und bildete einen »See«. In einem äußerst gefährlichen Einsatz gelang es in etwa zwei Stunden, die mehrere 100 m² große Kerosinfläche mit Mittelschaum und Bindemitteln abzudecken, in Auffangehälter zu pumpen und die Restmenge in einen zweiten Tankwagen umzupumpen. Die Sicherungsmaßnahmen nahmen viele Stunden in Anspruch. Die Polizei hatte alle Hände voll zu tun, hunderte von Schaulustigen und »Hobbyreportern« aus dem Gefahrenbereich fernzuhalten.

Am 28. Januar 1982 entwich eine orangerot-gelbliche Stickstoffdioxid-Wolke aus einem Düngemittellager des BayWa-Lagerhauses in Oberottmarshausen. Die Ursache war ein Schwelbrand. Es wurde Katastrophenalarm ausgelöst, 50 Häuser wurden geräumt. Die Berufsfeuerwehr stellte das Katastrophen-Einsatzleitfahrzeug und einen Beamten des Leitungsdienstes zur Verfügung. Laufend wurden Messungen der Giftgaskonzentration vorgenommen. Nach neun Stunden hob man die Alarmbereitschaft in Augsburg auf, kurz darauf auch in Oberottmarshausen. Die Gaswolken waren nach Süden abgezogen und hatten sich aufgelöst.

Am 8. Januar 1985 wurde die Berufsfeuerwehr zur »Music-Hall«, einer Großdiskothek in der Riedingerstraße, alarmiert. Die ebenfalls herbeigerufene Werkfeuerwehr MAN meldete einen größeren Brand im Untergeschoss des insgesamt dreistöckigen Gebäudes. Sie konnte aus der völlig verrauchten Diskothek in letzter Sekunde eine Frau und einen Mann retten. Beide waren bewusstlos und mussten wie ein Feuerwehrmann der Werkfeuerwehr und ein Arbeiter einer Fremdfirma mit starken Rauchvergiftungen vom Notarzt behandelt und ins Klinikum gebracht werden.

In kurzer Reihenfolge traf zweiter Alarm der Berufsfeuerwehr bei der Feuerwehr Oberhausen und den Werkfeuerwehren NAK und Dierig-Stadtbach ein, die Werkfeuerwehr Kammgarn besetzte die Hauptwache. Zur Brandbekämpfung wurden bis zu zehn Rohre bei Außentemperaturen von bis zu -23 °C eingesetzt. Als feststand, dass sich in dem rund 3000 m² großen Raum keine Personen mehr befanden, wurde mit Leichtschaum geflutet. Die Brandbekämpfung mit mehr als 100 Mann dauerte

Großbrand in einer Diskothek: Der ausgedehnte Kellerraum wird mit Leichtschaum geflutet.

über vier Stunden, mehr als 200 Pressluftatmer wurden dabei eingesetzt. Das Übergreifen des Brandes auf andere Gebäudeteile konnte verhindert werden, nicht jedoch starke Schäden durch Brandrauch. Schaden: ca. sieben Millionen DM.

Am Abend desselben Tages musste erstmals in der Geschichte der Stadt »Katastrophenalarm« ausgelöst werden. Rund 650 Feuerwehrleute und ca. 200 Helfer von Hilfsorganisationen und städtischen Betrieben mussten Eisstau und Eisbarrieren an Bächen und Kanälen beseitigen. Betroffen waren zahlreiche Betriebe in Haunstetten und im Besonderen die Altstadt. Es ging vor allem darum, bereits beginnende Überschwemmungen zu stoppen und weitere zu verhindern. An einigen Stellen musste sogar gesprengt werden. Die äußerst schwierigen Einsätze dauerten mit unterschiedlichen Einsatzstärken nahezu 24 Stunden. Die Kräfte wurden gemeinsam mit dem Bayerischen Roten Kreuz und Technischen Hilfswerk über die Küche der Berufsfeuerwehr versorgt.

Am frühen Morgen des 25. Februar stand eine ca. 2500 m² große Lagerhalle einer Speditions- und Lagerfirma in Brand. Es brannten Chemikalien und Lösungsmittel. Innerhalb sehr kurzer Zeit ergriff das Feuer das gesamte Lagergut, das unter anderem aus hunderten Kisten mit Textilien sowie rund 2000 PCs und elektronischen Bauteilen bestand. Obwohl über 80 Feuerwehrmänner der Berufsfeuerwehr, der Feuerwehren Haunstetten und Göggingen sowie der Werkfeuerwehren MAN, NAK, AKS und Nähfadenfabrik bei Temperaturen um -20 °C versuchten, den Brand einzudämmen, musste die Halle doch wegen akuter Einsturzgefahr aufgegeben werden. Immerhin gelang es, mit zehn Rohren ein Übergreifen auf benachbarte Betriebsgebäude zu verhindern. Zwei Männer der Berufsfeuerwehr erlitten beim Einsatz Verbrühungen und mussten vom Notarzt behandelt werden. Es entstand der bis dahin größte Einzelbrandschaden in Höhe von rund 16,5 Millionen DM.

Am 29. Februar 1990 und am 1. März 1990 fegten Orkane mit Windstärken bis 10 über die Stadt und die Region. Sie bedeuteten für die Feuerwehren hunderte von Einsätzen, bei denen zahlreiche umgestürzte Bäume aus Anlagen, Alleen und Privatgärten beseitigt werden mussten. Straßen, Schienentrassen der Straßenbahn und der Bundesbahn mussten freigeräumt, Dächer abgesichert bzw. notverschalt und Wände abgestützt oder gesichert werden. Alle Feuerwehren der Stadt, Einsatztrupps des Tiefbau-, Wasserwirtschafts- und des Umweltschutzamtes, des Technischen Hilfswerks und viele private freiwillige Helfer waren tagelang im Einsatz. Die Koordination übernahm ein Führungsstab bei der Berufsfeuerwehr. Der Einsatz dauerte mehrere Wochen. Ähnliche Dimensionen hatten die Sicherungs- und Aufräumarbeiten im Landkreis Augsburg.

Am 17. Januar 1991 kam es bei Schweißarbeiten in der Sicherheitswanne eines 30-Millionen-Liter Heizölbehälters in Oberhausen-Süd zu einer Verpuffung, anschließend brach Feuer aus. Eine riesige Qualmwolke stieg auf. Zwei Arbeiter erlitten lebensgefährliche Verbrennungen. Nach nicht einmal acht Minuten Fahrtzeit war die Berufsfeuerwehr zur Stelle. Zwei Löschzüge kühlten mit drei Wasserwerfern die vom Feuer betroffenen Bereiche des brennenden Tanks, um zu verhindern, dass das Feuer auf zwei weitere Hochtanks übergriff, die jeweils mit 60 Millionen Litern Heizöl gefüllt waren. Gleichzeitig griffen sie mit einem Schaumrohr den Brand gezielt an, um die Beschäumungsanlage des Tanks zu unterstützen und das Feuer zu ersticken. Der konzentrierte Einsatz hatte durchschlagenden Er-

folg. Nach nur zwanzig Minuten war der Brand gelöscht. Die beiden Arbeiter wurden mit Hubschraubern in Spezialkliniken geflogen.

Am 24. Januar 1998 schlugen aus dem Dachgeschoss eines sechsstöckigen Wohnhauses meterhohe Flammen. Die Bewohner mussten das Haus verlassen. Die Berufsfeuerwehr war sofort zur Stelle, doch gab es ein unerwartetes Problem: Das Löschwasser wurde knapp. Nachdem der Inhalt des Tanklöschwagens verbraucht war, blieb Nachschub aus. Der Deckel des nächsten Hydranten war zugefroren, zwei Unterflurhydranten waren nicht zugänglich, weil Autos darüber parkten. Löschwasser musste aus größerer Entfernung herbeigeholt werden. Nach einer Stunde gelang es den Einsatzkräften, die Flammen unter Kontrolle zu bringen. Dabei kam es zu einem dramatischen Zwischenfall: Durch einstürzendes Gebälk wurde drei Feuerwehrmännern der Rückweg abgeschnitten. Bevor ihr Atemluftvorrat zu Ende ging, konnten sie über die Drehleiter gerettet werden. Außer der Berufsfeuerwehr waren die Werkfeuerwehr von MAN und die Freiwillige Feuerwehr Kriegshaber mit insgesamt 100 Helfern im Einsatz.

Ganz oben: Großbrand in einer Speditions- und Lagerhalle: Wegen Einsturzgefahr muss die Halle geräumt werden. Trotz des Einsatzes großkalibriger Rohre (Wasserwerfer des Großtanklöschfahrzeugs: 2400 l/min.) entsteht hier Totalschaden.

Oben: In der Halle wurden nach dem Einsturz lang andauernde Nachlöscharbeiten von Brandnestern bei -20 °C durchgeführt.

Ganz oben: Brand in einem medizinischen Großlabor: Hier muss die Feuerwehr mit einer besonderen Gefahrenquelle zurechtkommen: In einem Raum werden radioaktive Präparate in Kühlschränken aufbewahrt.

Ganz oben: Zur Bekämpfung eines Dachstuhlbrandes in der eng bebauten Augsburger Altstadt wird ein C-Rohr-Außenangriff über die Drehleiter vorgenommen.

Oben: Innenangriff in einem brennenden Dachgeschoss.

Links: Brand in einer Textilfabrik: Durch konzentrierten Angriff konnte ein Übergreifen des Feuers verhindert werden.

Ganz oben: Ein vom Sturm beschädigter Baum droht auf eine stark befahrene Straße zu stürzen. Die Feuerwehr sichert den Verkehr und trägt den Baum ab.

Oben: Nach starken Regenfällen steht eine Straßenunterführung unter Wasser. Die Feuerwehr saugt das Wasser vom Verkehrsweg ab.

Ganz oben: Eiszapfen an Dächern und Fassaden drohen herabzufallen und somit Passanten zu gefährden; sie müssen durch die Feuerwehr entfernt werden.

Oben: Brand eines Baudenkmals: Bei Sanierungsarbeiten gerät ein Verbindungssteg an den Wassertürmen am Roten Tor in Brand. Er kann jedoch gelöscht werden, bevor weitere Gebäudeteile betroffen werden.

Die Notlandung eines Flugzeugs nach Triebwerkschaden: vorsorglich von der Feuerwehr aufgetragener Schaum-teppich.

Der Feuerwehr gelingt es, das Feuer in einem Recycling-Betrieb auf den vorgefundenen Umfang zu beschränken und ein Übergreifen zu verhindern.

Die verunglückte Maschine – abgeknicktes Bugrad – wird vom Kranwagen der Feuerwehr mit einem speziellen Hebegeschirr zum Abtransport auf einen Tieflader gehoben.

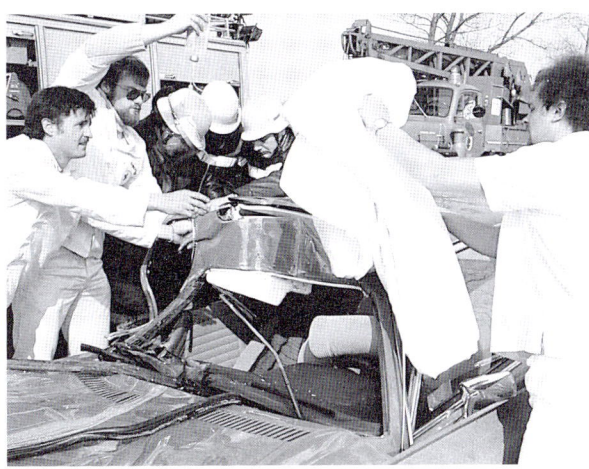

Schwerer Verkehrsunfall mit eingeklemmter Person. Feuerwehr und Notarzt arbeiten Hand in Hand.

Bei diesem Unfall wird die eiserne Autobahnbrücke über den Lech so stark beschädigt, dass eine Fahrtrichtung für mehrere Wochen gesperrt werden musste.

Noch während die Rettungsmaßnahmen der Feuerwehr laufen, erfolgt eine erste Betreuung des bei einem Unfall auf der Autobahn schwer verletzt eingeklemmten Fahrers durch den Notarzt.

Oben links: Sicherungs- und Bergungsarbeiten nach einem Unfall in einem Straßenbahndepot.

Oben rechts: Immer noch tauchen Relikte aus dem Zweiten Weltkrieg auf. Nach der Entschärfung einer Fliegerbombe unterstützen Feuerwehrmänner den Sprengmeister bei der Bergung und dem Abtransport.

Unten links: Eine schwerverletzte Person wird nach einem Hausunfall über den Balkon mit Rettungstrage und Drehleiter auf den sicheren Boden gebracht und dem Rettungsdienst übergeben.

Unten rechts: Achtung Einsturzgefahr! Sicherungsarbeiten nach Gasexplosionen in Wohnhäusern gehören schon beinahe zum Standardprogramm der Feuerwehr.

Oben links: Ein Brand in der Filteranlage eines Industrie-betriebs.

Oben rechts: Ein PKW-Brand auf der Autobahn.

Unten links: Während Personen mit Fluchthauben ins Freie gebracht werden, wird der Hochleistungslüfter in Stellung gebracht.

Unten rechts: Mit einer Wärmebildkamera kann das von außen nicht sichtbare Brandnest bei einem Dehnfugen-brand lokalisiert und gezielt abgelöscht werden.

Besonders im Sommer gehören Heustockbrände zum Einsatzbereich der Feuerwehr.

Oben und unten: Brennendes Müllentsorgungsfahrzeug: Die Feuerwehr löscht mit Wasser und Mittelschaum.

Rechte Seite
Oben: Mit einem Hydraulikzylinder wird der Fußraum des PKW erweitert, um die eingeklemmte Person befreien zu können.

Unten: Mit der Rettungsschere werden die Dachstreben des LKW-Fahrerhauses abgetrennt, um den eingeklemmten Fahrer zu befreien.

Oben: Ein Wagen muss nach einem Unfall wieder in die
Gleise gebracht werden.

Rechts oben: Mit einer Schaufeltrage wird ein verunglückter
Bauarbeiter nach einem Unfall aus der Baugrube gerettet
und nach oben gebracht.

Rechts unten: Ein aus dem Schachthof entkommener
Stier konnte gesichert und mittels Kran an Land gebracht
werden.

Linke Seite:
Oben: Noch während die Feuerwehr den Löschangriff auf-
baut, zündet der Brand durch.

Unten: Ein ausgedehnter Dachstuhlbrand wird konzentriert
im Innen- und Außenangriff sowie über die Drehleiter ange-
gangen.

Oben: Augsburg ist eine Reise wert: Eine Delegation ranghoher chinesischer Feuerwehroffiziere stattete 1984 im Rahmen einer mehrwöchigen Informationsreise durch Europa auch der Augsburger Feuerwehr einen Besuch ab. Besonderes Interesse zeigten die Gäste für die EDV-gestützte Einsatzzentrale und die gängige Feuerwehrtechnik.

Links: Feuerwehr als Denkmalschützer: Eine der Augsburger Prachtbrunnenfiguren – der Herkules – wird von der Feuerwehr von seinem Podest gehoben und in die Restaurierungswerkstatt verfrachtet.

Frank Habermaier wird Chef der Berufsfeuerwehr

Am 31. Juli 1992 wird der Leitende Branddirektor Josef Korschinsky als Amtsleiter von Oberbürgermeister Dr. Peter Menacher in einer Feierstunde im Zeughaus in den Ruhestand verabschiedet. In mehr als 25 Jahren hat Korschinsky die Interessen der Feuerwehr geradlinig und konsequent vertreten. Seine »spitzbübische Bauernschlauheit« machte ihn bei den einen beliebt, bei andern war sie gefürchtet: »Mit ihm war nicht gut Kirschen essen, das wusste man in der Stadtverwaltung, das wusste man bei vielen Unternehmen und Betrieben, die es mit dem vorbeugenden Brandschutz nicht so genau nehmen wollten«, schreibt die Augsburger Zeitung.

Sein Nachfolger wird der 33-jährige Frank Habermaier, Diplomchemiker, zuletzt stellvertretender Leiter der Berufsfeuerwehr in Mönchengladbach. Habermaier, ein gebürtiger Heidelberger, hat während seiner Referendarzeit vielerorts Erfahrungen gesammelt, so war er beim Landesamt für Brand- und Katastrophenschutz in München tätig sowie bei den Feuerwehren in Berlin, Bremerhaven, Wiesbaden, München und Ludwigshafen. Der neue Leiter übernimmt eine intakte, gut ausgerüstete und hochmotivierte Feuerwehr. Er sieht sich vor zwei Hauptaufgaben gestellt: Einerseits muss die Feuerwehr angesichts knapper öffentlicher Kassen sparsam wirtschaften, andererseits soll sie den steigenden Anforderungen gerecht werden und gut gerüstet in das neue Jahrtausend gehen.

Neues Fahrzeugkonzept

Eine der ersten Veränderungen betrifft die Fahrzeugtechnik. Das neue Konzept will zwei Dinge vereinen: Kosten sparen und technisch auf dem neuesten Stand sein.

Der Grundgedanke: Anstelle der verschiedenen Fahrzeuge, wie z.B. das Löschfahrzeug LF 16, Tanklöschfahrzeug TLF 16, Trockentanklöschfahrzeug TroTLF 16, Tanklöschfahrzeug TLF 24/50, Rüstwagen RW 2, soll es ein »Basisfahrzeug« geben,

Wachmannschaft und Fuhrpark der Berufsfeuerwehr Augsburg 1984.

Linke Seite

Oben: Bei den Ersatzbeschaffungen von Fahrzeugen in den achtziger und neunziger Jahren
kamen verstärkt Fahrzeuge auf Fahrgestellen von
Daimler Benz zum Zug; hier ein Löschgruppenfahrzeug LF 16 auf DB/Ziegler der FF Inningen,
Baujahr 1991.

Links unten: Rüstwagen RW 2 auf DB/ Ziegler,
Baujahr 1992.

Rechts unten: Eine neue Fahrzeuggeneration hielt
auch bei den vom Bund zur Verfügung gestellten
Fahrzeugen des Katastrophenschutzes ab Mitte
der achtziger Jahre Einzug; hier ein Löschgruppenfahrzeug LF 16-TS (Tragkraftspritze, erweiterte Beladung mit wasserfördernden Armaturen)
auf IVECO, Baujahr 1989, das der FF Pfersee
gehört.

Rechte Seite

Oben: Neues Fahrzeugkonzept: Für Gesprächs-
stoff sorgte das im neuen Design gehaltene LF
16/12 auf DB/ Metz, Baujahr 1994.

Rechts oben: Dieses LF 16/12 auf DB/ Ziegler,
Baujahr 1997, ist in drei baugleichen Exemplaren
bei der Augsburger Feuerwehr im Einsatz.

Rechts Mitte: Von diesem etwas jüngeren
LF 16/12 auf DB/ Ziegler, Baujahr 1999, mit
CAF-System besitzt die Berufsfeuerwehr Augs-
burg zwei baugleiche Exemplare.

Rechts unten: Heckansicht des LF 16/12 mit
Pumpenbedienstand.

Links: Dachbeladung: Zwischen den tragbaren Leitern befindet sich der Anschluss für einen in Ruhestellung eingeklappten Wasserwerfer; auf dem Dach der Mannschaftskabine ist ein zusammengefaltetes Schnellbaugerüst untergebracht.

Oben: Bei der neuen Fahrzeuggeneration sind die Kanten des Fahrzeugaufbaus mit reflektierender Folie beklebt, um bei Dunkelheit oder schlechten Sichtverhältnissen eine erhöhte Warnwirkung zu erzielen.

Unten: Frühjahr 1999: Löschzug der BF Augsburg.

Oben: Frühjahr 1999: Wechselaufbauprogramm der BF Augsburg. Hinten von links: Container Umweltschutz, Pritsche, Schlauch, Schaummittel, Sonderlöschmittel, Mulde; vorne: Abrollkipper bei der Aufnahme einer Mulde.

Unten: Neue Schutzkleidung der BF Augsburg

Neue Schutzkleidung und schwerer Atemschutz.

zieren. Zusätzlich ermöglicht das Container-Abroll-behälter-System eine längere Lebensdauer der Fahrzeuge. Durch das neue Konzept sind bislang rund zwei Millionen DM an Investitionsmitteln eingespart worden.

Neue Schutzkleidung

Die Feuerwehr brauchte neue Schutzkleidung. Zunächst wurden die konventionellen Regenschutzjacken durch Überjacken der neuen Generation aus »Nomex 3« mit Wärmeisolierung und wasserundurchlässiger Membrane ersetzt. Nomex ist ein Kohlefasergewebe, das weitgehend flamm- und hitzebeständig, antistatisch und sehr widerstandsfähig gegenüber Chemikalien ist. Danach sollte auch die alte Ausgehuniform aus Baumwolle (Modell Bayern) einer modernen Schutzkleidung aus Nomex weichen. Weil für diese Anschaffung kein Geld zu Verfügung stand, fand die Feuerwehr eine ungewöhnliche Lösung: Die Kleidung wurde gemeinsam mit einem großen Augsburger Wäschereibetrieb beschafft. Der Betrieb kaufte die Kleidung, die Feuerwehr bezahlt sie jährlich in kleineren Beträgen ab. Gleichzeitig übernimmt die Wäscherei die Reinigung, die Reparatur und den Ersatz der Kleidung. Seit 1994 wird so verfahren, die Erfahrungen sind rundum positiv. Auch die freiwilligen Feuerwehren der Stadt Augsburg ist zwischenzeitlich mit der neuen Generation der Schutzkleidung ausgestattet.

Aus dem »Feuerschutzamt« wird das »Amt für Brand- und Katastrophenschutz«

Die beginnende Finanzkrise der Städte hatte auch Auswirkungen auf die Organisation in der Stadtverwaltung. Aus Kostengründen und weil der Kalte Krieg zu Ende war, wurde 1992 das »Zivilschutzamt« mit dem »Feuerschutzamt« vereint. Das Amt heißt seitdem »Amt für Brand- und Katastrophenschutz«. Eine Vereinigung, die dank des guten Willens und der engagierten Mitarbeit aller Betroffenen, problemlos klappte.

Neuer Dienstplan

Ein schwieriges Problem war die schwankende Besetzung der Feuerwache bei überdurchschnittli-

mit dem die meisten Einsätze abgedeckt werden können.

In Augsburg entschied man sich für ein LF 16/12, das jedoch verschiedene Modifizierungen erhielt, wie z. B. einen 1600-l-Tank, eine Hochdruckpumpe oder in der neuesten Generation das CAF-System. Bei diesem System wird nicht nur ein Schaummittel dem Wasser zugemischt, sondern auch Druckluft in die Schläuche gepresst. Vorteil: Man braucht keine speziellen Strahlrohre oder Schläuche. Dieser Löschschaum hat eine extrem gute Löschwirkung.

Anstelle der vielen verschiedenen Spezialfahrzeuge gibt es nur noch ein Wechselladerfahrzeug, das je nach Bedarf mit unterschiedlichen Abrollbehältern (Container) mit Sonderlöschmitteln für Gefahrgutunfälle, für Rüsteinsätze und für Nachschubmaterial aller Art bestückt werden kann. Dieses flexible Wechselladersystem bietet viele Vorteile und ist vor allem kostengünstig.

Insgesamt vereinfacht das neue Konzept die Ausbildung. Die Anzahl der Fahrzeuge lässt sich redu-

chen Ausfallquoten. Bei der Planung war man von durchschnittlichen Fehlzeiten ausgegangen, die im Laufe des Jahres sehr unterschiedlich sein können, etwa in der Urlaubszeit oder während einer Grippewelle. Als Lösung wurde ein computergestütztes Dienstplanmodell eingeführt. Das Ergebnis: Die Schwankungen in der Wachstärke haben aufgehört. Dass mehr als ein Mitarbeiter fehlt, ist eine seltene Ausnahme.

Neue Ausrückordnung

Nach dem Bayerischen Feuerwehrgesetz ist die Feuerwehr verpflichtet, spätestens zehn Minuten nach Eingang eines Notrufs am Notfallort zu sein. In einer weit ausgedehnten Stadt wie Augsburg ist diese Vorgabe nur schwer flächendeckend umzusetzen. Es gab »weiße Flecken« in der Stadt, zu denen weder die Berufsfeuerwehr noch eine freiwillige Feuerwehr in zehn Minuten gelangen konnte. Die geplante Feuerwache Süd sollte helfen, diese »Flecken« verschwinden zu lassen.

Zusätzlich wurde eine neue Alarm- und Ausrückordnung konzipiert. Dabei wurden die freiwilligen Feuerwehren stärker eingebunden und die Ausrückebereiche neu festgelegt. Grundgedanke dabei: Das Fahrzeug, das am schnellsten am Einsatzort sein kann, muss alarmiert werden. Stadt-

teil- oder Gemeindegrenzen spielen heute nur noch eine untergeordnete Rolle.

Der Qualitätsstandard steigt weiter

In der Nachkriegszeit hatten die bayerischen Feuerwehren durch Festlegungen der Amerikaner keine Aufgaben im Bereich des Rettungsdienstes erhalten. Dies führte zu einem Defizit in der Ausbildung der Berufsfeuerwehren. (Eine Ausnahme ist München, wo in den sechziger Jahren die Feuerwehr den Notarztdienst aufbaute.) 1993 unternimmt die Augsburger Feuerwehr die ersten Schritte, dies zu ändern: Die Feuerwehrbeamten werden zu Rettungshelfern, später zu Rettungssanitätern ausgebildet, einige sollen künftig als Rettungsassistenten arbeiten können.

Im Juni 1996 wird ein »multifunktionaler« Rettungs- und Messwagen in Dienst gestellt, der neben den Messgeräten für Gase und radioaktive Stoffe auch eine medizinische Ausstattung einschließlich eines halbautomatischen Defibrillators und EKGs enthält. Der Defibrillator ist ein medizinisches Gerät, mit dem das Herzkammerflimmern

Rettungs- und Messwagen der Augsburger Berufsfeuerwehr.

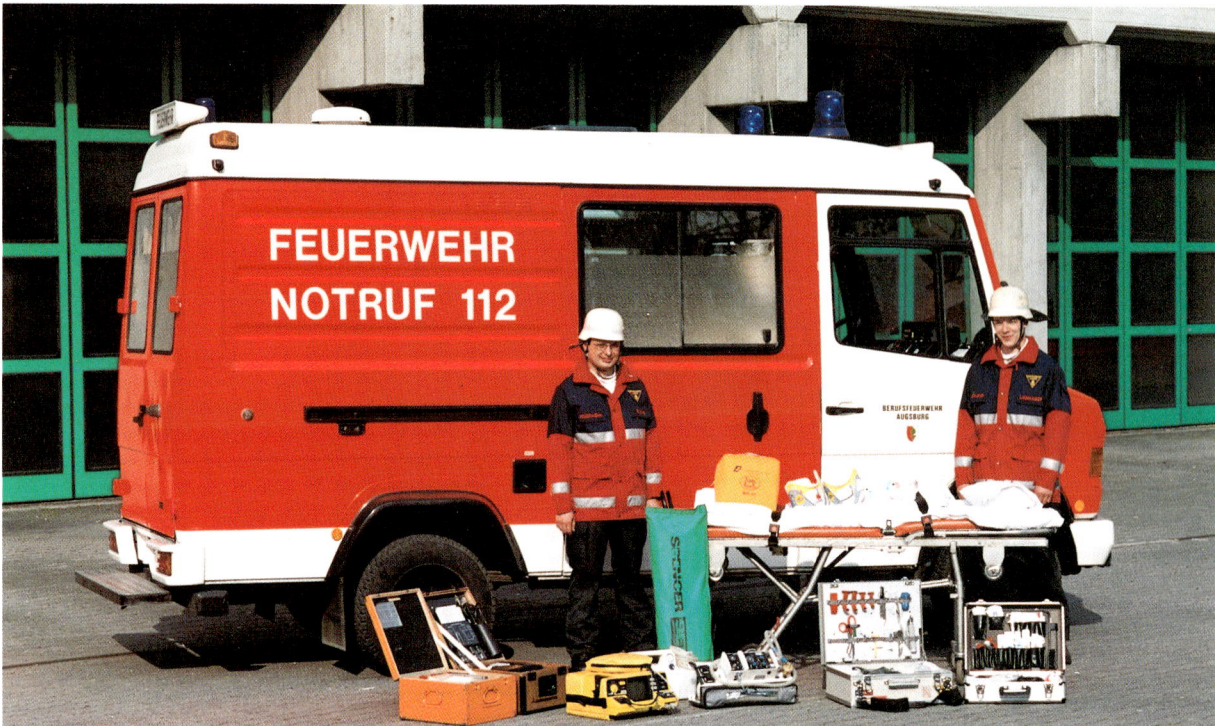

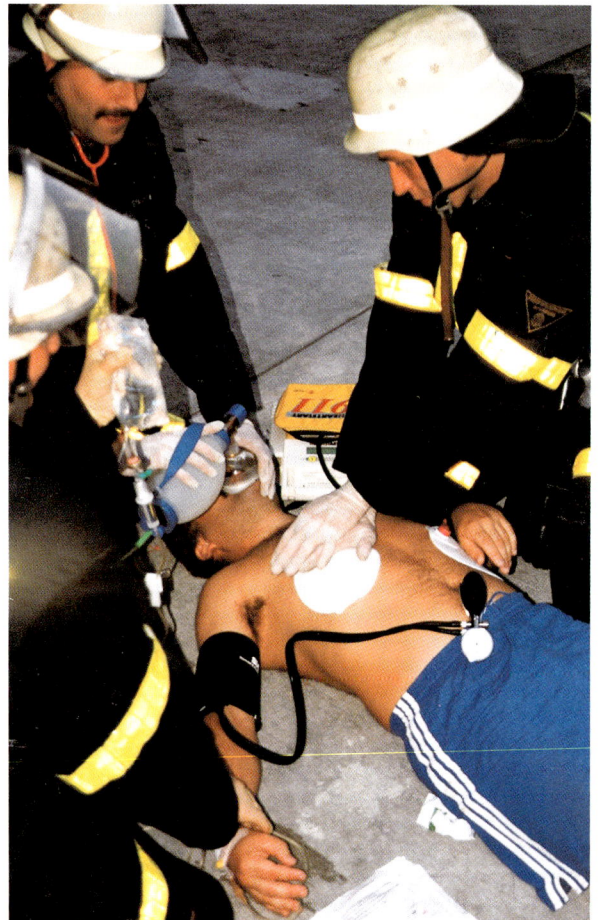

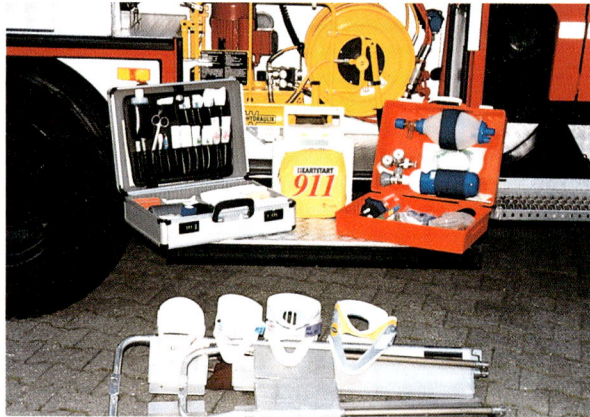

Ganz oben: Teile der Beladung und die Besatzung eines Rettungs- und Messwagens der BF Augsburg.

Oben: Natürlich gehört auch eine medizinische Ausstattung zum First Responder System.

Links: Der halbautomatische Defibrillator wird bei Herzkammerflimmern eingesetzt.

beseitigt werden kann, das einem Herzinfarkt vorausgeht. Die Feuerwehr Augsburg beteiligt sich an einem weltweiten Pilotversuch, der die flächendeckende Einführung dieser Geräte vorantreiben soll.

Die Besatzung stellt bei einem Einsatz den Rettungstrupp, den Atemschutzsicherungstrupp, übernimmt Messaufgaben (Gas, Radioaktivität) und Erkundungen. Sie ist mit Atemschutzgeräten und Kontaminationsschutzanzügen ausgestattet und kann auch infektiöse Patienten transportieren.

First Responder System

Ende 1997 wurde bei der Augsburger Feuerwehr das »First Responder System« eingeführt, das für eine möglichst schnelle und effektive Hilfe bei medizinischen Notfällen sorgen soll.

Es stellt eine Ergänzung des öffentlichen Rettungsdienstes dar und verkürzt das »therapiefreie Intervall«, die Zeit zwischen dem Eintreten des Ereignisses und dem Eintreffen eines qualifizierten Helfers, z. B. mit RTW, NAW oder NEF.

Der Hintergrund: Bei einem Herzinfarkt kommt es auf jede Sekunde an. Es ist daher sinnvoll, wenn derjenige, der als Erster am Notfallort erscheint (der »First Responder«), wirksam helfen kann und nicht erst auf den Notarzt warten muss. Für diese Hilfe braucht man eine bestimmte Ausrüstung, vor allem einen Defibrillator, der das Kammerflimmern beseitigt. Normalerweise können diese Geräte nur von einem Arzt bedient werden. Die Berufsfeuerwehr ist jedoch mit halbautomatischen Defibrillatoren ausgestattet, die jeder entsprechend geschulte Feuerwehrmann bedienen kann. Alle Löschfahrzeug verfügen über die nötige Ausrüstung, um einen Herzinfarkt zu behandeln.

Die Erfahrungen mit dem First Responder System sind sehr gut, denn die Feuerwehr ist nicht selten als erste am Einsatzort. Und nicht nur dort kann sie helfen, wie folgender Fall zeigt: Eine Frau erlitt im Auto einen Herzinfarkt. Ihr Mann steuerte das Fahrzeug geistesgegenwärtig auf den Hof der Haupt-

Unten links: Mitte der neunziger Jahre legten mehrere junge Damen der FF Göggingen ihre Leistungsprüfung ab und integrierten sich reibungslos in die »Männerdomäne« Feuerwehr.

Unten rechts: Auch bei der FF Haunstetten stehen Frauen stehen ihren Mann.

Oben: Früh übt sich: Mitglieder der Jugendfeuerwehr Haunstetten beim Anlegen von Knoten ...

... und an der Kübelspritze.

feuerwache, wo gerade eine Ausbildungsveranstaltung stattfand. Er fuhr direkt zum Löschfahrzeug, wo die Beamten die Frau sofort behandeln konnten. Vierzehn Tage später erschien die Frau auf der Feuerwache, um sich persönlich für ihre Rettung zu bedanken.

Frauen bei der Feuerwehr

In den neunziger Jahren öffneten sich die Augsburger freiwilligen Feuerwehren für Frauen. Zunächst traten die weiblichen Mitglieder nur vereinzelt ein, doch schon 1992/93 nahmen die Freiwilligen Feuerwehren Göggingen und Haunstetten komplette Gruppen von Frauen auf. Im Winter 1995/96 zog die Freiwillige Feuerwehr Kriegshaber nach, eine Gruppe von dreizehn Mädchen und jungen Frauen zwischen 14 und 18 Jahren wurde in die Jugendfeuerwehr aufgenommen.

Heute sind viele Frauen in den aktiven Einsatzdienst eingebunden, einige haben eine weiterführende Ausbildung zum Atemschutzgeräteträger absolviert. Auch die Berufsfeuerwehr steht prinzipiell weiblichen Einsatzkräften offen. Doch der Titel der ersten Augsburger Berufsfeuerwehrfrau ist noch zu vergeben.

Jugendfeuerwehr

Jugendarbeit wird bei den Augsburger Feuerwehren schon lange großgeschrieben. So kann zum Beispiel die Jugendfeuerwehr der Freiwilligen Feuerwehr Haunstetten im Jubiläumsjahr 1999 auf ihr 25-jähriges Bestehen zurückblicken.

Zwischenzeitlich gibt es bei allen freiwilligen Feuerwehren des Stadtgebietes Jugendgruppen, in denen sich Mädchen und Jungen auf den Dienst in der aktiven Feuerwehr vorbereiten. Zu den Inhalten, die in der Jugendfeuerwehrarbeit vermittelt werden, gehört nicht nur eine feuerwehrtechnische Grundausbildung. Ebenso wichtig ist die allgemeine Jugendarbeit und vor allen Dingen der Spaß in der Gruppe.

Stadtfeuerwehrverband

1994 schließen sich die Angehörigen der Augsburger Feuerwehren zusammen zum Stadtfeuerwehrverband Augsburg e.V. Die Aktiven der Berufsfeu-

erwehr, der Werkfeuerwehren und der freiwilligen Feuerwehren haben in dem Verband ein gemeinsames Dach und können ihre Interessen bündeln. An der Spitze des Verbandes steht der Leiter der Berufsfeuerwehr. Als seine Stellvertreter stehen ihm je ein Angehöriger einer Werk- und einer freiwilligen Feuerwehr zur Seite.

Der Stadtfeuerwehrverband kann bestimmte Anliegen unterstützen und in der Öffentlichkeit vertreten. So hat sich der Verband zum Ziel gesetzt, die Jugendfeuerwehren zu fördern. Mittlerweile sind die sieben Jugendfeuerwehren in Augsburg zu einem wichtigen Bestandteil jeder freiwilligen Feuerwehr geworden.

Die Jugendlichen lernen die Handhabung von Geräten, das Ausrollen und Kuppeln von Schläuchen, den Einsatz von Leitern, Unfallverhütung, Erste Hilfe und vieles mehr. Außerdem organisieren die Jugendfeuerwehren Ausflüge, Zeltlager und Freizeiten. Besonders erfreulich: Es sind nicht nur männliche Mitglieder, die hier aktiv sind, sondern auch junge Frauen engagieren sich in den Jugendfeuerwehren.

Auch der »Florifant«, das Maskottchen der Augsburger Feuerwehr, geht auf eine Idee des Stadtfeuerwehrverbandes zurück. Bei der Frühjahrsausstellung 1998 wurde der kleine Elefant das erste Mal präsentiert und in einem Preisausschreiben ein Name gesucht. Nun wird der »Florifant« auch als Logo für die Radweltmeisterschaften der Feuerwehren im Jahr 2000 dienen.

»FLORIFANT«, so heißt das Maskottchen der Augsburger Feuerwehr.

Immer ein besonderes Erlebnis für die Kinder ist der Besuch bei der Augsburger Feuerwehr.

Brandschutzerziehung

Ein Thema, das die Feuerwehren erst in jüngerer Zeit aufgegriffen haben, ist die systematische Brandschutzerziehung. Zwar haben früher viele Kindergartengruppen und Schulklassen die Feuerwachen besichtigt, doch stand dabei eher die Ausrüstung der Feuerwehr im Vordergrund und nicht so sehr, was die Kinder über Brände und andere Gefahren wissen sollten.

Das hat sich in Augsburg grundlegend geändert. Zusammen mit der Schulverwaltung hat die Augsburger Feuerwehr ein Programm zur Brandschutzerziehung entwickelt. Die Feuerwehr hat Seminare für Lehrer angeboten, aber auch die Beamten der Feuerwehr haben Seminare besucht, damit sie den Kindern praxisnahes Wissen vermitteln können. Die Schulklassen werden nun gezielt auf die Besichtigung bei der Feuerwehr vorbereitet. Sie erfahren, wie die Feuerwehr praktisch arbeitet, wo die Gefahren von Feuer und Rauch liegen, wie sie sich vor Bränden schützen können und wie sie sich im Brandfall verhalten sollten.

In jedem Jahr bekommen mehrere tausend Kinder einen wichtigen Einblick in die Arbeit der Feuerwehr und lernen praktisch, was sie über Feuergefahren wissen müssen. Auch behinderte Kinder werden in dieses Programm einbezogen, was vor allem in Behindertenwerkstätten einen direkten Praxisbezug hat.

Die Feuerwehr im Einsatz

In der Einsatzzentrale muss in Sekundenschnelle entschieden werden, welche Fahrzeuge ausrücken, ob freiwillige oder Werkfeuerwehren zu alarmieren sind und welche Stellen noch zusätzlich informiert werden müssen.

Als Orientierung gelten folgende Vorgaben:

Der »große« Löschzug rückt aus:
▶ wenn Menschenleben in Gefahr sind
▶ bei Alarm durch Brandmelder
▶ wenn die Lage unklar ist.

Der »kleine« Löschzug rückt aus:
▶ bei kleineren Schadenslagen mit klarem Meldebild
▶ wenn der erste Löschzug bereits im Einsatz ist.

Die Kleinalarmfahrzeuge rücken aus:
▶ zum Beseitigen von Ölspuren
▶ zum Auspumpen von Kellern
▶ zum Verschalen von Schaufenstern
▶ zum Öffnen von Türen

Bei bestimmten Schadensmeldungen rücken Sonderfahrzeuge gleich mit den Löschzügen aus oder sie werden nachalarmiert. Solche Sonderfahrzeuge sind:
▶ Kranfahrzeug
▶ Gerätewagen »Gefahrgut«
▶ Gerätewagen »Wasserrettung«
▶ Gerätewagen »Atem- und Strahlenschutz«
▶ LKW mit Hebebühne und Plane
▶ Wechselladerfahrzeug mit Ladekran und Abrollbehälter.

Kleinalarmfahrzeug KLAF.

Links ganz oben: Gerätewagen der BF Augsburg GW Gefahrgut DB/Ziegler, Baujahr 1988.

Links oben: Für Unfälle im und auf dem Wasser kann die Augsburger Feuerwehr in den eigenen Reihen auf rund 30 ausgebildete Taucher zurück greifen. Rund um die Uhr stehen davon mindestens vier Mann zur Verfügung; hier ist ein Rettungsboot im Einsatz.

Rechts ganz oben: Ebenfalls Baujahr 1988 ist dieser Gerätewagen GW Atemschutz/Strahlenschutz DB/Ziegler.

Rechts Mitte: Gerätewagen GW Wasserrettung DB/Ziegler, Baujahr 1988.

Rechts: Ein Taucher macht sich zum Einsatz bereit.

Feuerwache Süd

Nach zweieinhalbjähriger Bauzeit wurde die neue Feuerwache Süd am 10. März 1999 in Betrieb genommen, die feierliche Einweihung folgte am 15. März. Die Wache liegt günstig, in der Nähe des Messezentrums und der Bundesstraße 17. Von hier aus rückt die Berufsfeuerwehr zu Einsätzen in den südlichen und westlichen Stadtteilen aus. Und die Abteilung »Vorbeugender Brandschutz« ist von der Berliner Allee in die neue Feuerwache umgezogen.

Das Gebäude gliedert sich in drei Teile: Den Alarmdiensttrakt mit der Fahrzeughalle, den Werkstatt- und Bürotrakt sowie einen kleinen Trakt mit Lager- und Schulungsräumen.

Die geräumige Fahrzeughalle hat sieben Tore und insgesamt sind sieben Fahrzeuge darin untergebracht: ein Löschfahrzeug LF 16/12, eine Drehleiter DLK 23/12, ein Kleinalarmfahrzeug, ein Mehrzweckfahrzeug, ein Rettungs- und Messfahrzeug sowie zwei PKW für den Vorbeugenden Brandschutz. Über der Fahrzeughalle liegen die Bereitschafts- und Ruheräume, Umkleideräume, ein Lehrsaal und ein Fitnessraum. Bei der Gestaltung der Umkleide- und Sanitärräume wurde berücksichtigt, dass künftig auch Frauen bei der Feuerwehr im Einsatzdienst sein können.

Im Gebäudeteil, der sich an die Fahrzeughalle anschließt, befinden sich nicht nur die Büros, sondern auch die Werkstätten, darunter eine Atemschutzwerkstatt und eine Reinigungsanlage für die Chemikalienschutzanzüge. Im Keller schließlich ist ein Atemschutzübungszentrum untergebracht, das nicht nur von der Stadt, sondern auch vom Landkreis Augsburg für die Atemschutzausbildung genutzt wird.

Rund um die Uhr besetzen jeweils zwölf Feuerwehrleute die neue Wache, weitere acht sind für den Vorbeugenden Brandschutz tätig. Das gesamte Personal wurde von der Hauptfeuerwache hierher verlegt, Neueinstellungen gab es nicht. Die Alarmierung dieser Einheit erfolgt von der Einsatzzentrale der Hauptfeuerwache an der Berliner Allee.

Seit Frühjahr 1999 gliedert sich die Feuerwache Süd im Univiertel ins Stadtbild ein.

Fuhrpark der Feuerwache Süd.

Unten links: Ein bisschen Bürokratie gehört auch zur Feuerwehrarbeit: die Büroräume des Vorbeugenden Brandschutzes.

Unten rechts: Vorrichtung zur Reinigung von Chemikalien-
schutzanzügen.

Atemschutzwerkstatt der Augsburger Feuerwehr.

27. Deutscher Feuerwehrtag und Interschutz in Augsburg

Im Juni 2000 steht Augsburg ganz im Zeichen der Feuerwehr, denn die Stadt richtet zwei bedeutende Veranstaltungen aus. Den 27. Deutschen Feuerwehrtag und die weltgrößte Fachmesse für Brandschutz, Katastrophenschutz und Rettungsdienst, die INTERSCHUTZ. Gleichzeitig feiert der Weltverband der Feuerwehren, das CTIF, in Augsburg sein 100-jähriges Bestehen mit einem großen Festakt, Organtagungen und einem internationalen Symposium. Außerdem wird auch eine Weltmeisterschaft ausgetragen, die der Radfahrer der Feuerwehren, bei der rund 500 Teilnehmer aus aller Welt starten werden.

Die Stadt – vor allem die Feuerwehr – bereitet sich seit Jahren auf die Veranstaltungen vor. Für die INTERSCHUTZ musste auch das Messegelände erweitert werden.

Bei der Bewerbung für den Feuerwehrtag hatte Oberbürgermeister Dr. Peter Menacher übrigens versprochen, dass die beliebte Augsburger Puppenkiste ein Feuerwehrstück uraufführen wird. Am Eröffnungsabend wird das Versprechen eingelöst.

Zum Abschluss der Veranstaltungen wird es eine Kundgebung im Rosenaustadion geben, zu der über 50 000 Feuerwehrleute erwartet werden.

Als Hauptredner hat der Bundeskanzler sein Kommen bereits fest zugesagt. Anschließend wird es einen großen Festzug durch Augsburg geben. Am Abend steht ein großes Abschlussfest auf dem Programm. Augsburg richtet den Deutschen Feuerwehrtag nach 1862 zum zweiten Mal aus. Damals kamen zweieinhalbtausend Feuerwehrmänner aus ganz Deutschland. Für den Juni 2000 erwartet Augsburg mehr als 200 000 Gäste.

Der erste Feuerwehrtag in Augsburg wurde als »voller Erfolg« bewertet. Besonders lobten die Gäste die »sehr herzliche« Aufnahme »seitens der Augsburger Bevölkerung«.

Das soll im Juni 2000 nicht anders sein. Die Feuerwehren der Stadt und in ganz Bayern wollen gute Gastgeber sein.

Linke Seite

Bei der Vertragsunterzeichnung für den Deutschen Feuerwehrtag 2000 im Fürstenzimmer des Rathauses:
vordere Reihe v. l.: Gerald Schäuble, Präsident des Deutschen Feuerwehrverbandes, Dr. Peter Menacher, Oberbürgermeister der Stadt Augsburg, Karl Binai, Vorsitzender
des Landesfeuerwehrverbandes Bayern e. V.;
hintere Reihe v. l.: Günter Hölzl, Leiter der Berufsfeuerwehr
München, Walter Bestle, Kreisbrandrat Lkr. Neu-Ulm und
stellvertretender Vorsitzender des Bezirksfeuerwehrverban-
des Schwaben, Willi Reisser, Ordnungsreferent der Stadt
Augsburg, Frank Habermaier, Leiter der Berufsfeuerwehr
Augsburg, Bernd Kränzle, MdL, Staatssekretär a. D., Pfleger
der Augsburger Feuerwehren, Georg Anzenhofer, Kreisbrandrat Lkr. Augsburg, Siegfried Geiger, Kreisbrandrat Lkr.
Aichach-Friedberg und Vorsitzender des Bezirksfeuerwehr-
verbandes Schwaben

Rechts oben und Mitte: Das Messegelände zeigt sich im
Frühjahr 1999 bei der Augsburger Frühjahrsausstellung AFA
im besten Licht.

Unten: Augsburg im Blickpunkt! Vom 20. bis 25. Juni 2000
wird auf dem bis dahin erweiterten Augsburger Messegelände mit der INTERSCHUTZ die weltgrößte Fachmesse zu
den Themen Brandschutz, Katastrophenschutz, Rettungsdienst stattfinden.

Chronik
der Feuerwehrgeschichte

1972   Durch die Gebietsreform erhält Augsburg wieder freiwillige
Feuerwehren (in den neuen Stadtteilen Haunstetten, Göggingen,
Inningen und Bergheim)
Großbrand in Bergheim
Großbrand im Gögginger Kurhaus
Olympische Spiele: Kanuwettbewerbe in Augsburg

1973   Erster Spatenstich für die Hauptfeuerwache Berliner Allee
Erste Energiekrise; Bundesregierung erlässt Fahrverbote an vier Sonntagen

1974   Das »Augsburger Modell«, ein Dienstplan mit vier Wachschichten, wird
erprobt und im folgenden Jahr offiziell eingeführt
125 Jahre Freiwillige Feuerwehr und 75 Jahre Berufsfeuerwehr Augsburg

1975   Die neue Hauptfeuerwache an der Berliner Allee 30 wird feierlich eröff-
net; sie verfügt über das erste computergestützte Einsatzleitsystem in
Europa
Die Freiwillige Feuerwehr Pfersee wird wieder gegründet

1976   Die Freiwilligen Feuerwehren Kriegshaber und Oberhausen
werden wieder gegründet

1977   Die Einsatzleitstelle der Berufsfeuerwehr übernimmt Alarmierung der freiwilligen Feuerwehren im Landkreis Augsburg; erste gemeinsame Leitstelle
dieser Art in der Bundesrepublik Deutschland

1980	Die neugegründeten Freiwilligen Feuerwehren Pfersee, Kriegshaber und Oberhausen werden in den Einsatzdienst übernommen
1981	Im Landkreis wird der Feuerwehrnotruf 112 eingeführt
1986/87	Erwerb des Grundstücks für die Nebenwache Süd
1992	Die Freiwilligen Feuerwehren öffnen sich für Frauen Amtsleiter Josef Korschinsky tritt in den Ruhestand; Nachfolger: Frank Habermaier Der Haushalt enthält Planungsmittel für die Nebenwache Süd
1993	Die Berufsfeuerwehr führt im Lösch- und Rettungszug einen Rettungswagen (RTW) mit: Feuerwehrbeamte werden zu Rettungssanitätern ausgebildet
1994	Die Angehörigen der Augsburger Feuerwehren gründen den Stadtfeuerwehrverband Augsburg e.V.
1997	First Responder System wird eingeführt
1998	Das Feuerwehr-Maskottchen »Florifant« wird vorgestellt
1999	Die Feuerwache Süd am Alten Postweg wird eingeweiht Doppeljubiläum: 150 Jahre Freiwillige Feuerwehr, 100 Jahre Berufsfeuerwehr Augsburg
2000	27. Deutscher Feuerwehrtag und Messe INTERSCHUTZ in Augsburg

Anhang

Zum Gedenken

an die im 1. Weltkrieg gefallenen 6 Kameraden der Berufsfeuerwehr,
an die im 1. Weltkrieg gefallenen 107 Kameraden der freiwilligen Feuerwehr,

an die im 2. Weltkrieg in Ausübung ihres Dienstes tödlich verunglückten
7 Kameraden der Berufsfeuerwehr,
an die im 2. Weltkrieg gefallenen 54 Kameraden der Berufsfeuerwehr
und der ehemaligen Freiwilligen Feuerwehr Augsburg,

an die 21 gefallenen Kameraden der Freiwilligen Feuerwehr Bergheim,
an die 10 gefallenen Kameraden der Freiwilligen Feuerwehr Göggingen,
an die gefallenen Kameraden der Freiwilligen Feuerwehr Haunstetten,
an die 14 gefallenen Kameraden der Freiwilligen Feuerwehr Inningen,

an die bei Dienstunfällen getöteten Kameraden der Berufsfeuerwehr,
Otto Lutz am 16. Oktober 1945
und
Paul Wünsch am 8. März 1952

an die während ihrer aktiven Zeit verstorbenen Kameraden
Wilhelm Nerb am 11. Mai 1976
Herbert Müller am 18. Juli 1976
Walter Ertl am 12. September 1982
Werner Pratsch am 6. August 1983

Ehre ihrem Angedenken

Hauptleute/Kommandanten
der Freiwilligen Feuerwehr Augsburg 1849 bis 1945

1849–1850	Johann Thenn	1882–1913	Georg Brach
1850–1857	Johann Baptist Reisser	1913–1935	Georg Voegeli
1857–1859	Georg Jaquet	1936–1945	Fritz Dill
1859–1882	Max Treu		(ab 1940 kommissarisch)

Die Oberkommandanten und Leiter
der Berufsfeuerwehr Augsburg von 1899 bis heute

Oberkommandanten

Die Leiter der Berufsfeuerwehr waren bis zum Jahr 1936 dem Oberkommandanten der freiwilligen Feuerwehr unterstellt.

1. 7. 1899	–	1. 3. 1913	**Georg Brach**, Kommerzienrat und Magistratsrat
1. 3. 1913	–	1. 9. 1935	**Georg Voegeli**, städtischer Branddirektor, königlicher Rat und Kreisbranddirektor von Schwaben und Neuburg
1. 9. 1935	–	1. 5. 1936	**Fritz Dill**, Kreisbranddirektor

Leiter der Berufsfeuerwehr

1. 7. 1899	–	1. 10. 1900	**Alois Brand**, Oberfeuerwehrmann
1. 10. 1900	–	1. 7. 1933	**Josef Zwickenpflug**, Brandinspektor
1. 7. 1933	–	1. 5. 1936	**Konrad Klein**, Brandingenieur
1. 5. 1936	–	1. 2. 1940	**Alois Hammer**, Brandoberingenieur
1. 2. 1940	–	15. 7. 1942	**Richard Frosch**, Hauptmann der Feuerschutzpolizei
15. 7. 1942	–	3. 3. 1945	**Ernst Schilling**, Major der Feuerschutzpolizei
3. 3. 1945	–	16. 5. 1945	**Friedrich Pfister**, Leutnant der Reserve bei der Feuerschutzpolizei
16. 5. 1945	–	30. 7. 1945	**Josef Duna**, Hauptmann der Reserve bei der Feuerschutzpolizei
1. 8. 1945	–	20. 7. 1946	**Leopold Gumbold**, Branddirektor
20. 7. 1946	–	1. 10. 1946	**Anton Reiß**, Oberbrandmeister
1. 10. 1946	–	1. 5. 1948	**Johann Memminger**, Brandinspektor
1. 5. 1948	–	20. 9. 1966	**Alois Hammer**, Branddirektor
20. 9. 1966	–	31. 7. 1992	**Josef Korschinsky**, Ltd. Branddirektor
seit 1. 8. 1992			**Frank Habermaier**, Ltd. Branddirektor

Personalstand der Freiwilligen Feuerwehr Augsburg 1849 bis 1945

Personalstärke

Mann	110	851	742	579	548	541	553	867	766	1022	924
Jahr	1849	1859	1869	1874	1879	1889	1899	1914	1918	1920	1924

Mann	827	782	620	556	525	525	365	387	356	291	164*
Jahr	1929	1930	1933	1934	1935	1936	1937	1938	1939	1940	1945

* 1945 wurden die freiwilligen Feuerwehren aufgrund eines Erlasses der alliierten Militärverwaltung verboten.

Personalentwicklung bei der Berufsfeuerwehr Augsburg von 1899 bis 1960

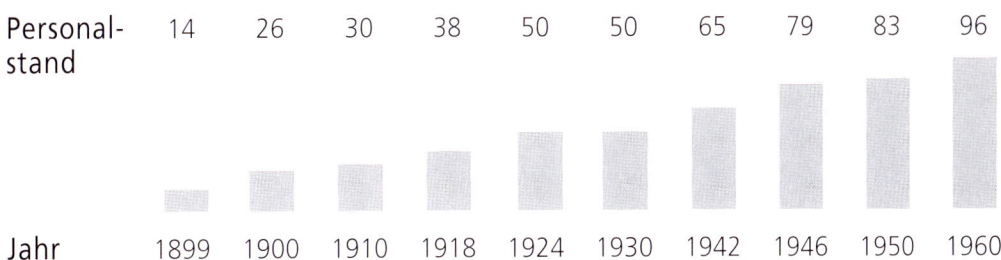

Personal-stand	14	26	30	38	50	50	65	79	83	96
Jahr	1899	1900	1910	1918	1924	1930	1942	1946	1950	1960

Personalentwicklung bei der Berufsfeuerwehr Augsburg von 1960 bis 1999

Jahr	Personalstand	Jahr	Personalstand
1960	96	1980	155
1961	96	1981	162
1962	96	1982	160
1963	96	1983	160
1964	99	1984	160
1965	105	1985	164
1966	111	1986	168
1967	109	1987	183
1968	112	1988	182
1969	114	1989	194
1970	115	1990	207
1971	117	1991	228
1972	128	1992	217
1973	138	1993	223
1974	154	1994	224
1975	157	1995	220
1976	152	1996	220
1977	152	1997	214
1978	151	1998	214
1979	155	1999	214

Fahrzeugübersicht (Stand: Juni 1999)

	BF	FF	WF/BtF
Löschfahrzeuge			
Tragkraftspritzenfahrzeug TSF	–	–	3
Löschgruppenfahrzeug LF 8	–	1	4
Löschgruppenfahrzeug LF 16, LF 16/12, HLF 16	6	6	2
Löschgruppenfahrzeug LF 16-TS	–	5	1
Tanklöschfahrzeug TLF 8	–	1	–
Tanklöschfahrzeug TLF 16	–	6	2
Trockentanklöschfahrzeug TROTLF16	–	–	1
Flugfeldlöschfahrzeug	–	–	2
Hubrettungsfahrzeuge			
Drehleiter DLK 23-12	3	1	–
Gelenkmastbühne	–	–	2
Rüst- und Gerätewagen			
Rüstwagen RW 1	–	2	–
Gerätewagen Umweltschutz GWU	–	–	1
Gerätewagen Wasserrettung GWW	1	–	–
Gerätewagen Atemschutz/Strahlenschutz GW A/S	1	1	–
Dekontaminationsmehrzweckfahrzeug DMF	–	1	–
Rettungswagen	2	–	–
Einsatzleitwagen			
Einsatzleitwagen ELW 1	9	–	2
Einsatzleitwagen ELW 3	1	–	–
Sonstige Fahrzeuge			
Führungskraftwagen FüKW	3	–	–
Mehrzweckfahrzeug MZF	3	4	3
Kleinalarmfahrzeug KLAF	2	1	–
Kranwagen KW 30	1	–	–

	BF	FF	WF/BtF
Sonstige Fahrzeuge			
Lastkraftwagen LKW	1	–	–
Wechselladerfahrzeug WLF	2	–	–
Teleskopstapler	1	–	–
Mofas	2	–	–
Abrollbehälter			
Mulde	2	–	–
Ladeboden	1	–	–
Pritsche	1	–	–
Schaummittel	1	–	–
Sonderlöschmittel	1	–	–
Schlauch	1	–	–
Umweltschutz	1	–	–
Technische Hilfe	1	–	–
Anhänger			
Beleuchtungsanhänger	1	1	–
Bootsanhänger	1	–	–
Geräteanhänger Öl	–	1	1
Leichtschaumgenerator	–	–	1
Notstrom	1	–	–
Ölabscheider	1	–	–
Rettungsboot	1	–	–
Schlauchboot	2	–	1
Tragkraftspritzenanhänger	–	1	1
Pulverlöschanhänger	1	2	1
Gesamt	55	34	28

Register

Impressum

Bildnachweis

Amt für Brand- und Katastrophenschutz Augsburg: 16, 22, 32, 34, 35, 36o, 38, 43, 55u, 58l, 60, 61, 63, 65u, 70, 72o, 73o, 73u, 74u, 75, 76, 86, 87l, 89o, 108, 112, 114ul, 115, 116, 117, 118, 121, 122, 123, 126, 143o, 153, 155, 156, 157ol/or, 158, 161ol, 166, 172o, 173ul, 174l, 175, 176, 177u, 178, 179,181, 188u, 191l, 196, 197u; Hochbauamt der Stadt Augsburg: 56, 57, 82; Staats- und Stadtbibliothek Augsburg: 20; Städtisches Fotolabor Augsburg, Bildarchiv: 44o, 46, 87r, 89u, 91, 92, 93u, 97, 98, 99, 113, 114ur, 154o; Städtische Kunstsammlungen Augsburg: 4, 15, 18–19, 23; Daimler Chrysler Aerospace, Augsburg: 90u; IVECO Magirus AG, Ulm: 7, 42u, 59, 65, 66m, 69, 72u, 73m, 84, 90o/m, 110, 111; Krauss-Maffei AG, München: 40; MAN Augsburg, Historisches Archiv: 2, 51, 93o/m, 109o; MAN Nutzfahrzeuge AG, München: 66u; MCA Martini, Augsburg: 142u; Siemens AG, München: 159; Moritz Bund: 58r, 71, 107; Wolfgang Diekamp: 133o, 169, 170or/ul/ur, 171ol/ul/ur, 172ul/ur, 173o, 174r, 180; Ludwig Feigl: 66o; Anton Fischer: 37; Klaus Fischer: 144m; Franz Häußler: 47, 54, 74o, 94, 95, 96u; Georg Haider: 106o; Ernst Holfeld: 106u; Hermann Holnaicher: 109u; Josef Korschinsky: 5, 41, 152; Georg Kuhn: 6; Max Lohrmann: 131o, 142o, 161or/ul/ur; Gottfried Mayer: 144o/u, 189l; Karl Rauch: 170ol; Margot Rödel: 154u, 195ul; Archiv Reinhard Springer: 17, 30, 31, 33, 36u, 42o, 44u, 53, 55or/ol/m, 62, 68, 77, 80, 96o, 114o; Foto Reinhard Springer: 131u, 132, 133u, 134, 135, 136–137, 138–139, 140, 141, 143u, 146, 147, 148, 149, 157ul/ur, 162, 163, 177o, 182, 183, 184, 185, 186, 187, 188o, 189r, 190, 191r, 192, 193, 194, 195o/ol/r, 197o; Anne Wall: 150, 168, 171or, 173ur; Günter Zanker: 27

Die genannten Institutionen und Personen unterstützten uneingeschränkt die vielfältigen Vorlagewünsche von Archivalien und Bildmaterial.
Darüber hinaus konnten auch die Bestände der Augsburger Allgemeinen Zeitung, des Augsburger Stadtarchivs, von Daimler-Chrysler Classic, Stuttgart, und der Metz-Feuerwehrgeräte GmbH, Karlsruhe, ausgewertet werden.
Etliches in Vergessenheit geratene wurde durch zahlreiche Gespräche mit Zeitzeugen wiedererhellt, viele Zusammenhänge konnten geklärt und offene Fragen beantwortet werden.
Den Herren Manfred Barth und Josef Schmidt von der Berufsfeuerwehr Augsburg gebührt besondere Anerkennung.
Die Autoren sind allen Angehörigen und Freunden der Augsburger Feuerwehr, die durch ihr tatkräftiges Mitwirken zur Entstehung des vorliegenden Buches beigetragen haben, zu großem Dank verpflichtet.

Der Inhalt dieses Buches ist sorgfältig recherchiert und erarbeitet worden. Dennoch können weder Autoren noch Verlag für alle Angaben im Buch eine Haftung übernehmen. Für den Inhalt zeichnen verantwortlich: Ltd. BD a.D. Josef Korschinsky (bis 1992) und Ltd. BD Frank Habermaier (ab 1992).

Der Text dieses Buches folgt den neuen Regeln der deutschen Rechtschreibung.

Weltbild Buchverlag
© 1999 by Weltbild Verlag GmbH, Augsburg
Alle Rechte vorbehalten

Einbandgestaltung: BuchHaus Robert Gigler GmbH, München
Redaktion/Lektorat: Christopher Hammond, München, Stephan und Michael Kraft, Augsburg
Titelfotos und Bildredaktion: Reinhard Springer, München
Layout und Satz: BuchHaus Robert Gigler GmbH, München, Monika Pitterle
Lithoarbeiten: Repro Ludwig, Zell am See (Österreich)
Druck und Bindung: Druckerei Appl, Wemding

Gedruckt auf chlorfrei gebleichtem Papier

Printed in Germany

ISBN 3-89604-631-4